Serien-
killer

Serien-
killer

KARL ■ MÜLLER

KARL ■ MÜLLER

Karl Müller Verlag – Silag Media AG, Liebigstr. 1–9, 40764 Langenfeld
Copyright © 2010 Eisbär Verlag
Alle Rechte vorbehalten

ISBN 978-3-86997-207-7

Projektmanagement: BlueRed Press Ltd
Text: Maurice Crow
Layout: Matt Windsor

Druck und Herstellung in China

Inhalt

Inhalt

Hinweise, aber nachdem auch bei den anderen Opfern Bluttests durchgeführt wurden, ergab eine Prüfung des Dienstplans den gemeinsamen Faktor: Beverley Allitt. Sie hatte den Kindern tödliche bzw. beinahe tödliche Überdosen Insulin und Kaliumchlorid gespritzt und auch versucht, einige von ihnen zu ersticken.

Bei ihrer Verhandlung am Nottingham Crown Court im Mai 1993 hörte die Jury, dass sie sich in ihrer verdrehten Einbildung nichts hatte zuschulden kommen lassen. Die schlichte, übergewichtige 24-Jährige wurde des vierfachen Mordes, dreifachen Mordversuchs und der schweren Körperverletzung in sechs weiteren Fällen für schuldig befunden. Allitt zeigte bei ihrer Verurteilung zu viermal lebenslänglich in einer Anstalt für geisteskranke Verbrecher nicht einen winzigen Hauch von Emotionen.

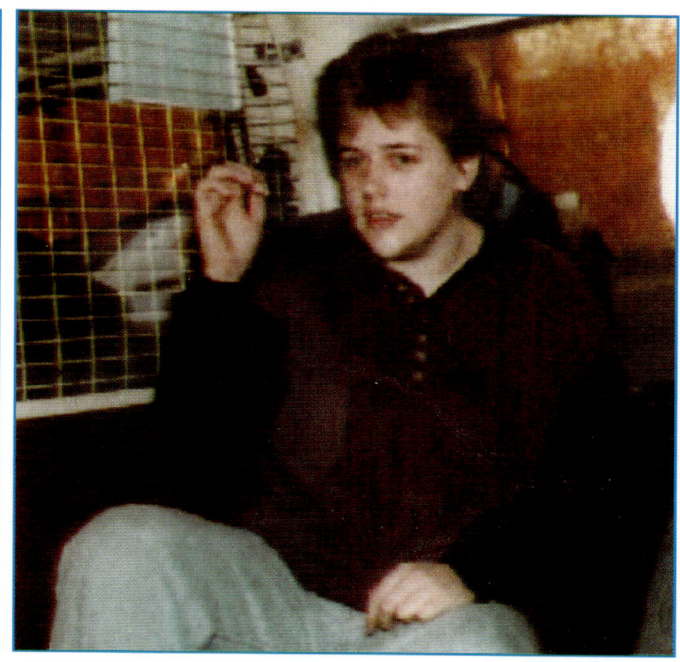

RECHTS: Allitt bei sich zu Hause. Die Krankenschwester spritzte ihren Opfern tödliche Dosen Insulin und Kaliumchlorid.

Nathaniel Bar-Jonah

Obwohl er niemals wegen Mordes angeklagt wurde, vermutet man, dass der wegen Kindesmissbrauchs vorbestrafte Koch Nathaniel Bar-Jonah bis zu 54 Kinder missbraucht, ermordet und zum Teil auch gegessen hat. Der als David Paul Brown im Februar 1957 in Worcester, Massachusetts, geborene Bar-Jonah war vielleicht einer der schlimmsten Verbrecher Amerikas, aber es wird wohl niemals geklärt werden, ob die erschreckende Opferzahl Realität oder eine Ausgeburt seiner krankhaften Fantasie ist.

Krankhafte Fantasie – oder tötete er 54-mal?

Im Jahr 1974 wurde David Brown zu einem Jahr Haft auf Bewährung verurteilt, weil er sich für einen Polizisten ausgegeben und einen Achtjährigen sexuell belästigt hatte. 1977 wurde er wegen Entführung und versuchten Mordes an zwei Jungen zu 20 Jahren Gefängnis verurteilt. In der Haft änderte er seinen Namen zu Nathaniel Bar-Jonah, damit die Leute ihn für jüdisch

hielten und er spüren konnte, wie es war, verfolgt zu werden – so gab sein Psychiater es zu Protokoll.

Kurz nach seiner Haftentlassung 1991 wurde er wegen eines Angriffs auf einen Jungen in Massachusetts angeklagt. Der Richter ließ ihn unter der Auflage frei, zu seiner Mutter nach Great Falls, Montana, zu ziehen. Dort ging er weiter auf die Jagd nach Kindern, missbrauchte einen 14-jährigen Jungen und hängte dessen achtjährigen Cousin an der Küchendecke auf. Beide überlebten.

Nach weiteren Aufenthalten im Gefängnis und in einer psychiatrischen Anstalt wurde er im Jahr 1999 erneut verhaftet, weil er sich vor einer Grundschule als Polizist ausgegeben und eine Betäubungspistole und Pfefferspray bei sich geführt hatte. Die Polizei durchsuchte Bar-Jonahs Zuhause und fand Tausende Zeitungsbilder von Kindern zwischen fünf und 17 Jahren, von denen er einige zuvor selbst entführt hatte. Zudem entdeckten sie kannibalistische Rezepte mit Titeln wie „gegrilltes Kind", „Eintopf vom kleinen Jungen" und „Lunch auf der Terrasse mit gebratenem Kind". Beunruhigender waren die Knochenfragmente eines unbekannten männlichen Jugendlichen, die unter dem Haus gefunden wurden. Von einem anderen Jugendlichen wurden Haare in einem Fleischwolf in der Küche gefunden.

Auf den Bildern war auch der zehnjährige Zachary Ramsey zu sehen, der 1997 auf dem Nachhauseweg verschwunden war. Kurz nach seinem Verschwinden gab Bar-Jonah eine Grillparty für seine Nachbarn, bei der sich einige über das seltsam schmeckende Fleisch gewundert hatten. Er sagte ihnen, es sei Wild – sie konnten nicht ahnen, dass sie ihm eventuell bei der Entsorgung des Jungen geholfen hatten.

Eine Menge Beweise deuteten auf Bar-Jonah als Zacharys Mörder hin, vor allem, weil er dessen Mutter Rachel erzählte, er hätte ihren Sohn „gejagt, getötet und geschlachtet". Sie wollte jedoch nicht glauben, dass Bar-Jonah etwas mit dem Verschwinden zu tun hatte, und glaubte, ihr Sohn sei noch am Leben. Dieser Glaube wurde von einem Medium bestätigt. Die Überreste des Jungen wurden niemals gefunden.

2002 begann endlich die Verhandlung wegen sexuellen Missbrauchs und versuchten Mordes an den zwei Jungen aus Great Falls. Die Jury sprach ihn der Entführung und des sexuellen Missbrauchs für schuldig, und Bar-Jonah erhielt die Höchststrafe von 130 Jahren.

Der Diabetiker Bar-Jonah starb am 13. April 2008 in seiner Zelle an einem Herzinfarkt. Das Ausmaß seiner Verbrechen wird wohl nie geklärt werden.

Sawney Beane

Niemand kennt die Wahrheit über Sawney Beane. Die Fakten über die unzähligen uralten Morde sind im Lauf der Zeit verloren gegangen, und es wird generell angenommen, dass ein Großteil der Geschichte eher ein Mythos als eine Legende ist. Dennoch beweist diese Geschichte, dass es Serienmörder immer schon gegeben hat. Zudem ist es interessant, einmal einen Blick in eine Zeit zu werfen, als es Bösewichte gab, deren Opferzahl in die Hunderte geht – wenn nicht gar mehr.

Der Fluch der Höhlenkannibalen

Sawney Beane, der um 1380 geboren worden sein soll, war der Sohn eines Straßenarbeiters, der in der Nähe von Edinburgh, Schottland, lebte. Zu nutzlos, um in die Fußstapfen seines Vaters zu treten, verführte er ein Mädchen und floh mit ihr nach Galloway an der Westküste Schottlands, wo sie in einer Höhle lebten und ihre Familie mit Viehdiebstählen und Überfällen auf Reisende durchbrachten.

Im Gegensatz zu anderen historischen Gesetzlosen wie Robin Hood und Dick Turpin war an den Beanes nichts Romantisches. Aus den Überfällen wurde bald Mord, aus Mord wurde Kannibalismus. Die Beanes arbeiteten als Clan. Sie lebten in einer tiefen, unwirtlichen Höhle, die nur bei Ebbe zugänglich war. Das Meer flutete den Eingang etwa 200 m weit.

Im Lauf von 25 Jahren wuchs der von Sawney (auch als „Sandy" bekannt) Beane gegründete Clan durch strikt inzestuöse Beziehungen auf acht Söhne, sechs Töchter, 18 Enkel und 14 Enkelinnen an. Gemeinsam machten sie die gesamte Küste für Mensch und Tier unsicher. Sie jagten in Horden und griffen bis zu sechs Reisende, die zu Fuß unterwegs waren, bzw. zwei

Reiter an. Jeder, den sie erwischten, wurde ausgeraubt, geschlachtet und aufgegessen – der effektivste Weg, die Opfer loszuwerden und eine Familie zu ernähren. Die genaue Opferzahl ist unbekannt, aber der Legende nach waren es weit über hundert, manchen Erzählungen zufolge sogar über tausend.

Als die schrecklichen Geschichten über die Höhlenbewohner schließlich 1435 König Jakob I. von Schottland zu Ohren kamen, stellte er eine Spezialtruppe auf, um die Beanes aufzuspüren und festzunehmen. Die Truppe erreichte Galloway gerade, als die Beanes einen fatalen Fehler machten. Während einige von ihnen ein Ehepaar angriffen, wurden sie von einer Gruppe Reiter überrascht und flüchteten. Den ausgeweideten Körper der Frau ließen sie am Wegesrand liegen. Die königlichen Truppen waren nicht weit entfernt und nahmen mithilfe von Suchhunden die Verfolgung auf. So kamen sie zu der Höhle des Clans.

Obwohl die Geschichte im Lauf der Zeit kräftig ausgeschmückt wurde, berichteten die Soldaten vom Inneren der Höhle als einem menschlichen Schlachthaus. Männliche und weibliche Leichen hingen von der Decke oder lagen auf Gestellen, entweder ganz oder in Stücken. Einige waren frisch, andere geräuchert, getrocknet, eingelegt oder eingesalzen. Zudem gab es Tierkadaver, gestohlene Sättel, Kleiderbündel, Vorräte und Wertsachen.

Alle 48 bestialischen Beanes wurden in Ketten gelegt und nach Leith in der Nähe von Edinburgh gebracht, wo sie allesamt zum Tod verurteilt wurden. Sawney Beane und den anderen männlichen Mitgliedern der Familie schnitt man die Hände, Füße und Genitalien

ab und ließ sie dann verbluten. Die Frauen und Kinder wurden bei lebendigem Leibe auf drei großen Scheiterhaufen verbrannt.

RECHTS: Künstlerische Darstellung des grausamen Sawney Beane vor der Höhle, in der er mit seiner Familie lebte.

Die Bender-Familie

Die Bender-Familie zog Opfer an wie die Fliegen, die es sich in ihrem schmuddeligen Wayside Inn, das sie an einer staubigen Straße in Kansas betrieben, gemütlich gemacht hatten. Jeder vorbeikommende Fremde, der etwas Geld zu haben schien, wurde zum Essen eingeladen. Viele überlebten diese Einladung nicht, sondern wurden auf grausame Weise ermordet.

Unvorsichtige Reisende werden ermordet

Niemand weiß, wann das mörderische Regime der Benders begann. Beendet wurde es, nachdem Dr. William York am 9. März 1873 das Haus seines Bruders in Fort Scott, Kansas, verließ, um nach Hause nach Independence zu reiten. Dort kam er nie an. So machte sich sein Bruder, ein Oberst der US-Kavallerie, auf die Suche nach ihm. Oberst Yorks erster Halt war das Wayside Inn in dem Dörfchen Cherryvale, wo die Benders ihm Essen und Unterkunft anboten.

Der Oberst wusste, dass sein Bruder dort rasten wollte, und in dieser Nacht lernte er die unangenehmen Eigentümer kennen. Da waren der alte Bender, ein 60-jähriger, mürrischer Immigrant aus Osteuropa, seine 50-jährige, zänkische Ehefrau, eine hässliche Tochter und ein zurückgebliebener Sohn. Sie stritten ab, Dr. York zu kennen, und schoben sein Verschwinden auf Banditen oder Indianer. Die Hartnäckigkeit des Oberst versetzte sie jedoch in Panik. Sie packten ihre Habseligkeiten und flohen.

Am 9. Mai kam eine weitere Suchmannschaft zum Wayside Inn. Sie fand es verlassen vor und entdeckte einige Tiere, die bereits verhungert bzw. verdurstet waren oder kurz davor standen. Außerdem hatten Regenfälle ein frisches Grab offen gelegt, das die Leiche Dr. Yorks enthielt. Man hatte ihm den Schädel eingeschlagen und die Kehle durchgeschnitten.

Bei der weiteren Suche entdeckten sie sieben weitere Opfer. Alle, mit Ausnahme eines kleinen Mädchens, das bei lebendigem Leib begraben worden war, waren auf die gleiche Weise gestorben. Später wurde eine weitere, stark verweste Kinderleiche gefunden, bei der es sich vermutlich um ein achtjähriges Mädchen handelte. Andere Mitglieder der Suchtruppe gingen dem penetranten Gestank nach, der aus der Hütte zu kom-

OBEN: Die einfache Blockhütte der Bender-Familie, in der sie Reisende nach Belieben ausraubten und ermordeten.

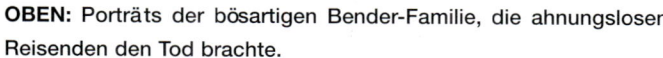

OBEN: Porträts der bösartigen Bender-Familie, die ahnungslosen Reisenden den Tod brachte.

men schien. Unter einer Falltür im Boden fanden sie ein Loch, dessen Boden und Wände mit Blut bespritzt waren. Nun wurde der Modus operandi der Familie klar: Die Benders luden einen Gast zum Essen ein und stellten sicher, dass er mit dem Rücken zu dem durch einen Vorhang abgetrennten Schlafbereich saß. Hinter dem Vorhang versteckte sich ein Familienmitglied, schlug dem Gast mit einem Hammer den Schädel ein und schlitzte ihm anschließend die Kehle auf. Nachdem der Körper nach Wertsachen durchsucht worden war, ließen sie ihn durch die Falltür in das Loch fallen. Nach Einbruch der Nacht wurde er dann in einem flachen Grab beerdigt.

Nach dieser schrecklichen Entdeckung wurde die Jagd auf die Familie eröffnet, sie wurde aber – zumindest offiziell – niemals gefunden. Gerüchten zufolge entdeckte sie ein Trupp der Bürgerwehr, und die örtlichen Gesetzeshüter verurteilten und bestraften sie an Ort und Stelle.

David Berkowitz

Seine Waffe war ein Revolver Kaliber .44, und anfangs nannten ihn die New Yorker Boulevardzeitungen den „Kaliber-.44-Killer". Nachdem die Polizei am Tatort eines besonders sinnlosen Doppelmordes eine scheinbar von einem Geistesgestörten verfasste Notiz fand, bekam der Killer den Spitznamen „Son of Sam".

Der krankhafte Spott des „Son of Sam"

Den Ersten einer Reihe kaltschnäuziger, spöttischer Briefe hinterließ der Mörder, nachdem er Valentina Suriani und deren Freund Alexander Esau im April 1977 in ihrem Auto in der Bronx erschossen hatte. Die Ermittler wussten nicht, was sie von dem ausschweifenden Geschreibsel halten sollten, in dem sich der Schütze beschwerte, von den Medien als „Frauenhasser" betitelt zu werden. Er schrieb:

„Das bin ich nicht. Aber ich bin ein Monster. Ich bin der Son of Sam ... Sam liebt es, Blut zu trinken. ‚Zieh los und töte', befiehlt Vater Sam ... Ich bin anders als alle anderen – programmiert zu töten. Um mich aufzuhalten, müsst ihr mich töten. Achtung Polizei: Schießt zuerst, schießt, um zu töten, sonst ... Geht mir aus dem

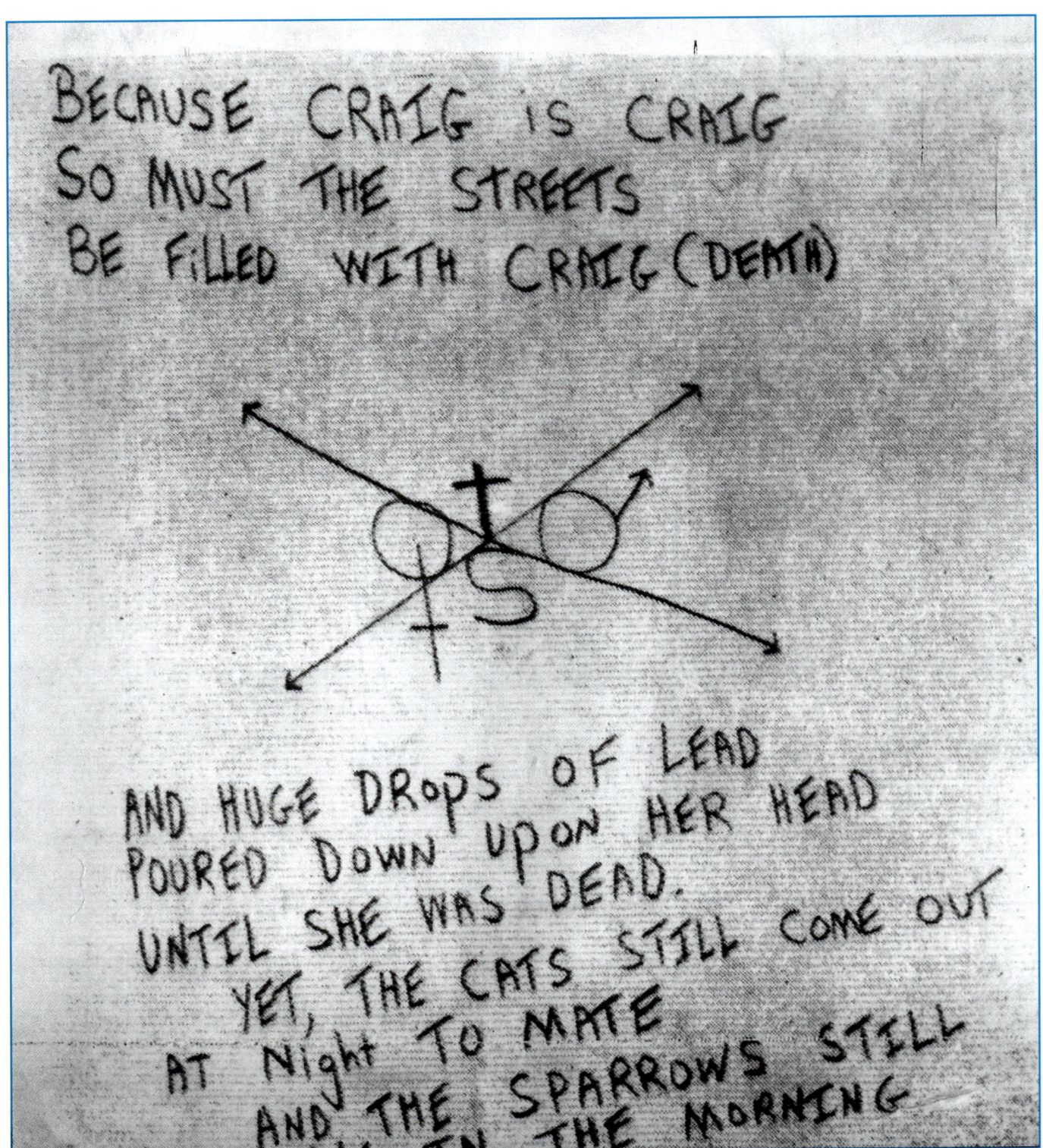

OBEN: Eine der verrückten Notizen von Berkowitz, in der er zu beschreiben scheint, wie er ein Opfer mit dem Hammer erschlägt.

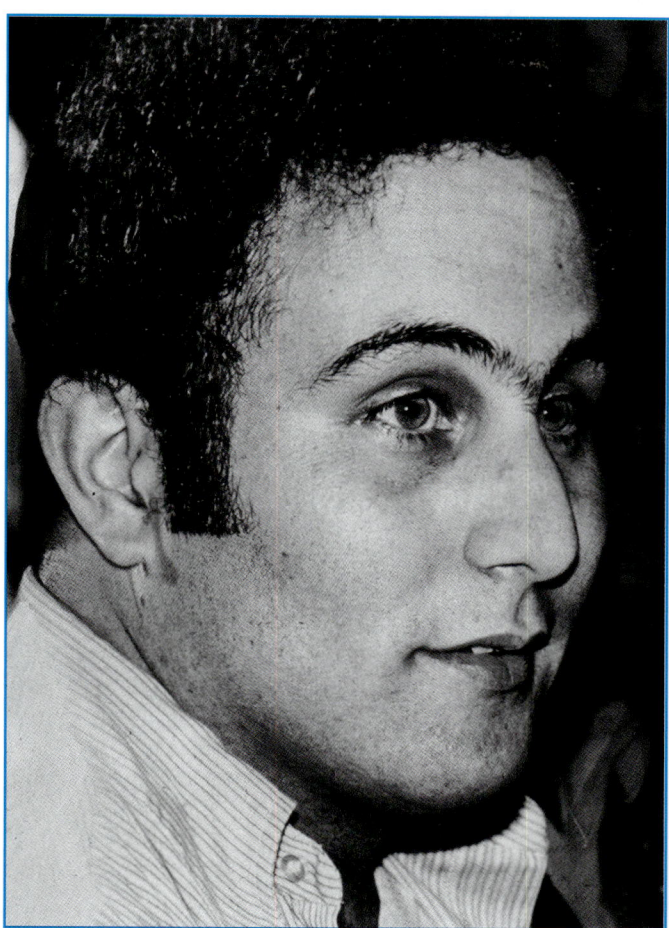

OBEN: Porträt des überführten New Yorker Serienmörders David Berkowitz, besser bekannt als „Son of Sam".

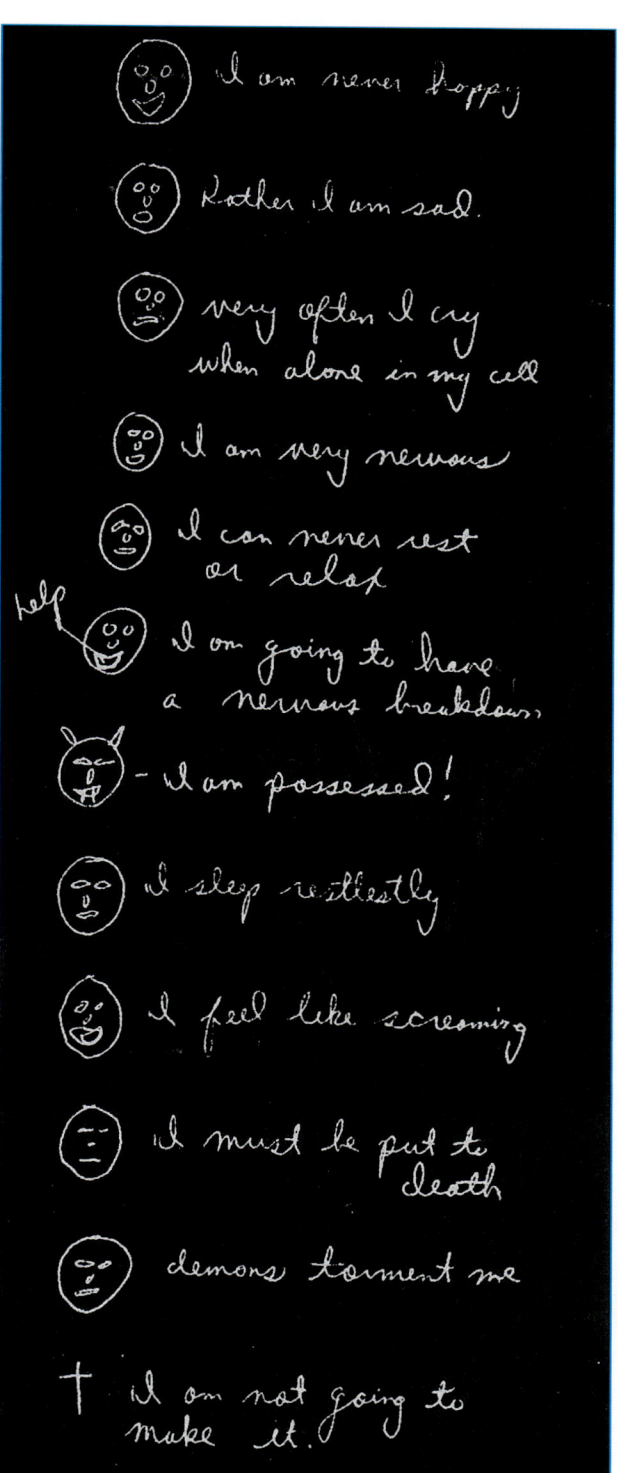

OBEN: Eine von Berkowitz' bizarren Notizen. Darin heißt es: „Ich bin besessen" und „Ich bekomme einen Nervenzusammenbruch."

Weg oder ihr werdet sterben! Ich bin ein Monster, ‚Beelzebub, der pummelige Gigant.' Ich liebe die Jagd. Durch die Straßen zu ziehen und nach Freiwild zu suchen – leckeres Fleisch. Ich lebe für die Jagd. Ich gehöre nicht in diese Welt. Ich komme wieder! Ich komme wieder! Mit mordlustigen Grüßen – Mr. Monster."

„Son of Sam" war der dickliche 33-jährige Junggeselle David Berkowitz. Er wurde am 1. Juni 1953 als unehelicher Sohn eines Showgirls geboren und von liebevollen Adoptiveltern aufgezogen, die einen Haushaltswarenladen in der Bronx hatten. Der Tod seiner Adoptivmutter in seiner frühen Jugend traf ihn schwer. Pearl Berkowitz behauptete, ihr Krebs würde durch „böse Mächte, die mich zerstören wollen" ausgelöst. Als David 18 war, heiratete sein Adoptivvater erneut.

Da ihm dies nicht passte, verließ David sein Zuhause und ging zur Armee. Während seines dreijährigen Dienstes in Korea konvertierte er vom Judentum zum fundamentalen Christentum. Zurück in den USA begann er, in seiner Freizeit an Straßenecken in Louisville, Kentucky, wo er stationiert war, zu predigen. 1974 kehrte er in die Bronx zurück, wo er zunächst als Wachmann arbeitete, dann aber eine Stelle bei der Post annahm.

In seiner Zeit als Briefträger versetzte Berkowitz New York genau ein Jahr lang – vom 29. Juli 1976 bis zum 1. August 1977 – in Angst und Schrecken. Er tötete sechs Frauen und verletzte sieben weitere Menschen schwer. Die ganze Zeit über verhöhnte er die Polizei mit einer Reihe von Briefen, in denen er mit seinen Taten prahlte.

Berkowitz' erster Mord geschah völlig wahllos. Er wartete in einer ruhigen Straße in der Bronx, bis die 18-jährige Donna Lauria aus dem Wagen ihrer Freundin Jody Valente ausgestiegen war. Dann stürzte er aus dem Schatten, zog seinen Revolver aus einer Papiertüte, kniete nieder und feuerte drei Schüsse ab, mit denen er Donna tötete und Jody verletzte.

Am 23. Oktober schlug der Killer wieder zu. Wieder waren seine Opfer zwei junge Leute in einem geparkten Auto, diesmal in Queens. Rosemary Keenan, die 18-jährige Tochter eines Polizisten, entkam den Kugeln, ihr 20-jähriger Freund Carl Denaro wurde in den Kopf getroffen, überlebte jedoch.

Einen Monat später hatten zwei junge Frauen, die auf der Treppe vor ihrem Haus in Queens saßen, weniger Glück. Der Schütze ging auf sie zu und verletzte Joanne Lomino und Donna DeMasi. Letztere wurde durch eine Kugel in der Wirbelsäule dauerhaft gelähmt. Im Januar 1977 zertrümmerten zwei Kugeln die Scheibe eines geparkten Autos. Eine traf John Diel, die andere verfehlte seine Freundin Christine Freund nur knapp. Im März starb Virginia Voskerichian in der gleichen Gegend durch eine Kugel ins Gesicht. Da alle Kugeln aus der gleichen Waffe stammten, wurde eine

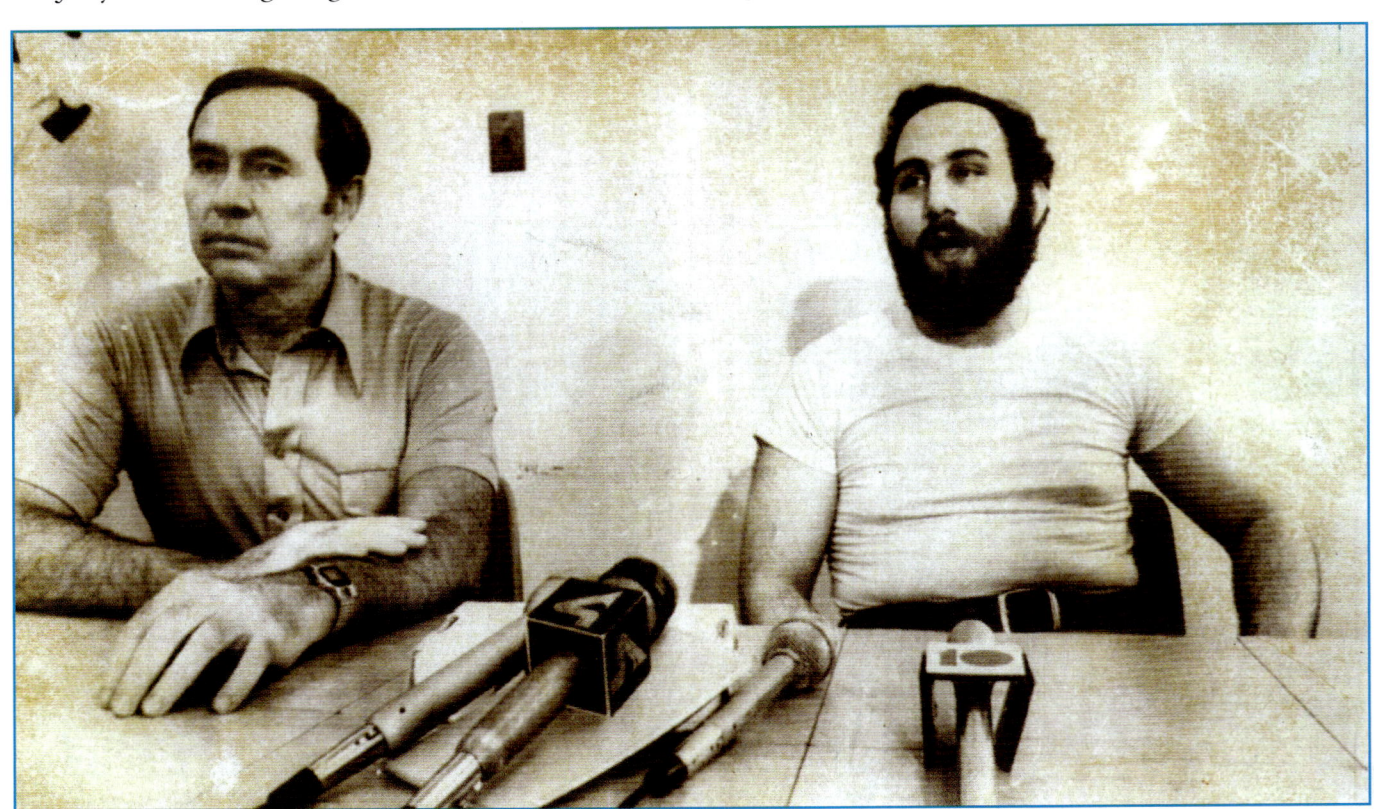

OBEN: Flankiert von Anwälten und Wachmännern gibt Berkowitz im Gefängnis von Attica im Juni 1980 eine Pressekonferenz.

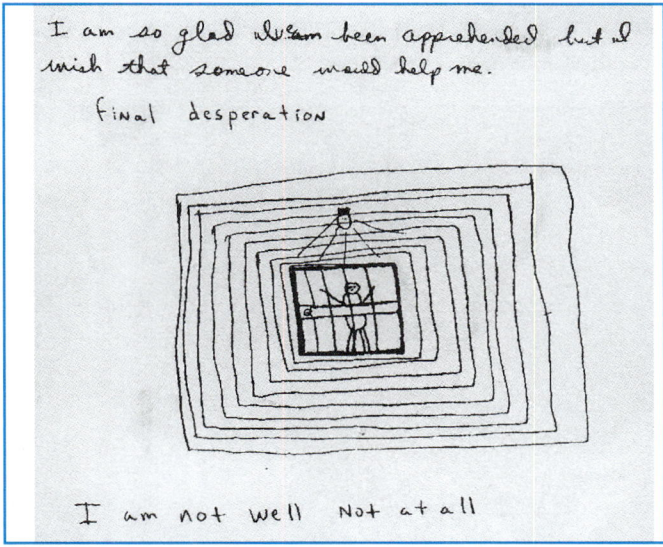

I am so glad ul₪am been apprehended but I wish that someone would help me.

FINAL desperation

I am not well. Not at all

OBEN: Eine weitere Kritzelei von Berkowitz, diemal nach seiner Verhaftung. Er gesteht, dass er „nicht gesund ist."

300-köpfige Sondertruppe aufgestellt, die jedoch aufgrund des Mangels an Motiven große Probleme hatte.

Nachdem die erste Nachricht des „Son of Sam" gefunden wurde, begann Berkowitz, Briefe an die Zeitungen *New York Post* und *New York Daily News* zu schicken. Der Journalist Jimmy Breslin ging ein großes Risiko ein und antwortete in seiner Kolumne bei der *Daily News*. In einem Brief warnte ihn der Mörder: „Mr. Breslin, Sir, glauben Sie nicht, dass ich eingeschlafen bin, nur weil Sie eine Weile nichts von mir gehört haben. Nein, ich bin noch da. Wie ein Geist, der durch die Nacht irrt. Durstig, hungrig und kaum jemals Pause machend."

Am 29. Juli 1977, dem Jahrestag des ersten Angriffs, fragte Breslin den Killer: „Werden Sie wieder töten?" In der gleichen Nacht erschoss Berkowitz die 20-jährige Stacy Moskowitz und verletzte ihren Freund Robert Violante in ihrem Auto in Brooklyn schwer.

Dank eines Strafzettels von $ 35, der in der Nähe des Tatorts ausgestellt wurde, konnte Berkowitz gefasst werden. Eine Rückverfolgung per Computer ergab, dass der Strafzettel für einen Ford Galaxy mit dem Nummernschild 561XLB, zugelassen auf David Berkowitz, ausgestellt wurde. Die Ermittler der Sondereinheit entdeckten den Wagen vor der Wohnung des Mörders. Auf dem Rücksitz lag ein Sack, aus dem ein Gewehrlauf ragte. Im Handschuhfach lag ein Brief an die Polizei, in dem er ein Massaker in einem Nachtclub in Long Island ankündigte, bei dem er mit einem Knall abtreten wollte.

Als der ahnungslose Berkowitz aus seiner Haustür trat, fand er 15 Pistolen auf seinen Kopf gerichtet. Er hatte keine Zeit, seinen Revolver zu ziehen. „Ok, ihr habt mich", sagte er. „Warum hat das so lange gedauert?"

Aufgrund seiner irren Briefe hätte Berkowitz gut und gern auf Unzurechnungsfähigkeit plädieren können und wäre damit wohl durchgekommen. Stattdessen bekannte er sich schuldig und wurde am 23. August 1977 zu 365 Jahren Gefängnis verurteilt.

„Bibel-John" und Peter Tobin

In einem Interview mit einem Polizeipsychologen gab Peter Tobin nach seiner Verhaftung 2006 an, bis zu 50 Frauen umgebracht zu haben. Als man ihn dazu befragte, sagte er nur: „Beweist es mir." Dies hat sich als äußerst schwierig erwiesen. Falls die Polizei Recht hat, gehen Tobins Verbrechen über 40 Jahre zurück – in eine Zeit, als ein Serienmörder, bekannt als „Bible John", die Straßen Glasgows unsicher machte.

Der rätselhafte Fall des „Bibel-John"

Sind Peter Tobin und „Bibel-John" die gleiche Person? Die Beweise und die Ähnlichkeiten der Fälle haben viele überzeugt – inklusive der pensionierten Polizisten, die in den 1960er-Jahren an den Originalfällen, bei denen ein unbekannter Mörder drei junge Frauen erwürgte, gearbeitet hatten.

Sein erstes Opfer war Patricia Docker, 29, die am 23. Februar 1968 tot aufgefunden wurde, nachdem sie den Abend in einem Glasgower Tanzclub verbracht hatte. Am 16. August 1969 wurde die Leiche Jemima McDonalds, 32, entdeckt. Auch sie war am Abend zuvor in dem Club gewesen, wo sie einen Mann kennengelernt hatte. Am 30. Oktober 1969 wurde Helen Puttock, 29, ermordet, nachdem sie den Tanzclub mit einem Mann verließ. Alle drei waren erwürgt worden und menstruierten zum Zeitpunkt ihres Todes. Zudem waren ihre Handtaschen gestohlen worden.

Zeugen beschrieben den Mann, mit dem Helen getanzt hatte. Er hatte sich als John vorgestellt und schien ein netter Kerl zu sein, zitierte aber seltsamerweise aus der Bibel und verdammte Tanzclubs als „Lasterhöhlen". Die Presse taufte ihn „Bibel-John".

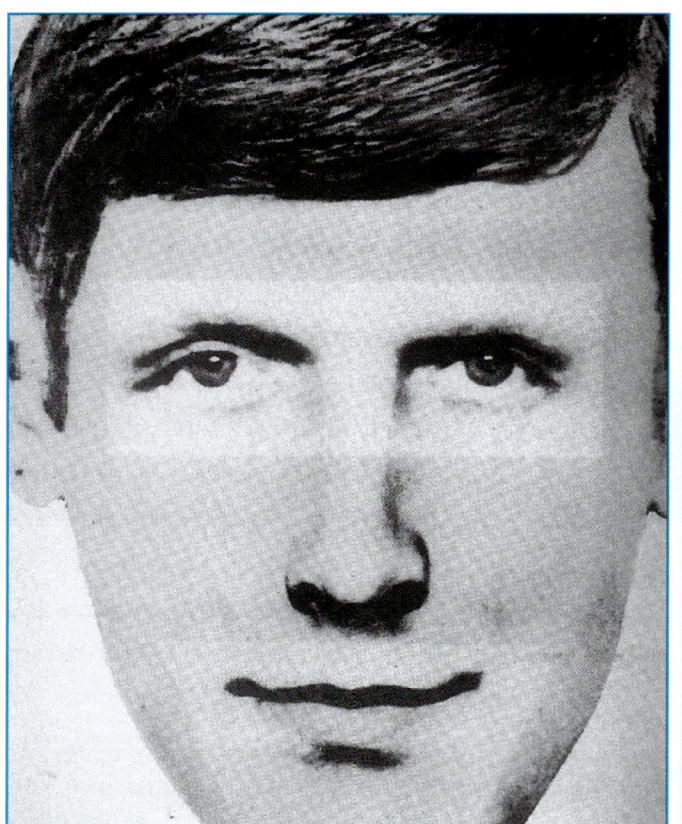

OBEN: Phantombild von „Bibel-John", den die schottische Polizei in den 1960er-Jahren nach dem Mord an drei jungen Frauen jagte.

UNTEN: Tobin am 15. November 2007 nach einer Anhörung bezüglich des Mordes an Vicky Hamilton.

Die Polizei verlor die Spur des Mörders, bis 2006 der pensioniert Detective Superintendent Joe Jackson, der in den 1960er-Jahren den Fall „Bibel-John" bearbeitet hatte, im Fernsehen seinen Verdächtigen sah.

Die 23-jährige polnische Studentin Angelika Kluk war ermordet und ihr verstümmelter Körper unter dem Fußboden einer Glasgower Kirche versteckt worden. Nun hatte man den mutmaßlichen Täter gefasst, den religiösen Spinner Peter Tobin. Jacksons Reaktion: „Ich sagte zu mir selbst, dieser Typ passt genau ins Bild, etwas Besseres bekommen wir nicht."

Tobin, der 1946 in Renfrewshire geboren wurde, landete mit sieben Jahren in einer Besserungsanstalt, heiratete dreimal erfolglos und war öfter im Gefängnis, unter anderem zehn Jahre für eine zweifache Vergewaltigung 1993. Zurzeit der „Bibel-John"-Morde wäre er 21 Jahre alt gewesen. Nach Tobins Verurteilung für den Mord an Angelika Kluk wies die Presse auf ihn als „Bibel-John" hin. Tatsächlich ist die Ähnlichkeit zwischen einem Phantombild aus dem Jahr 1969 und Tobins Foto aus der gleichen Zeit frappierend.

Die Untersuchung wurde dann nach Südengland verlagert, wo die Leiche der seit 1991 vermissten 15-jährigen Vicky Hamilton im Garten eines Hauses in Margate gefunden wurde, in dem Tobin zuvor gelebt hatte. Unter der Veranda des gleichen Hauses fand man auch die skelettierten Überreste eines weiteren vermissten Mädchens.

Im Jahr 2008 erhielt der bereits zu lebenslanger Haft verurteilte Tobin ein zweites Mal lebenslänglich. In der Zwischenzeit wurden die Untersuchungen an ungelösten Fällen bis zurück in die 1960er-Jahre wieder aufgenommen.

David und Catherine Birnie

David und Catherine Birnie als „Bonnie und Clyde" der Serienmörder zu bezeichnen, wäre unfair gegenüber Bonnie und Clyde. Die amerikanischen Banditen töteten für Geld, das australische Duo aus Lust am Töten.

Ein durch und durch bösartiges Paar

Das Paar, das 1951 in Perth, Westaustralien, geboren wurde, lernte sich mit zwölf kennen. Mit nur 14 Jahren wurden sie zu Liebenden. Beide kamen aus schwierigen Familienverhältnissen.

David verließ mit 15 die Schule und arbeitete als Hilfsjockey, wurde aber angezeigt, weil er Pferde verletzte. Er landete danach immer wieder im Gefängnis. Sein schlimmstes Verbrechen aus seinen frühen Jahren war die Vergewaltigung einer älteren Frau, in deren Haus er nackt eingebrochen war.

Auch Catherine Harrison verbrachte einen Teil ihrer Jugend im Gefängnis. Dank eines fürsorglichen Bewährungshelfers schien sie sich jedoch zu fangen, heiratete mit 21 und bekam in der Folge sieben Kinder.

David Birnie heiratete mit Anfang 20 und wurde Vater einer Tochter. Mitte der 1980er-Jahre spürte er

Catherine wieder auf und überredete sie, ihren Ehemann zu verlassen. Sie änderte ihren Nachnamen, und zusammen gab sich das Paar seinen sexuellen Fantasien von Vergewaltigung und Mord hin.

Am 6. Oktober 1986 klopfte Mary Neilson an die Tür des schäbigen Bungalows in der Moorhouse Street in Perth, um billige Reifen zu kaufen, die Birnie durch seinen Job auf einem Schrottplatz organisiert hatte. Sie schleppten die 22-Jährige ins Schlafzimmer, wo Birnie sie vergewaltigte und Cathrine zuschaute. Dann fuhren sie mit ihr zum Gleneagle State Forest, wo Birnie sie erneut vergewaltigte und dann erwürgte.

Zwei Wochen später entführten die Birnies die 15-jährige Anhalterin Susannah Candy. David vergewaltigte sie mehrere Tage lang, bevor Cathrine sie schließlich erwürgte.

Am 1. November „rettete" das Paar die 31-jährige Noelene Patterson, nachdem ihr das Benzin ausgegangen war. Sie brachten sie in die Moorhouse Street, wo Birnie sie ans Bett kettete und drei Tage lang vergewaltigte. Sie zwangen sie, Schlaftabletten zu nehmen, töteten sie und begruben sie neben den anderen.

Drei Tage später erlitt die 21-jährige Denise Brown ein ähnliches Schicksal, nachdem das Paar sie an einer Bushaltestelle aufgelesen hatte. Die Versuche, sie zu erstechen, gingen schief, und sie setzte sich in ihrem flachen Grab sogar wieder auf. David Birnie machte dem Ganzen schließlich mit einer Axt ein Ende.

Der mörderische Amoklauf der Birnies fand ein Ende, als eine nackte 17-Jährige am 10. November in einem Moment der Unachtsamkeit fliehen konnte.

Die Birnies bekannten sich der Vergewaltigung und des Mordes schuldig und wurden beide zu lebenslanger Haft verurteilt. Im Gefängnis schrieben sie sich 2.600 Briefe.

David Birnie erhängte sich im Oktober 2005 in seiner Zelle, einen Tag, bevor er wegen Vergewaltigung eines Mithäftlings erneut vor Gericht sollte. Catherine Birnie bleibt im Gefängnis. Ihre Akte trägt den Vermerk: „Darf niemals entlassen werden."

Lawrence Bittaker und Roy Norris

Im Leben von Lawrence Sigmund Bittaker waren die mörderischen Tendenzen schon früh erkennbar. 1940 geboren, verließ er mit 17 nach mehreren Zusammenstößen mit der Polizei und den Jugendbehörden die Schule. Die nächsten zwei Jahrzehnte landete er immer wieder in verschiedenen Einrichtungen. 1961 wurde er in einem kalifornischen Gefängnis psychiatrisch bewertet. Dabei wurde festgestellt, dass er „paranoid" und „grenzwertig psychotisch" ohne Impulskontrolle war. Trotzdem wurde er zwei Jahre später entlassen.

Junge Mädchen wurden mit Drahtbügeln auf brutale Weise erwürgt

In den 1970ern warnten Gefängnispsychiater, dass Bittaker nach seiner Entlassung mit hoher Wahrscheinlichkeit wieder straffällig werden würde. Ein weiterer Psychiater nannte ihn einen „raffinierten Psychopaten", dessen Aussichten auf eine erfolgreiche Reintegration gering seien. Doch entgegen aller Warnungen wurde Bittaker 1978 aus der Haft entlassen.

Damit war das Schicksal der fünf Mädchen, die er in der Folge vergewaltigen, foltern und ermorden sollte, besiegelt. Die Mordserie, die er mit seinem Partner Roy Norris beging, dauerte von Juni bis Oktober 1979 und versetzte die Vororte von Los Angeles in Angst.

Auch der 1948 geborene Norris verließ die Schule vorzeitig. Er ging zur Navy und diente in Vietnam, wurde aber aufgrund von psychologischen Problemen

OBEN: Lawrence Bittaker (Foto) und sein Komplize Roy Norris ermordeten 1979 fünf junge Frauen in ihrem Lieferwagen.

entlassen. 1969 wurde er in San Diego für eine versuchte Vergewaltigung verhaftet. Während er auf Kaution frei war, kam es zu zwei weiteren sexuellen Übergriffen.

1975 wurde er auf Bewährung aus der Anstalt für geistesgestörte Sexualstraftäter entlassen. In seinen Entlassungspapieren wurde er als „ungefährlich" beschrieben. Nur drei Monate später vergewaltigte er eine 27-Jährige und kam in die California Men's Colony, San Luis Obispo, wo er Bittaker kennenlernte und sich mit ihm anfreundete.

Im Januar 1979 wurde Norris wieder entlassen und traf sich mit Bittaker in Los Angeles. Bis Oktober hatten sie fünf junge Leben ausgelöscht. Sie entführten die Mädchen in einem Lieferwagen mit Schiebetür, den sie „Murder Mack" tauften.

Am 24. Juni griffen sie sich die 16-jährige Cindy Schaeffer, klebten ihr den Mund zu und fesselten sie an Armen und Beinen. Beide Männer vergewaltigten sie, bevor Bittaker sie mit einem Drahtbügel erwürgte, den er mit einer Zange zusammendrehte. Den Leichnam warfen sie in einen Canyon.

Im folgenden Monat entführten sie die 18-jährige Andrea Hall, vergewaltigten sie mehrfach, stießen ihr einen Eispickel in beide Ohren und erwürgten sie, weil sie nicht schnell genug starb. Ihren Körper warfen sie von den Klippen.

Am 3. September sahen die Mörder zwei Mädchen an einer Bushaltestelle und boten ihnen an, sie zu fahren. Jackie Gilliam, 15, und Leah Lamp, 13, wurden zwei Tage lang vergewaltigt und gefoltert. Dabei nahmen ihre Peiniger die beiden auf Film auf. Schließlich stieß Bittaker Jackie ebenfalls den Eispickel in die Ohren, dann wechselten sich die Männer ab, sie zu würgen. Leah wurde von Norris mit einem Vorschlaghammer ermordet. Beide Leichen wurden wieder über die Klippen geworfen. Ihr letztes Opfer war die 16-jährige Lynette Ledford. Ihre Leiche fand man am 1. November in einem Vorgarten in Hermosa Beach.

Das mörderische Duo wurde verhaftet, nachdem Norris vor einem Kumpel mit den Morden geprahlt hatte. Dieser ging zur die Polizei. Norris sagte gegen Bittaker aus, damit er 2010 einen Antrag auf Bewährung stellen kann. Bittaker wurde 1981 zum Tod verurteilt. Er sitzt noch immer in der Todezelle und beantwortet Fanpost mit seinem Spitznamen „Pliers" (Zange) Bittaker.

Robert Black

Robert Black wurde bei seinem Prozess von den Anklägern als „der schlimmste Alptraum aller Eltern" bezeichnet. Der schottische Kinderschänder und Mörder hatte selbst eine schwierige Kindheit und verbrachte seine Schulzeit als Einzelgänger, der zu sinnlosen Gewaltausbrüchen neigte. Sein Spitzname war „stinkender Robbie".

Der Alptraum aller Eltern

Roberts Pflegemutter starb 1958, als er elf Jahre alt war, und er kam in ein Kinderheim bei Falkirk. Dort blieb er knapp ein Jahr, bevor der Versuch, ein Mädchen zu vergewaltigen, ihn in eine strengere Einrichtung führte, wo er regelmäßig von männlichen Angestellten missbraucht wurde. Seit damals assoziierte Black Sex mit Dominanz und Unterwerfung.

Mit 15 verließ er das Heim und bekam einen Job als Botenjunge in Glasgow. Er gab später zu, dass er auf den Liefertouren bis zu 40 Mädchen missbrauchte. Keiner der Übergriffe wurde gemeldet. Noch erstaunlicher war aber, dass er mit 17 mit einem Mordversuch davonkam.

Im Park sprach er ein siebenjähriges Mädchen an, brachte sie zu einem verlassenen Gebäude und würgte sie, bis sie bewusstlos wurde. Dann vergewaltigte er sie. Anschließend ließ er sie liegen, und sie wurde später völlig verwirrt, weinend und blutend auf der Straße aufgegriffen. Vor Gericht wurde er lediglich zu gutem Benehmen ermahnt, nachdem ein Psychiater seine Tat als „isolierten Vorfall" bewertet hatte.

Tragischerweise hatte man damit die Gelegenheit versäumt, Robert Black vom tatsächlichen Morden abzuhalten. Es dauerte über ein Vierteljahrhundert, bis er gefangen und eingesperrt wurde. Bis dahin hatte er mindestens drei Mädchen entführt, vergewaltigt und ermordet, und er war ein Verdächtiger in einer Reihe ungelöster Kindermorde in ganz Europa.

Im Juli 1990 wurde Black schließlich in Stow südlich von Edinburgh gefasst, nachdem er dabei beobachtet worden war, ein sechsjähriges Mädchen in seinen Wagen zu verfrachten. Ein Briefträger notierte sich sein Nummernschild und rief die Polizei. Das Mädchen wurde gefesselt und geknebelt, aber lebend im Wagen gefunden.

Die Ermittler brauchten vier Jahre, um genug Beweise für seine Verurteilung zu sammeln. Sie verwendeten die Aufzeichnungen seiner Lieferrouten und verglichen sie mit den Entführungsorten sowie mit den Fundorten der Leichen.

Die elfjährige Susan Maxwell wurde von dem Lieferwagenfahrer 1982 in der Nähe ihres Zuhauses entführt. Im folgenden Jahr verschwand die fünfjährige Caroline Hogg von einem Spielplatz. Die zehnjährige Sarah Harper wurde 1986 bei Leeds entführt.

Am 20. Mai 1994 wurde der nun 47-jährige Black von einem Gericht in Newcastle upon Tyne für die drei Morde sowie für die Entführung eines 15-jährigen Mädchens zu zehnmal lebenslänglich verurteilt, mit einem minimalen Gefängnisaufenthalt von 35 Jahren. Die Polizei vermutet, er könnte für 16 weitere ungelöste Mordfälle in England, Frankreich und Deutschland verantwortlich sein.

Wayne Boden

Wayne Boden war ein Serienmörder, der sich den Spitznamen „Vampirvergewaltiger" verdiente, weil er seine Opfer gern biss. Es war eine Gewohnheit, die dank der Zahnabdrücke zu seiner Festnahme führte. Es war das erste Mal, dass diese Methode in den USA eingesetzt wurde – Jahre vor einem weiteren, noch berüchtigteren Serienmörder, Ted Bundy (siehe S. 29). Nachdem Boden seine Opfer erwürgt hatte, vergewaltigte er sie, biss sie in den Busen und trank ihr Blut.

„Vampirvergewaltiger" beißt seine Opfer

Der blutige Modus operandi des kanadischen Serienmörders Wayne Boden sorgte für eine zweijährige Schreckensherrschaft in Montreal und Calgary, wo er zwischen Oktober 1969 und Mai 1971 seine Opfer umbrachte. Das erste Opfer war Shirley Audette, deren Körper hinter einem Appartmentkomplex in der Innenstadt Montreals abgelegt wurde. Obwohl sie vollständig bekleidet war, hatte man sie vergewaltigt und erwürgt. Ihre Brüste wiesen brutale Bisswunden auf. Boden lebte nebenan, geriet aber nicht unter Verdacht. Es war eine verpasste Gelegenheit, den Killer rechtzeitig zu stoppen, vor allem, da Shirleys Exfreund der Polizei erzählte, dass sie einen neuen Freund hätte und in „etwas Gefährliches verwickelt gewesen sei".

Im folgenden Monat verließ Marielle Archambault gut gelaunt ihren Arbeitsplatz an der Seite eines jungen Mannes, den sie ihren Kollegen als „Bill" vorstellte. Als sie am nächsten Morgen nicht zu Arbeit kam, fuhr ihr Chef zu ihr nach Hause und ließ die Wohnung öffnen. Sie fanden Marielles bekleidete Leiche auf der Couch. Ihre Strumpfhose und ihr BH waren zerrissen worden, und ihre Brüste waren mit Bisswunden übersät.

„Bill" wartete zwei Monate, bis er wieder zuschlug. Im Januar 1970 fuhr der Freund Jean Ways, 24, zu ihr, weil sie verabredet waren, es öffnete jedoch niemand. Das lag daran, dass sich der „Vampirvergewaltiger" zu diesem Zeitpunkt mit ihrem Leichnam im Schlafzimmer aufhielt. Als der Freund wiederkam, war die Tür offen. Jean lag auf dem Bett. Sie war erwürgt worden, und auch ihre Brüste waren voller Bisswunden.

Bei zwei dieser Fälle gab es kaum Anzeichen eines Kampfes. Die Mädchen schienen zum Zeitpunkt ihres Todes ganz friedlich zu sein; eine lächelte sogar leicht. Die Ermittler vermuteten, der Täter zöge Mädchen an, die eher „groben Sex" mochten. Vielleicht verlor der „Vampirvergewaltiger" aufgrund der masochistischen Tendenzen beim rauen, wilden Sex die Kontrolle, und so erwürgte er die Mädchen, bevor er ihre Körper misshandelte.

Die Ermordung Jean Ways war die letzte in Montreal. „Bill" war verschwunden, tauchte aber 4.000 km entfernt wieder auf. Im Mai 1991 wurde Elizabeth Porteous aus Calgary ermordet in ihrer Wohnung entdeckt. Diesmal hatte sich das Opfer heftig gewehrt.

Von Elizabeths Kollegen erfuhren die Polizisten, dass sie einen neuen Freund hatte: Bill, der einen markanten blauen Mercedes fuhr. Es war das Auto, in dem Jean Way vor ihrem Tod gesehen wurde. Zusammen mit einem kaputten Manschettenknopf unter Elizabeths Körper führte dies die Polizei zu Boden.

Den endgültigen Beweis erbrachte ein Kieferorthopäde, der einen Abdruck von Bodens Gebiss den Bissspuren an seinen Opfern zuordnen konnte. Boden wurde in Calgary zu lebenslanger Haft verurteilt und dann nach Montreal überführt, wo er weitere dreimal lebenslänglich bekam. Er starb 2006 an Hautkrebs.

William Bonin

Der „Freeway Killer" William Bonin musste sich seinen Spitznamen mit zwei anderen Serienmördern teilen. Was seine Opferzahl angeht, sticht Bonin die anderen jedoch aus: Er vergewaltigte und tötete bis zu 16 Männer und Jungen. Für 14 Morde wurde er hingerichtet.

Der „Freeway Killer" vergewaltigte und tötete Teenager

Bonin wurde 1947 in Connecticut als Sohn eines spielsüchtigen Alkoholikers geboren. Seine Mutter betete ihn an und brachte ihn vor seinem Vater oft beim Großvater, einem überführten Kinderschänder, in Sicherheit. Die Einflüsse seiner Kindheit machten ihn zu einem ausgeprägten Sadisten und schließlich zu einem Killer.

Mit acht Jahren wurde er beim Diebstahl von Nummernschildern erwischt. Mit zehn wurde er zum ersten Mal verurteilt; anschließend folgten Aufenthalte in Besserungsanstalten, wo er von älteren Jungen sexuell missbraucht wurde. Als Teenager kam er wieder zurück zu seiner Mutter und begann nun selbst, Jüngere zu missbrauchen. Nach der Schule ging er zur US Air Force und diente in Vietnam, wo er eine Medaille für gutes Verhalten bekam. Seine Ehe ging rasch in die Brüche, woraufhin er nach Kalifornien zog.

Mit 22 arbeitete er als Lkw-Fahrer, lebte in Downey, Kalifornien, und wurde wegen seines ersten Sexualverbrechens verurteilt. Bei vier Gelegenheiten hatte er kleine Jungen entführt und vergewaltigt. Er wurde als geistesgestört eingestuft und in das Atascadero State Hospital eingeliefert, aus dem er 1974 als „ungefährlich" entlassen wurde.

1979 begann er seine Mordserie, bei der er es auf junge Homosexuelle – oft Callboys – und manchmal

OBEN: Insgesamt hat der „Freeway Killer" William Bonin vermutlich bis zu 36 Männer und Jungen umgebracht.

ren sieben weitere Teenager tot. Anfang 1980 tauchten weitere Leichen auf. Bonins jüngstes Opfer war der erst zwölfjährige James McCabe.

Butts gab später zu, dass er den ersten Mord zwar schrecklich fand, es später aber genoss, die Jungen zu vergewaltigen, zu foltern und zu ermorden. Er sagte der Polizei: „Nach dem Ersten konnte ich nichts mehr dagegen tun. Bonin hatte etwas Hypnotisches an sich."

Unglaublicherweise war Butts nicht Bonins einziger Komplize. Er rekrutierte auch zwei geistig zurückgebliebene 19-Jährige, James Munro und Gregory Miley, und sein vierter Komplize war erst 15. Der Versuch, einen vierten Teenager zu involvieren, führte schließlich zu Bonins Verhaftung. Der entsetzte 18-Jährige informierte die Polizei, die Bonin daraufhin überwachte.

Am Abend des 11. Juni 1980 erwischten sie ihn beim Angriff auf einen 15-Jährigen auf der Ladefläche seines Vans. Alle vier Komplizen sagten gegen Bonin aus, um die Todesstrafe zu vermeiden. Butts erhängte sich in seiner Zelle, die anderen saßen ihre Strafen ab.

Bonin gestand die Entführung, Vergewaltigung und den Mord von 21 jungen Männern, die Polizei hielt ihn in mindestens 15 weiteren Fällen für verdächtig. Letztlich wurden ihm 14 Morde nachgewiesen. Er zeigte keine Reue und sagte: „Ich konnte nicht aufhören. Es wurde von Mal zu Mal einfacher." Im Gefängnis fügte er später hinzu: „Hätte man mich nicht gefasst, würde ich noch immer töten. Ich konnte nicht aufhören."

Bonin wurde in allen Anklagepunkten schuldig gesprochen und von Richter William Keene im Januar 1982 zum Tod verurteilt. Es dauerte 14 Jahre, bis das Urteil vollzogen wurde. Am 23. Februar 1996 brachte man ihn in die alte Gaskammer von San Quentin, wo er als erster Mensch in Kalifornien durch die Giftspritze hingerichtet wurde.

auf Anhalter, die er mit seinem Van in der Umgebung von Los Angeles aufsammelte, abgesehen hatte. Bei einigen dieser Gelegenheiten tat er sich mit dem 22-jährigen Vernon Butts zusammen, der behauptete, ein Zauberer zu sein und in einem Sarg schlief.

Das erste bekannte Opfer war der 14-jährige Anhalter Thomas Lundgren. Der Junge wurde am 28. Mai 1979 entführt, missbraucht und erwürgt. Seine Leiche wurde in Malibu gefunden. Vor Jahresende wa-

Werner Boost

Der 1928 geborene Werner Boost war der uneheliche Sohn ostdeutscher Bauern, der sich anfangs seinen Lebensunterhalt damit verdiente, Flüchtlinge durch den Eisernen Vorhang zu bringen. Es ist gut möglich, dass Boost in der Folge einigen der Flüchtlinge, die ihm vertrauten, nicht nur über die Grenze, sondern auch aus dem Leben half.

Tod im Doppelpack

Nachdem er in den 1950er-Jahren nach Düsseldorf umgezogen war, offenbarte sich seine mörderische Natur deutlicher. Er wurde zum Killer, der es auf Paare abgesehen hatte. Sein erster bekannter Angriff erfolgte mit seinem Komplizen Franz Lorbach. Im Januar 1953 schlich sich das Paar an das Auto, in dem der Anwalt Bernd Servé mit seinem 19-jährigen Geliebten saß. Dr. Servé wurde in den Kopf geschossen, der junge Mann wurde verprügelt und konnte entkommen, weil er sich tot stellte.

Der nächste Überfall erfolgte im Oktober 1955 und brachte Boost den Spitznamen „Liebespaarmörder" ein. Wiederum begleitet von Lorbach überfiel und erschlug er Thea Kürmann und ihren 26-jährigen Freund Friedhelm Behre. Die Leichen wurden einen Monat später in ihrem Wagen in einer gefluteten Kiesgrube entdeckt.

Sein letzter Doppelmord fand im Februar 1956 statt. Die verbrannten Leichen von Peter Falkenberg und der 20-jährigen Sekretärin Hildegard Wassing wurden in einem rauchenden Heuhaufen entdeckt. Beide waren erschlagen und ausgeraubt worden; Falkenberg hatte zudem einen Kopfschuss abbekommen. Auch ihr blutverschmiertes Auto wurde gefunden.

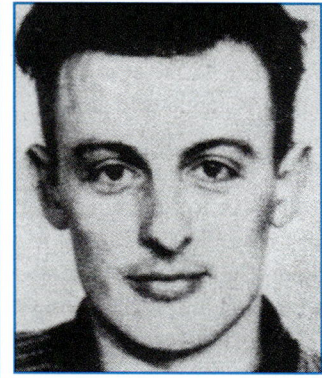

LINKS: Werner Boost (Foto) beging mit seinem Komplizen in den 1950-Jahren in Deutschland eine Reihe von Morden.

Ein weiterer Mordversuch geschah Anfang Mai in einem Wald außerhalb der Stadt, scheiterte aber, weil die Schreie der Frau Spaziergänger alarmierten. Am 10. Juni sah ein Jäger in der gleichen Gegend, wie ein Mann einem jungen Pärchen folgte. Boost stellte sich dem Förster, beteuerte aber seine Unschuld.

Es gab praktisch keine Beweise, die Boost mit dem „Liebespaarmörder" in Zusammenhang brachten, und vielleicht wäre er davongekommen, hätte nicht Lorbach die Morde zugegeben und Boost beschuldigt. Er sagte der Polizei, dass Boost die Frauen am liebsten betäubte und vergewaltigte, bevor er sie umbrachte. Seine eigene Rolle entschuldigte er mit der Aussage, er sei hypnotisiert worden.

Am 14. Dezember 1959 wurde Boost wegen Mordes an Dr. Servé zu lebenslanger Haft verurteilt. Lorbach erhielt sechs Jahre Haft wegen Beihilfe. Trotz aller Verdachtsmomente konnte die Polizei den beiden Männern keinen der anderen Morde hieb- und stichfest nachweisen.

Ian Brady und Myra Hindley

Harte Polizisten weinten, als sie die Tonbänder zum ersten Mal hörten. Auch die hartgesottensten Reporter brachen in Tränen aus, als sie die schreckliche Aufnahme vor Gericht hörten. Niemand, der an diesem Tag anwesend war, würde jemals die Stimme des kleinen Mädchens vergessen, das um Gnade flehte.

Das kleine Opfer der „Moormörder" flehte um Gnade

Die Aufnahme stammte von Lesley Ann Downey, mit zehn Jahren das jüngste Opfer Ian Bradys und Myra Hindleys. Sie wurde beim grausamen Tod des kleinen Mädchens gemacht. Die einzige andere Stimme war die Hindleys, die dem Kind befahl, ruhig zu sein. Die 16-minütige Aufnahme endete mit einem Schrei.

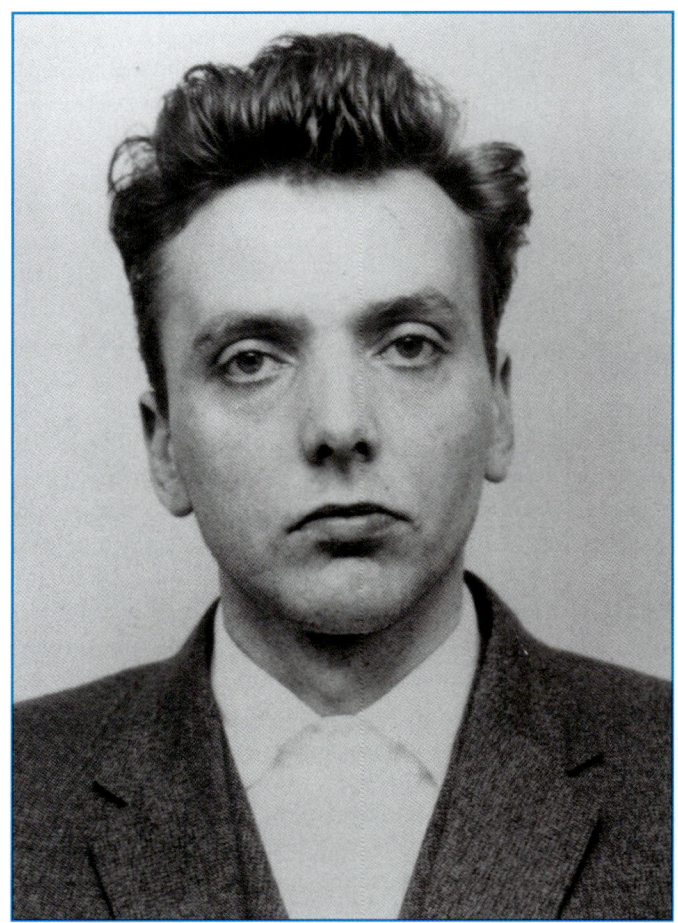

OBEN: Ian Brady wurde am 7. Mai 1966 zu lebenslanger Haft verurteilt. Der Richter sagte, dass er und seine Komplizin „unvorstellbar bösartig" seien.

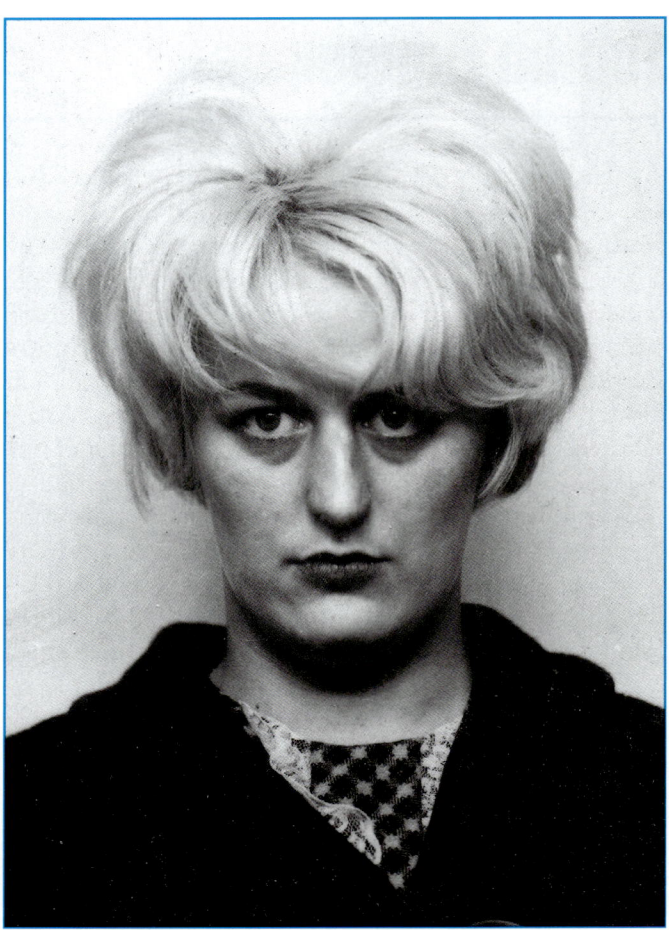

OBEN: Ein Porträt Myra Hindleys, aufgenommen während ihres Prozesses. Im Gefängnis beteuerte sie, sich gebessert zu haben, wurde aber nie entlassen. Sie starb 2002 in der Haft.

Für eine ganze britische Generation sind die „Moormörder" die Inkarnation des Bösen. Zwischen 1962 und 1965 entführten, folterten und ermordeten sie mindestens fünf, vermutlich sogar acht Kinder und Teenager. Die meisten Leichen wurden im Saddleworth Moor in den Hügeln außerhalb Manchesters verbuddelt.

Der 1938 als unehelicher Sohn einer Kellnerin in Glasgow geborene Brady betätigte sich als Teenager als Einbrecher, bevor er 1954 nach Manchester zog und eine Stelle in einem Büro annahm. Dort lernte er 1961 die 19-jährige Schreibkraft Myra Hindley kennen. Es war ein Treffen bösartiger Gemüter. Brady, der sadistische Fetischist, verwickelte die willige Hindley in sei-

ne perversen Spielchen. Sie machten Fotos von sich selbst beim Sex – wobei sie in Lederkleidung Peitschen schwangen und Naziverbrechen nachstellten. Bald wurde aus den Spielen Wirklichkeit.

Im Juli 1963 lockte Hindley die 16-jährige Pauline Reade ins Saddleworth Moor, wo Brady sie vergewaltigte, ihr einen Spaten über den Schädel schlug und ihr schließlich die Kehle durchschnitt. Vier Monate später wurde der zwölfjährige John Kilbride ins Moor verschleppt, festgehalten, von Brady vergewaltigt und dann erwürgt.

Im Juni 1964 bat Hindley den zwölfjährigen Keith Bennett, einige Einkäufe für sie zu tragen, und lud ihn dann zu einer Fahrt ins Moor ein. Dort wurde der

Junge vergewaltigt und erwürgt. Bevor er ihn vergrub, machte Brady Fotos von dem Leichnam.

Die zehnjährige Lesley Ann Downey verschwand am 26. Dezember. Sie wurde zu Bradys Haus verschleppt, wo sie nackt für pornografische Fotos posieren musste, bevor sie getötet wurde.

Im Oktober 1965 lud das Paar Hindleys Schwager David Smith zu sich nach Hause ein. Brady erzählte ihm offen von den vorherigen Morden, aber da er Angst hatte, dass Smith zur Polizei gehen würde, versuchte er, diesen in einen Mord zu verwickeln. Brady lockte den 17-jährigen Edward Evans ins Haus und griff den Teenager mit einer Axt an, nachdem er sichergestellt hatte, dass sich Smiths Fingerabdrücke auf der Mordwaffe befanden.

Smith tat so, als würde er mitmachen, und half dem Paar sogar beim Aufräumen. Dann lief er zur Polizei. Er erzählte den Ermittlern, dass das blutbespritzte Paar

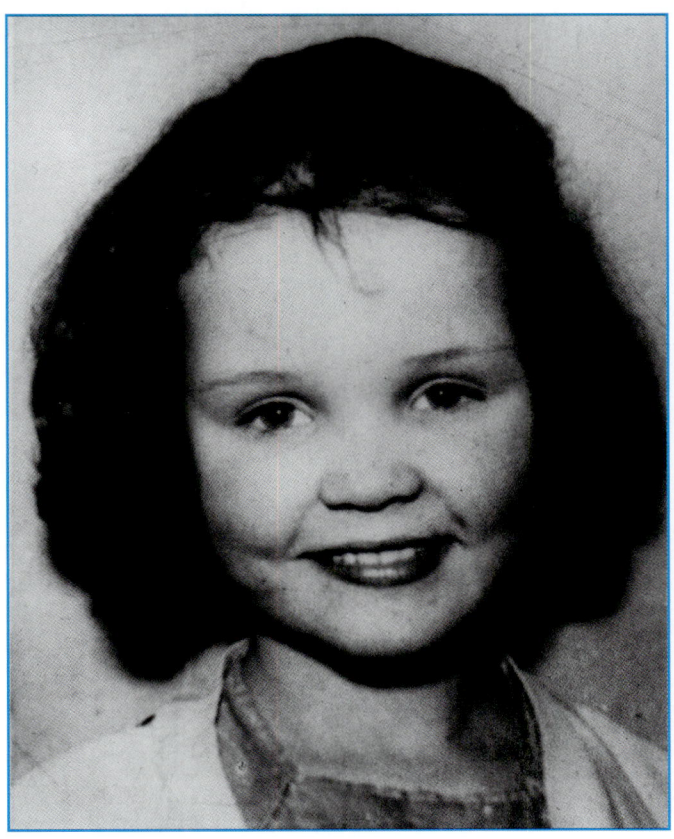

OBEN: Ein Familienfoto von Lesley Ann Downey, das kurz vor ihrem Tod durch die „Moormörder" aufgenommen wurde.

OBEN: Hindley (links) war bei allen Verbrechen die Komplizin. Sie ist noch immer Großbritanniens bekannteste Serienkillerin.

nach dem Mord lachend dagesessen und Wein getrunken hatte. Brady hatte gesagt: „Das war bisher die größte Schweinerei. Sonst brauche ich nur einen Hieb."

Nachdem Brady und Hindley – Letztere stritt alles ab – verhaftet waren, durchsuchte die Polizei das Haus. Sie entdeckte ein Foto von Hindley neben John Kilbrides Grab. Andere Bilder zeigten Lesley Ann Downey in pornografischen Posen. Die schrecklichste Entdeckung war das Tonband mit der Aufnahme ihre Todes: „Bitte, lass mich los. Bitte, Mama, bitte. Ich bekomme keine Luft. Bitte, Gott, warum? Was macht ihr mit mir?" Das Tonband wurde beim Prozess abgespielt. Das Paar wurde im Mai 1966 des Mordes an dem Mädchen und an Evans für schuldig befunden. Bei der Urteilsverkündung fügte der Richter hinzu: „Sie sind unglaublich bösartig." In Haft gestand Brady fünf weitere Morde, da er aber bereits für unzurechnungsfähig erklärt wor-

OBEN: Die Polizei von Manchester grub auf der Suche nach den Leichen große Teile des Saddleworth Moors um.

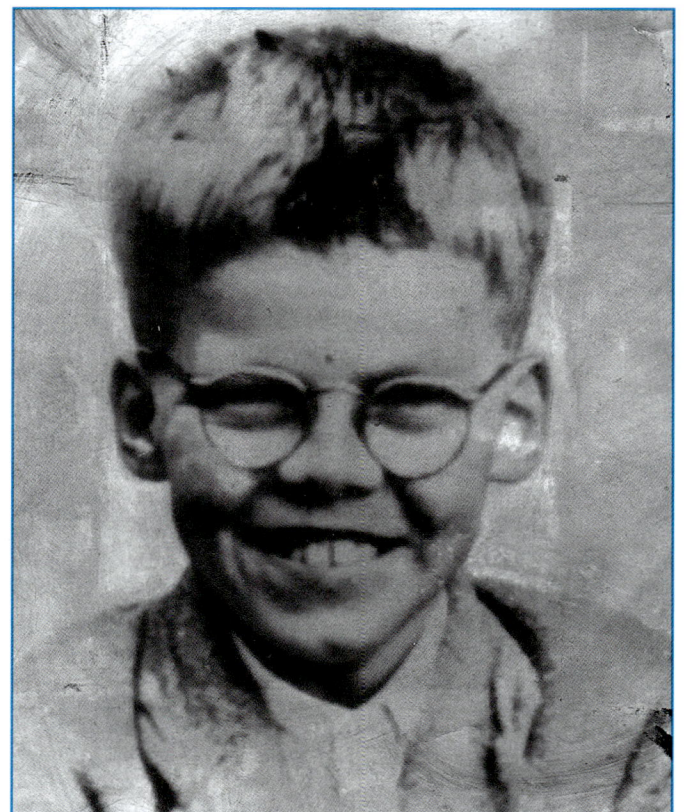

OBEN: Keith Bennett war das dritte Opfer des bösartigen Duos. Brady erwürgte ihn im Sadddleworth Moor.

den war, gab es keine weitere Anklage. Vergeblich trat der Killer in einen Hungerstreik, um sich selbst umzubringen.

Myra Hindley kämpfte dagegen für ihre Freilassung und behauptete, eine ganz neue Frau zu sein. Trotz kontroverser Kampagnen, sie zu befreien, wurde sie zur am längsten inhaftierten Frau Großbritanniens und starb 2002 nach 36 Jahren Haft.

Der Tod der 60-Jährigen machte auch fast 40 Jahre nach ihren Verbrechen noch Schlagzeilen: „Endlich ist Myra dort, wo sie hingehört – in der Hölle!"

OBEN: Polizisten graben 1965 nahe der Stelle, an der Lesley Ann Downeys Leiche gefunden worden war.

OBEN: Ian Brady vor seiner Verhandlung bezüglich der Moormorde, für die er später verurteilt wurde, in Polizeigewahrsam.

Marquise de Brinvilliers

Marie-Madeleine-Marguerite, Marquise de Brinvilliers (17. Jh.), war das älteste von fünf Kindern der adligen Familie d'Aubray. Die Tochter des Vicomte Antoine Dreux d'Aubray wurde 1651 mit 21 Jahren mit dem Armeeoffizier Antoine Gobelin de Brinvilliers verheiratet, einem spielsüchtigen Frauenhelden, der sich kaum um sie kümmerte. Kurzerhand nahm sie sich deshalb einen Geliebten, den Chevalier Jean-Baptiste de Sainte-Croix, einen Kapitän der Armee und Freund ihres Vaters.

Ein Freigeist lernt, mit Gift umzugehen

Empört über die Affäre mit einem alten Freund der Familie verbat ihr Vater ihr, Sainte-Croix wiederzusehen, und ließ ihn 1663 in die Bastille werfen. Nach seiner Freilassung wurden die Liebenden jedoch wieder vereint und planten ihre Rache an dem alten d'Aubray – und gleichzeitig auch die Sicherung ihrer Erbschaft. In der Bastille hatte Sainte-Croix gelernt, mit Gift umzugehen. Mithilfe eines der königlichen Apotheker am Hof König Ludwigs XIV. bekam er ein geschmackloses, aber tödliches Gift, das Marie 1666 ihrem Vater gab. Dieser wurde ihr erstes Opfer.

Da sie ihren Anteil an der Erbschaft rasch ausgegeben hatte, wandte sich Marie als Nächstes dem Rest ihrer Familie zu. Ihr ältester Bruder starb 1670, es folgten ihr jüngerer Bruder, ihre Schwester und ihre Schwägerin. Frühere Geliebte erlitten das gleiche Schicksal. Maries Ehemann überlebte, war aber fortan extrem anfällig für alle möglichen Krankheiten. Rücksichtslos verfeinerte Marie ihre Technik bei sogenannten Gnadenbesuchen im Krankenhaus, bei denen sie mindestens 50 Menschen umbrachte.

Als ihr Geliebter Sainte-Croix 1672 starb, wurde die Marquise endlich erwischt. Er hinterließ eine Kiste, die seiner Geliebten überbracht werden sollte, aber seine Frau sah hinein und entdeckte die verschiedenen Gifte sowie belastende Papiere.

Marie versuchte zu fliehen, wurde aber in Lüttich verhaftet. Bei einem Verhör drohte sie: „Viele wichtige Leute sind in diese Sache verwickelt. Ich könnte

OBEN: Künstlerische Darstellung der Wasserfolter der Marquise de Brinvilliers.

sie alle ruinieren, wenn ich aussage." Die einstmals so hochmütige Freidenkerin wurde brutal gefoltert und dabei z. B. gezwungen, neun Liter Wasser zu trinken. 1676 wurde ihr in Paris der Prozess gemacht. Sie wurde für schuldig befunden und hingerichtet. Ihr Körper und ihr abgetrennter Kopf wurden verbrannt.

Nach ihrem Tod atmeten viele französische Adlige erleichtert auf, denn sie hatte zwar ihre eigene Schuld zugegeben, aber keine anderen Namen genannt. Die dramatischen, romantischen Geheimnisse, die ihren Fall umgaben, inspirierten in der Folge den Dichter Robert Browning *(The Poisoner)* sowie mehrere Schriftsteller, darunter Alexandre Dumas *(The Marquise de Brinvilliers)* und Arthur Conan Doyle *(The Leather Funnel)*.

Jerry Brudos

Ein Ermittler stellte Jerry Brudos eine einfache Frage: „Fühlen Sie Reue, Jerry? Tun Ihnen Ihre Opfer, die Mädchen, die gestorben sind, leid?" Brudos nahm ein Stück Papier, zerknüllte es und warf es zu Boden. „So sehr", sagte er. „Die Mädchen interessieren mich ungefähr so sehr wie dieser Fetzen Papier."

Fetischteufel zieht Leichen wie Puppen an

Jerome Henry Brudos war ein mordender Vergewaltiger mit einem Fetisch für Frauenkleider. Die Polizei wurde erstmals auf ihn aufmerksam, als er mit 17 Jahren eine Frau mit vorgehaltenem Messer zwang, für Nacktfotos zu posieren. Er wurde aufgrund einer Persönlichkeitsstörung für neun Monate in eine Anstalt eingewiesen.

Nach seiner Entlassung stahl er Frauenunterwäsche von Wäscheleinen. Bis er 28 war und seinen ersten Mord begangen hatte, hatte Brudos einen Riesenberg Frauenkleidung gesammelt.

Sein erstes Opfer war die 19-jährige Linda Slawson, die im Januar 1968 an seine Haustür in Portland, Oregon, klopfte. Brudos, dessen Frau und zwei Kinder im oberen Stockwerk waren, schlug sie bewusstlos.

Er brachte Linda in die Garage, wo er sie erwürgte und dann missbrauchte. Dann schickte er seine Familie zum Hamburger-Restaurant, damit er eine Weile mit der Leiche spielen konnte. Er zog sie wie eine Puppe an und fotografierte sein Werk. Schließlich hackte er ihr den linken Fuß ab, zog diesem einen neuen Schuh an und fror ihn ein. Den Rest der Leiche entsorgte er im Willamette River.

Drei weitere Morde folgten. Jan Whitney, 23, las er im November 1968 am Straßenrand auf, nachdem ihr Wagen liegen geblieben war. Er brachte sie zu sich nach Hause und verging sich an ihrer Leiche. Nachdem er sie angezogen hatte, beschloss er, sie zu behalten, und hängte sie an einen Haken in der Garagendecke. Einige Tage später warf er die Leiche in den Fluss, schnitt ihr aber vorher die rechte Brust ab.

OBEN: Der Willamette River in Portland, Oregon, in dem Jerry Brudos die Leichen der meisten seiner Opfer entsorgte.

Karen Sprinkler, 19, wurde im März 1969 vom Parkplatz eines Kaufhauses entführt und zu Brudos nach Hause gebracht. Dort musste sie für ihn posieren, bevor er sie aufhängte und den Leichnam missbrauchte. Dieses Mal schnitt er ihr beide Brüste ab, bevor er die Überreste in den Long Tom River warf.

Linda Salee, 23, starb einen Monat später. Brudos hatte sie mithilfe einer gefälschten Polizeimarke wegen Ladendiebstahls verhaftet. Er brachte sie in die Garage, wo er sie erwürgte und dabei vergewaltigte. Wieder hob er die Leiche tagelang auf.

Bei der Befragung mehrerer Kommilitonen Karen Sprinklers erfuhr die Polizei, dass einige Mädchen Anrufe eines Mannes erhalten hatten, der sich mit ihnen treffen wollte. So stellten sie ihm eine Falle, und ein Mädchen verabredete sich mit Brudos.

Bei seiner Verhandlung plädierte Brudos auf Unzurechnungsfähigkeit, aber psychiatrische Untersuchungen bestätigten dies nicht. Er wurde zu lebenslanger Haft verurteilt.

Ted Bundy

Die genaue Opferzahl wird man niemals feststellen können, aber mindestens 30 (und bis zu 100) Frauen und Mädchen fielen Ted Bundy während seiner vierjährigen Mordserie zum Opfer. Dass ein so brutaler Mörder nach außen hin ein gut aussehender, intelligenter, charmanter Mann sein konnte, macht den Fall umso faszinierender. Wann wurde aus dem netten amerikanischen Jungen ein perverses Monster?

Der gut aussehende Charmeur war ein gnadenloser Irrer

Die Antwort lautet wohl: „Früher, als jeder dachte." Als er drei Jahre alt war, wachte Teds 15-jährige Tante eines Nachts auf. Ted hatte die Bettdecke weggezogen und um sie herum Küchenmesser verteilt. „Er stand nur da und grinste", erinnert sie sich. „Ich scheuchte ihn weg und brachte die Messer zurück in die Küche. Ich dachte, dass es ein sehr seltsames Verhalten für ein kleines Kind war."

Der kleine Theodore Robert lebte damals bei seinen Großeltern. Er wurde am 24. November 1946 in Philadelphia geboren. Seine Mutter war nicht verheiratet. Als sie 1950 nach Washington State zog und Johnny Bundy heiratete, nahm Ted dessen Nachnamen an. Johnny adoptierte den Jungen und zog ihn in seinem Haus in Tacoma wie seinen eigenen Sohn auf.

Der kleine Ted Bundy war ein typisch amerikanischer Junge. Er war bei den Pfadfindern, lieferte Zeitungen aus und verdiente sich sein Taschengeld mit Rasenmähen. Er war ein guter Schüler und Sportler. Schließlich begann er ein Studium an der University of Washington. Er arbeitete als Wahlhelfer für die Republikaner und für die Crime Commission in Washington State. Frühere Kollegen glaubten, er würde ein erstklassiger Anwalt oder Politiker werden.

Es gibt aber auch andere Aussagen über seinen Charakter. So war er sehr launisch. Obwohl er nie Probleme hatte, eine Verabredung zu bekommen, sagten einige Mädchen später über ihn, er sei ein sadistischer Liebhaber gewesen, der gern perverse Fesselspiele spielte. Dennoch bewarb er sich 1971 bei einem Zentrum für Vergewaltigungsopfer in Seattle. Nachdem er auf Reife und Ausgeglichenheit überprüft worden war, durfte er dort als Berater arbeiten.

LINKS: Die vielen Gesichter von Ted Bundy, einem der „produktivsten" Serienmörder Amerikas.

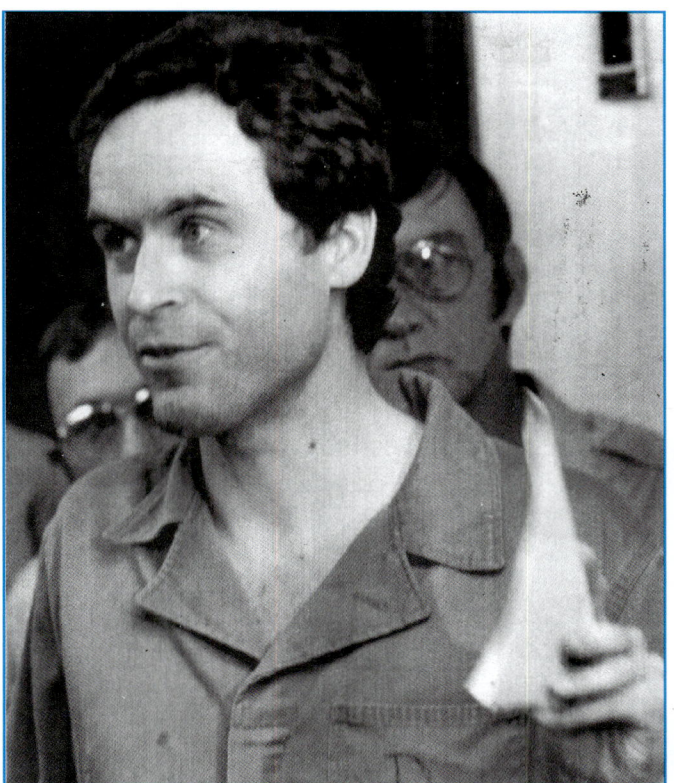

OBEN: Bundy bei einem seiner vielen Verfahren. Bei einer Verhandlung in Aspen, Colorado, flüchtete er durch das Fenster.

Bis Mitte 1974 war der nun 28-jährige Bundy dreist genug geworden, sich seine Opfer bei Tag auszusuchen und sich sogar mit „Hi, ich bin Ted" vorzustellen. Im Juli sprach der Killer, der einen Arm in einer Schlinge trug, junge Mädchen an, die sich im Lake Sammamish State Park bei Seattle sonnten, und bat sie, ihm mit seinem Segelboot zu helfen. Ein Mädchen, das ablehnte, beobachtete, wie der Mann „sehr freundlich, höflich und ehrlich und mit einem netten Lächeln" ein Mädchen in seinen markanten VW-Käfer lockte. An diesem Tag brachte Bundy zwei Frauen um, deren nackte Leichen Monate später zusammen mit denjenigen von drei weiteren Frauen – eine von ihnen war offiziell als vermisst gemeldet – in einem Waldstück gefunden wurden.

Als Bundy nach Utah zog und sich als Jurastudent an der University of Utah in Salt Lake City einschrieb, verlor sich seine Spur zunächst. Im Oktober und November wurden dort vier Mädchen zwischen 16 und

Es war dieses unschuldige Image, das Bundy betonte, als er sich seinen Anklägern stellen musste. Er versuchte, die Geschworenen mit seinem Charme zu betören und sie davon zu überzeugen, dass er es gar nicht nötig hatte, Frauen zu entführen und zu töten. Er prahlte: „Warum sollte ich Frauen angreifen? Ich hatte so viele Freundinnen, wie ich wollte. Ich habe mit Dutzenden geschlafen, und alle sind freiwillig mitgekommen."

Noch heute ist die genaue Zahl der Morde, die Bundy beging, nicht bekannt. Neun Morde wurden ihm offiziell angelastet, 20 bis 30 gestand er, aber bis zu 100 könnten es tatsächlich gewesen sein. Allgemein gehen die Ermittler von 35 Opfern aus.

Meist schlug Bundy seine Opfer nieder und erwürgte sie dann. Oft vergewaltigte er sie vorher oder beging Nekrophilie. Sein erstes bekanntes Opfer war Lynda Ann Healy, 21, die am 31. Januar 1974 aus ihrer Wohnung in Seattle verschwand. Im Lauf der nächsten drei Monate wurden fünf weitere Frauen entführt und ermordet.

OBEN: Es gelang Bundy, seine Hinrichtung zehn Jahre hinauszuzögern, aber im Januar 1989 endete er auf dem elektrischen Stuhl.

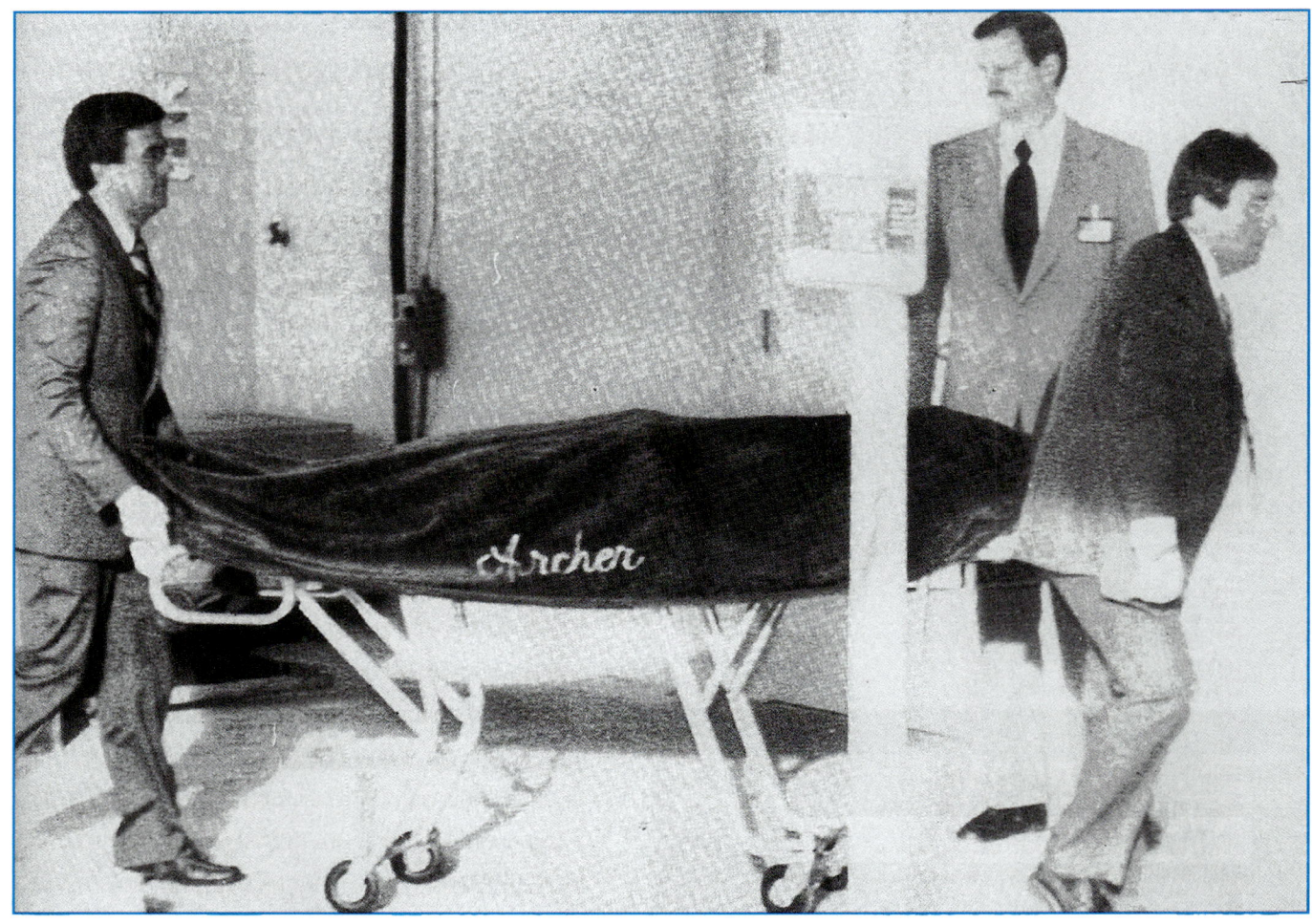

OBEN: Der Leichnam Ted Bundys wird abgeholt, nachdem er am 24. Januar 1989 im Starke Prison, Florida, hingerichtet wurde.

18 Jahren entführt, misshandelt, vergewaltigt und erwürgt. Dann breitete sich die Mordserie weiter nach Colorado aus, wo zwischen Januar und April 1975 mindestens fünf Frauen verschwanden.

Eines Abends im August 1975 schnappte die Polizei Bundy endlich in Salt Lake City – zunächst allerdings nur wegen eines Verkehrsdelikts. Er fuhr mit seinem VW, als er angehalten wurde. In seinem Wagen fand die Polizei Handschellen, eine Brechstange, eine Ski-maske und Nylonstrümpfe. Er wurde wegen des Besitzes von Einbruchswerkzeugen angezeigt und bei einer Gegenüberstellung von einem seiner Beinaheopfer, der 18-jährigen Carol Da Ronch, identifiziert. Sie hatte das Glück zu entkommen, als Bundy, der sich als Polizist ausgab, sie in seinen Wagen schleppte und

dort mit Handschellen fesselte. Als er in einer Kurve abbremste, ließ sie sich aus dem Wagen fallen.

Ted Bundy wurde wegen Entführung angeklagt und nach monatelangen Verhandlungen, während derer er – unglaublicherweise – auf Kaution freikam, schuldig gesprochen und zu einem bis 15 Jahren Gefängnis verurteilt. Dann wurde er nach Colorado überführt, wo er sich für den Mord an einer 23-jährigen Studentin verantworten musste.

Während einer Verhandlungspause sprang Bundy aus dem Fenster und war acht Tage auf freiem Fuß, bis er wieder verhaftet wurde. Es gelang ihm noch eine zweite Flucht, indem er ein Loch in die Decke seiner Zelle schnitt und einen Polizeiwagen stahl. Damit fuhr er zuerst nach Chicago und dann weiter nach Florida.

Bundy mietete ein Zimmer nahe der University of Florida in Tallahassee und mordete munter weiter. Am 15. Januar 1978 schlich er sich in ein Studentenwohnheim der Universität, schlug vier Studentinnen brutal nieder, erwürgte zwei von ihnen und biss einer große Fleischstücke aus dem Gesäß.

Bundys letztes Opfer war gleichzeitig sein jüngstes. Am 8. Februar wurde die zwölfjährige Kimberley Leach in Lake City, Florida, sexuell missbraucht und erwürgt. Als ein Polizist den Killer eine Woche später wegen eines gestohlenen Wagens anhielt, versuchte er zu fliehen, wurde aber bewusstlos geschlagen. Bundy wurde in Miami vor Gericht gestellt und der Morde an den Studenten in Tallahassee und 1980 auch an Kimberly Leach für schuldig befunden.

Bundy hielt seine Hinrichtung durch endlose Berufungen zehn Jahre lang auf und gestand schließlich 30 Morde in Kalifornien, Michigan, Pennsylvania, Idaho und Vermont. Er wurde im Januar 1989 in Florida auf dem elektrischen Stuhl hingerichtet.

John Bunting und Komplizen

Am 21. Mai 1999 bearbeitete die Polizei von Adelaide eine Vermisstenanzeige erneut, die sie schließlich zu einem verlassenen Banktresor im ländlichen Snowtown, South Australia, führte. Was sie dort fand, schockierte die Nation. Sechs mit Säure gefüllte Plastikfässer enthielten die grausigen, mumifizierten Überreste von acht zerstückelten Leichen. Drei Tage später wurden zwei weitere Leichen in einem Garten in einem Vorort von Adelaide gefunden. Am Tag darauf wurden vier Männer verhaftet.

Leichenteile in der Kammer des Grauens

Der frühere Schlachthofarbeiter John Justin Bunting, der 1966 in Queensland geboren wurde, war der Anführer einer Gruppe von Misshandlungs- und Inzestopfern, die von Hass auf Homosexuelle und Pädophile geprägt war. Bunting, ein psychopathischer Killer, der als Kind selbst sexuell missbraucht worden war, rekrutierte seine Freunde (Robert Wagner und Mark Haydon, Buntings zweite Ehefrau Elizabeth Harvey und sein Stiefsohn James Vlassakis), bei Entführungen, Folterungen und der anschließenden Entsorgung der Leichen mitzuhelfen.

Einige seiner Opfer hielt er für Pädophile. Andere starben, weil sie übergewichtig, Analphabeten, zurückgeblieben, homosexuell oder drogenabhängig waren. Die meisten Opfer waren Familienmitglieder, Freunde oder Bekannte der Gruppenmitglieder.

Obwohl es nicht das Motiv für die Morde war, nahmen die Mörder die Identität ihrer Opfer an, um deren Sozialleistungen zu kassieren. Sie fälschten die Unterschriften, um $ 95.000 einzustreichen und „erbten" in einigen Fällen sogar die Autos.

Buntings Mordserie begann im August 1992. Clinton Trezise, 22, wurde bei einem Besuch bei Bunting in dessen Wohnzimmer mit einem Hammer der Schädel eingeschlagen.

Die nächsten sieben Jahre hindurch töteten Bunting und seine Komplizen diverse Männer und Frauen, nachdem sie diese mit Elektroschocks, Zangen und brennenden Zigaretten gefoltert hatten. Einigen Männern schoben sie brennende Wunderkerzen in den Penis, um sie von ihren Verbrechen zu „kurieren". Die Opfer mussten die Folterknechte mit „Gott", „Meister", „Chief Inspector" und „Lord Sir" ansprechen.

Unter den Toten waren Suzanne Allen, 47, eine Freundin Buntings, Elizabeth Haydon, 37, die Frau eines Komplizen, und Thomas Trevilyan, 18, der bei einem Mord geholfen hatte, später aber selbst sterben musste, weil er darüber redete. Im September 1998 wurde Buntings Stiefsohn James Vlassakis zur Hilfe beim Mord an seinem Halbbruder Troy Youde, 21, überredet.

David Johnson, 24, war im Mai 1999 das letzte Opfer. Er wurde mit dem Versprechen eines billigen Computers in eine verlassene Bank gelockt. Dort zwangen sie ihn, seine Bankdaten zu nennen. Zwei der Killer gingen, um die Daten zu bestätigen; Bunting erwürgte Johnson, bevor sie zurückkamen.

Am Ende einer komplizierten Suche nach einer vermissten Person untersuchte die Polizei nach einem Tipp die verlassene Bank in Snowtown. Die Entdeckung von acht zerstückelten Leichen schockierte selbst hartgesottene Ermittler. Tage später wurden zwei weitere Leichen bei Buntings ehemaligem Haus entdeckt. Alle konnten mit den gleichen Mördern in Verbindung gebracht werden. Bunting, Haydon, Wagner und Vlassakis wurden verhaftet und wegen Mordes angeklagt. Nach elf Monaten endete South Australias längster und kompliziertester Prozess mit einem Schuldspruch für John Bunting und Robert Wagner. Die Jury befand Bunting des elffachen Mordes für schuldig, während dem bisexuellen Muskelprotz Wagner sieben Morde angerechnet wurden. Beide wurden für jeden Mord zu lebenslanger Haft verurteilt. Der vorsitzende Richter Brian Martin sagte, dass die Männer aus Spaß töteten und nicht rehabilitierbar seien.

In einer separaten Verhandlung bekannte sich James Vlassakis des vierfachen Mordes schuldig und bekam lebenslänglich mit einer bewährungslosen Zeit von 26 Jahren. Der Prozess gegen Mark Haydon zog sich bis 2005 hin, als die Mordanklage gegen ihn fallen gelassen wurde – im Austausch gegen ein Geständnis zur Beihilfe an den Morden, inklusive dem an seiner Frau.

Die Schuldsprüche bewiesen, was die Menschen in South Australia vier Jahre zuvor bereits erkannt hatten: dass eine Gruppe sadistischer Killer fast ein Jahrzehnt ungehindert in ihrer Mitte operiert hatte. Endlich war ihre Schreckensherrschaft vorüber.

Angelo Buono und Kenneth Bianchi

Kenneth Bianchi, Sohn einer alkoholkranken Prostituierten, die ihn nach der Geburt weggab, war von klein auf schwer gestört. Seine Adoptivmutter bezeichnete ihn als „Gewohnheitslügner, der schon als Heuchler aus der Krippe kroch." 1977 zog er nach einer kurzen, gescheiterten Ehe nach Kalifornien, wo er sich mit seinem älteren Cousin Angelo Buono Jr. zusammentat – gemeinsam wurden sie als „Hillside Stranglers" bekannt.

Die „Hillside Stranglers" vergewaltigten, folterten und töteten

Buono war ein hässlicher Mann, sowohl körperlich als auch geistig. Er war grob, ungebildet und sadistisch, aber bei Frauen unglaublicherweise trotzdem sehr beliebt, sodass er sich selbst den Spitznamen „italienischer Hengst" gab. Er stammte aus Rochester, New York, und war mit seiner geschiedenen Mutter nach Kalifornien gezogen, wo er kurz verheiratet war, bevor er seine Frau und das gemeinsame Baby verließ.

Zwischen kurzen Gefängnisaufenthalten wegen Diebstahls heiratete Buono erneut und zeugte mehrere eheliche und uneheliche Kinder, bevor seine Frau sich scheiden ließ, weil er ihr Handschellen angelegt und mit vorgehaltener Pistole gedroht hatte, sie zu töten.

Buono arbeitete als Autopolsterer von zu Hause in Glendale, San Fernando Valley, aus. Dort schloss sich ihm der jüngere Bianchi an, und die beiden 42 und 26 Jahre alten Männer holten sich regelmäßig Prostituierte ins Haus. Diese wurden ihre ersten Opfer.

OBEN: Kenneth Bianchi und sein älterer Cousin zogen ihre Opfer aus, vergewaltigten und missbrauchten sie.

Am 6. Oktober 1977 wurde die Leiche einer 21-Jährigen aus Hollywood auf einem Hügel im Chevy Chase Drive gefunden. Zwölf Tage später wurde die Leiche einer 19-Jährigen in der Nähe des Forest Lawn Cemetery abgelegt. Am 31. Oktober fand man eine 15-Jährige bei Glendale.

Langsam entstand ein Muster. Die Mädchen waren brutal vergewaltigt und teilweise anderweitig missbraucht worden. Dann machten die Täter sie sorgfältig sauber, um alle Spuren zu verwischen. Zuletzt wurden sie an Straßen abgelegt, wo sie sicher gefunden werden würden – manchmal in aufreizenden Posen.

Nach dem dritten Mord stellte die Polizei anhand von Spermaproben fest, dass zwei Männer beteiligt waren. Als weitere Leichen auftauchten, wurde klar, dass die Täter mit verschiedenen Foltermethoden experimentierten. Nach der Vergewaltigung durch beide Männer wurden die Mädchen erwürgt. Die Täter versuchten es aber auch mit Elektroschocks, Giftinjektionen und Ersticken durch Kohlenmonoxid.

In einer Woche im November entsorgten Bianchi und Buono fünf Leichen, die jüngsten davon zwölf- und 14-jährige Schülerinnen. Vor Jahresende starben

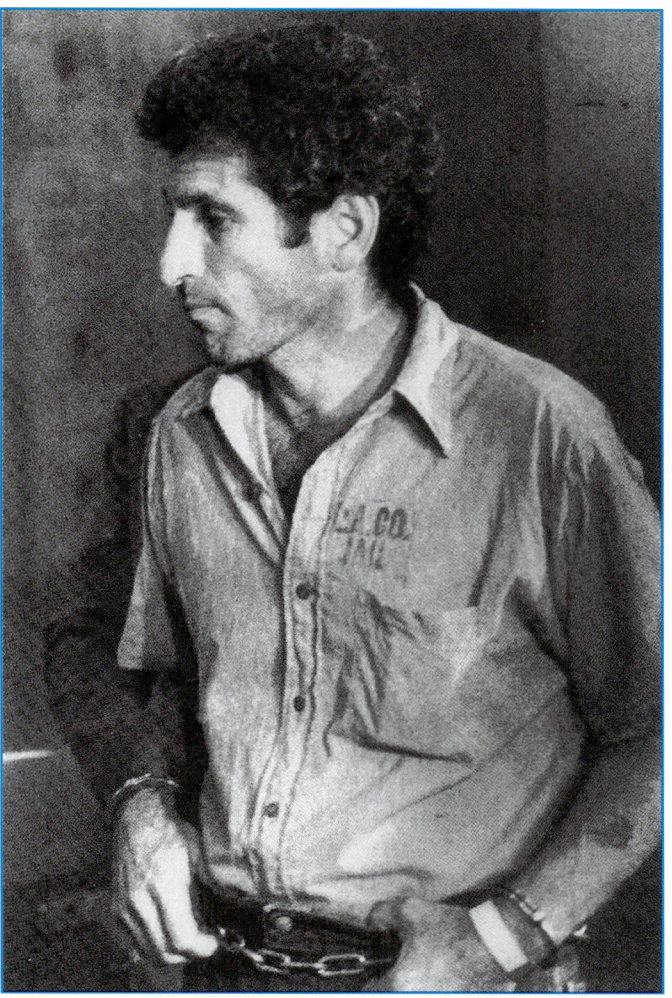

OBEN: Der selbsternannte „italienische Hengst" Angelo Buono beging im Oktober 1977 seinen ersten Mord.

OBEN: Bianchi im Zeugenstand. Sein Antrag auf Unzurechnungsfähigkeit rettete ihn vor der Todesstrafe.

zwei weitere Teenager und eine Frau. Eine 20-Jährige wurde im folgenden Februar umgebracht.

Das tödliche Duo fuhr in Buonos Wagen in Los Angeles herum und gab sich seinen Opfern gegenüber als Zivilpolizisten aus. Sie befahlen den Mädchen, ins Auto einzusteigen, und brachten sie in Buonos Haus, wo sie gefoltert und ermordet wurden. Im Frühjahr 1978 hörten die Morde plötzlich auf.

Der Grund war, dass sich die Killer zerstritten hatten. Bianchi war zu seiner Freundin und seinem kleinen Sohn nach Bellingham, Washington State, gezogen. Dort nahm er einen Job als Wachmann an.

Im Januar 1979 lockte er zwei Mädchen in ein Lagerhaus, das er bewachte, und erwürgte sie. Ohne die Hilfe seines Partners hinterließ er aber zu viele Spuren und wurde am nächsten Tag verhaftet. Die Art des

Verbrechens und mehrere Unterlagen in seinem Besitz brachten ihn mit den Hillside-Strangler-Morden in Verbindung.

Bei seinem Prozess wegen der zwei Bellingham-Morde plädierte Bianchi auf Unzurechnungsfähigkeit und behauptete, dass er an einer multiplen Persönlichkeit litt. Die Aussagen von sechs Psychiatern bewahrten ihn vor der Todesstrafe. Er erhielt eine lebenslange Haftstrafe und wurde dann nach Kalifornien überführt, um gegen Buono auszusagen.

Aber die Unzulässigkeit der Aussage des „gestörten" Bianchi führte zu einer Verzögerung des Prozessauftakts bis November 1981. Zusätzlich behindert durch einen Mangel an Beweisen, dauerte das Verfahren gegen Buono fast zwei Jahre. Er bestritt alle Anklagepunkte und schob die Morde auf seinen Cousin. Am 31. Oktober 1983 wurde er in zwei Punkten schuldig gesprochen, entkam aufgrund einer Empfehlung durch die Geschworenen aber ebenfalls der Todesstrafe. Er starb 2002 im Gefängnis an Herzversagen.

Zum Ende des Prozesses wurde klar, dass Richter Ronald George für Buono die Todesstrafe bevorzugt hätte. Er beschwerte sich bei den Geschworenen: „Angelo Buono und Kenneth Bianchi vergasten ihre Opfer, folterten sie mit Elektroschocks, erwürgten sie mit Seilen oder verabreichten ihnen tödliche Injektionen. Und dennoch dürfen die beiden Angeklagten nun ihr Leben im Gefängnis verbringen, auf Kosten der Steuerzahler untergebracht, bekleidet und gefüttert. Ihnen geht es damit besser als manch armem, gesetzestreuen Bürger."

William Burke und William Hare

Im frühen 19. Jh. machte die Medizin enorme Fortschritte. Eine unerlässliche Zutat zur Erforschung des menschlichen Körpers fehlte jedoch – und das waren die Körper selbst. Niemand spendete seinen Körper damals der Medizin, deshalb mussten die Leichen – je frischer, desto besser – woanders herkommen. William Burke und William Hare lieferten die Körper und wurden durch ihre ruchlosen Geschäfte zu den berühmtesten und gruseligsten Serienmördern Schottlands.

Ein gottloses Duo im „Körpergeschäft"

Das in Irland geborene Duo lernte sich kennen, als Burke, der seine Frau und Kinder sitzen gelassen hatte, 1827 in Hares billigem Wohnheim in Edinburgh unterkam. Kurz nach dem Tod eines Mitbewohners, der allen nur als der „alte Donald" bekannt war und noch 4 Pfund Miete schuldete, gingen die beiden zusammen ins „Körpergeschäft". Um seinen Verlust auszugleichen, beschloss Vermieter Hare, die Leiche an einen der Ärzte in der Stadt zu verkaufen. Sie holten die Leiche aus dem Sarg, der im Hinterhof stand, wickelten sie in Sackleinen und wurden in 10, Surgeons' Square, der Edinburgher Praxis des brillanten Anatomen Dr. Robert Knox, vorstellig. Man einigte sich auf einen Preis von sieben Pfund und zehn Schilling, und beide Seite waren mit dem Geschäft äußerst zufrieden.

Es war leicht verdientes Geld, aber dem Duo wurde klar, dass sie schnell Probleme bekommen würden, Nachschub für ihren gottlosen Handel zu finden. Die Friedhöfe wurden nachts gut bewacht, und viele Gräber waren durch Eisenstangen gesichert. Es gab nur eine Lösung: Sie mussten neue Leichen „erschaffen".

Das erste Opfer war ein alter Mann, der durch sein hohes Fieber zu geschwächt war, um sich zu wehren. Burke und Hare erstickten ihn mit einem Kissen. Sein Körper brachte im Surgeons' Square zehn Pfund. Das zweite Opfer wurde auf eine Weise beseitigt, die zum

Markenzeichen Burke and Hares werden sollte. Ein Untermieter, dessen Namen sie nicht einmal kannten, lag mit Gelbsucht im Bett. Während der Mann schlief, hielt Burke ihm Mund und Nase zu, bis er nicht mehr atmete.

Das dritte Opfer war eine alte Landstreicherin, die Hare in einem Pub kennenlernte, zum Wohnheim lockte und erstickte. Im Frühjahr 1828 brachten die Killer zwei weitere Mieter um, beides mittellose Frauen. Als Nächstes folgte der Mord an der Prostituierten Mary Paterson. Der Anblick ihres nackten, gerade sechs Stunden toten Körpers sorgte für große Aufregung unter den Medizinstudenten, von denen einer sogar behauptete, sie zu kennen. Sogar die Zeitungen schrieben über Marys wohlgeformten Körper. Dr. Knox genoss die Werbung, und anstatt den Körper sofort zu sezieren, ließ er ihn in drei Monate in Whisky einlegen und machte so beinahe eine Touristenattraktion daraus.

Burke und Hare wurden immer dreister. Einmal traf Burke auf eine betrunkene Frau, die von einem Polizisten begleitet wurde, gab sich als barmherziger Samariter aus und überredete den Polizisten, ihm die hilflose Frau zu überlassen. In der gleichen Nacht wurde ihre Leiche zum Surgeons' Square gebracht.

Im Juni 1828 begingen die Partner ihr abscheulichstes Verbrechen. Eine junge Frau, die einen kleinen, taubstummen Jungen an der Hand hielt, fragte Burke nach dem Weg. Er brachte sie zu sich nach Hause, wo Hare und er die beiden töteten. Burke legte sich den Jungen über das Knie und brach ihm das Rückgrat, während das verängstigte Kind ihn anstarrte. Dann steckten sie die beiden in ein Fass und verkauften sie für 16 Pfund.

Am Ende brachte ihre Überheblichkeit Burke und Hare zu Fall. Im Oktober 1828 hob eine neue Mieterin ihre strohgefüllte Matratze hoch und entdeckte darunter die Leiche einer nackten alten Frau mit blutverschmiertem Gesicht. Sie ging zur Polizei, und die Mörder wurden verhaftet. Hare, dem Immunität versprochen wurde, falls er gegen seinen Partner aussagte, ergriff die Gelegenheit und wandte sich gegen Burke.

OBEN LINKS: Porträt des schottischen Mörders William Burke. Zusammen mit seinem Komplizen William Hare tötete er neun Menschen und verkaufte sie an medizinische Einrichtungen.

OBEN RECHTS: William Hare war Komplize von William Burke und Robert Knox. Burke wurde für seine Verbrechen gehängt, aber Hare erhielt für seine Aussage Immunität und kam mit Robert Knox frei.

OBEN: Ein wütender Mob jagt Helen MacDougal, die Freundin William Burkes, durch die Straßen Edinburghs (ca. 1829).

Der Prozess gegen William Burke begann an Heilig Abend 1828 und wurde ohne Pause fortgesetzt, bis am Morgen des ersten Weihnachtfeiertages der Schuldspruch gefällt wurde. Er wurde zum Tod durch Erhängen verurteilt, sein Körper sollte danach der medizinischen Forschung zur Verfügung gestellt werden. Etwa tausend Menschen – darunter auch der Dichter Walter Scott – wohnten der Hinrichtung am 28. Januar 1829 bei.

Burkes Körper wurde anschließend in den Sanitätsraum gebracht, wo immer 50 Menschen auf einmal seiner Sezierung beiwohnen durften. Am nächsten Tag wurde der Raum für die Öffentlichkeit freigegeben, und die Menschen strömten in Scharen neugierig herbei. Anschließend wurden die Leichenteile eingesalzen und für die spätere Verwendung in Fässern aufbewahrt.

Nur Burke bekam die volle Härte des Gesetzes zu spüren; die anderen Beteiligten konnte ihre Freiheit aber auch nicht genießen. Dr. Knox stritt jede Beteiligung an den Verbrechen ab, aber seine Karriere war beendet. Er starb 1862.

Die Frauen von Burke und Hare, die ihren Männern geholfen hatten, stießen auf blanken Hass, wo sie auch hingingen.

Hare selbst, der sich gegen seinen Partner gewandt hatte, um frei zu bleiben, verließ Edingburgh und fristete danach ein armseliges Leben in einem Londoner Slum, wo er schließlich als blinder, mittelloser Bettler starb.

OBEN: Die Menge versammelt sich, um der Hinrichtung William Burkes in Edinburgh am 28. Januar 1829 beizuwohnen.

David Carpenter

Die sogenannten Wegesrandmorde begannen in der San Francisco Bay Area im August 1979 mit dem Mord an der 44-jährigen Edda Kane, die im Mount Tamalpais State Park wandern war. Sie wurde vergewaltigt und dann auf den Knien mit einem Schuss in den Hinterkopf regelrecht hingerichtet.

Ein stotternder Irrer ist der „Trailside Killer"

Sieben Monate später wurde die 23-jährige Barbara Schwartz ebenfalls auf den Knien erstochen. Danach folgte Anne Alderson, eine 26-jährige Joggerin, die mit drei Kugeln im Kopf aufgefunden wurde. Auch sie hatte sich vor ihrem Tod hinknien müssen.

OBEN: Der Mount Tamalpais State Park, wo David Carpenter seine „Wegesrandmorde" durchführte.

Ende 1980 legte der Killer einen Zahn zu. Shawna May, 25, wurde erschossen und im Point Reyes Park vergraben. In der Nähe lag die Leiche Diane O'Connells, 22, die ebenfalls durch einen Kopfschuss starb. Am selben Tag, dem 29. November, wurden in Point Reyes zwei weitere Leichen entdeckt: Cynthia Moreland, 18, und Richard Towers, 19.

Die Entdeckung von vier Leichen an einem Tag führte zu einem Aufschrei in den Medien und verbreitete in der Bay Area, wo Joggen, Wandern und andere Aktivitäten im Freien zum Alltag gehören, Angst und Schrecken. Niemand hatte bisher den „Wegesrandmörder" gesehen und überlebt.

Im März 1981 wurden die Anhalter Ellen Hansen und Gene Blake in einem Park bei Santa Cruz mit vorgehaltener Pistole bedroht. Sie wurde erschossen, ihr Freund entkam schwer verletzt. Blakes Beschreibung ermöglichte die Anfertigung eines Phantombilds.

Die Schlinge zog sich um den Killer zu, aber eine letzte junge Frau fiel ihm noch zum Opfer. Im Mai 1981 wurde Heather Skaggs, 20, tot im Big Basin Redwood State Park gefunden. Die Kugeln entsprachen denjenigen, die auf Gene Blake und Ellen Hansen abgefeuert worden waren. Nun gab es aber weitere Hinweise. Heather hatte in einer Druckerei zusammen mit einem vorbestraften Vergewaltiger, David Carpenter, gearbeitet, und sie war das letzte Mal in der Nähe seines Hauses gesehen worden – Kollegen meinten, Carpenter wollte mit ihr ausgehen.

Die Spur führte eindeutig zu dem Mann, der von Anfang an hätte verdächtig sein sollen. Carpenter war ein stotternder Psychopath, der 1960 im Alter von 30 für den brutalen Angriff auf eine Frau zu 14 Jahren Gefängnis verurteilt worden war. Er wurde vorzeitig entlassen, beging aber 1970 wieder eine Straftat und verbrachte sieben Jahre wegen Entführung im Gefängnis. Zwischen seinen beiden Gefängnisaufenthalten war er Hauptverdächtiger der mysteriösen „Zodiac-Morde" (siehe S. 219).

Eventuell gab es auch noch ein früheres Opfer. Anna Menjivas, eine Freundin Carpenters, verschwand 1979 aus ihrem Haus und wurde tot im Mount Tamalpais Park, dem Schauplatz der nächsten drei Morde, aufgefunden. Die Polizei stellte jedoch keine Verbindung zu Carpenter her.

Am 6. Juli 1984 wurde Carpenter in Los Angeles wegen Mordes an Heather Scaggs und Ellen Hansen für schuldig befunden. Er wurde zum Tod in der Gaskammer von San Quentin verurteilt. Bei einem zweiten Verfahren in San Diego wurde er für fünf weitere Morde und zwei Vergewaltigungen schuldig gesprochen und wieder zum Tod verurteilt. Aufgrund einer Reihe von Einsprüchen sitzt er aber noch immer in der Todeszelle.

Andrei Chikatilo (Tschikatilo)

Der verrückte Kannibale Andrei Chikatilo wurde im Lauf seiner zwölfjährigen Mordserie immer wieder befragt – und immer wieder freigelassen. Der höfliche ehemalige Lehrer überzeugte die Ermittler davon, dass er ein treuer Ehemann, stolzer Vater und belesener Akademiker war.

Er tötete und aß über 50 Menschen

Der Akademiker Chikatilo beendete seinen Militärdienst und heiratete 1963 mit 27 Jahren Fayina, die Tochter eines Bergmanns. Sie bekamen einen Sohn und eine Tochter, während Chikatilo weiterhin von zu Hause aus studierte, seinen Abschluss in Literatur machte und anschließend als Lehrer arbeitete. 1981 gab er aus unbekannten Gründen den Posten auf und nahm eine Stelle als Versorgungsangestellter an, bei der er viel reisen musste.

Das gab ihm mehr Möglichkeiten, seine perversen Fantasien auszuleben, denn Chikatilo war ein Killer. Er lebte in Rostow am Don in Russland, hatte aber auch eine heruntergekommene Hütte außerhalb der Stadt gekauft. Dort brachte er regelmäßig Prostituierte hin. Im Dezember 1978 lockte er ein neunjähriges Mädchen in die Hütte, versuchte, sie zu vergewaltigen, und erstach sie dann brutal.

Aus den Aussagen seiner Frau ging später hervor, dass Chikatilo nahezu impotent war. Er musste seine Opfer erst in nackte Angst versetzen, bevor er ausreichend erregt war. Er konnte seine Opfer erst vergewaltigen, nachdem er brutal auf sie eingestochen und sie verstümmelt hatte.

Chikatilo brachte in Rostow, St. Petersburg und Taschkent (Usbekistan) mindestens 53 Menschen um. Er las sie an Bushaltestellen oder Bahnstationen auf und hielt sich vor allem an Prostituierte, Landstreicher oder Ausreißer, denen er eine Mahlzeit oder ein Geschenk versprach.

Die meisten wurden nach ihrem Tod vergewaltigt und dann verstümmelt. Oft wurden Organe oder Körperteile herausgeschnitten oder abgebissen – und oftmals aß er das Fleisch. Sein ältestes Opfer war eine 44-jährige Prostituierte, sein jüngstes ein siebenjähriger Junge. Einmal tötete er eine Frau und ihre elfjährige Tochter.

„Ihr Alter oder Geschlecht waren mir egal", sagte er später der Polizei. „Sie zu essen war ihr ultimatives Opfer an mich. Sie ergaben sich mir vollständig."

OBEN: Andrei Chikatilo 1992 hinter den Eisengittern seines Käfigs bei seiner Verhandlung in Rostow.

Durch diverse Versäumnisse der Polizei entwischte Chikatilo mehrfach. Nach seinem ersten Mord wurde er verhaftet, weil Nachbarn von seltsamen Vorgängen in seiner Hütte berichteten. Während der zwölfjährigen Jagd auf den „Ripper von Rostow" wurde er mindestens achtmal befragt und blieb einmal sogar zehn Tage in Haft. Der Fall wurde sogar einmal kurz abgeschlossen, als ein anderer Verdächtiger die Morde seltsamerweise gestand und dafür hingerichtet wurde.

Drei Monate lang hörten die Morde auf – da Chikatilo zu dieser Zeit im Gefängnis war, weil er Linoleum gestohlen hatte. Nach seiner Freilassung tötete er in einem Monat acht Menschen.

Im November 1990 wurde Chikatilo schließlich vor einem Café verhaftet. Er gestand, elf Jungen sowie 42 Mädchen und Frauen getötet zu haben, aber die Polizei vermutete weitere Opfer. Im Oktober 1992 wurde er in Rostow vor Gericht gestellt und zum Tod verurteilt. Am 14. Februar 1994 wurde er durch einen Genickschuss hingerichtet.

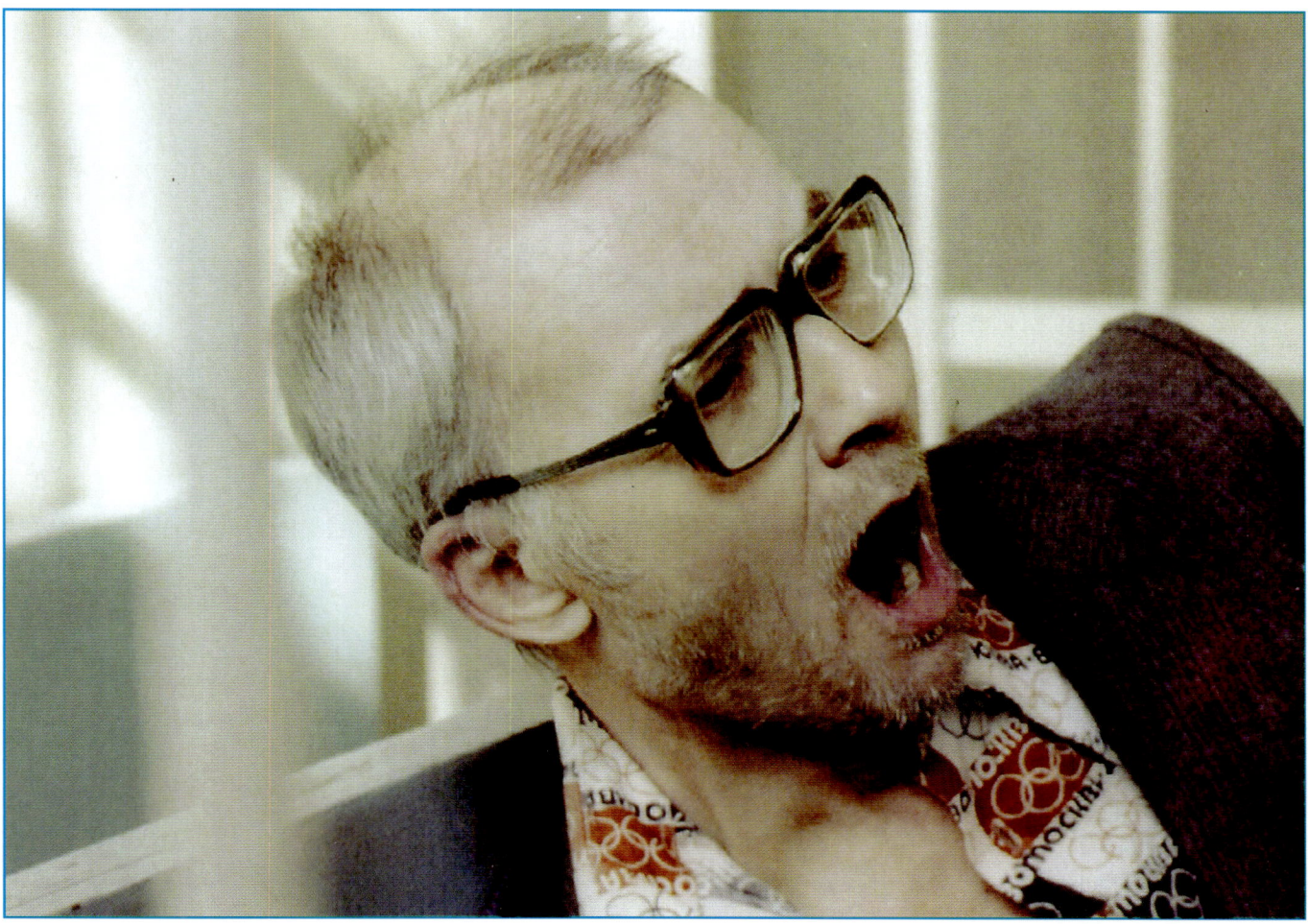

OBEN: Chikatilo liebte den Kannibalismus. Er sagte einst, seine Opfer zu essen, sei ihr ultimatives Opfer an ihn gewesen.

John Reginald Christie

In den Annalen der britischen Kriminalgeschichte gibt es wenige Adressen, die gruseliger sind als 10 Rillington Place in Notting Hill, London. Heute ist der Bezirk „in",in der Nachkriegszeit war er jedoch noch heruntergekommen und schmuddelig. Diese Beschreibung hätte man ebenso gut auf einen seiner Bewohner anwenden können: den kahl werdenden, bebrillten John Reginald Halliday Christie.

Das gruselige Geheimnis von 10 Rillington Place

Christie beging sechs, vielleicht sogar acht Morde in seiner ebenerdigen Mietwohnung und versteckte die Leichen dort. Eine Leiche war die einer Frau, für deren Mord ihr Ehemann zu Unrecht gehängt wurde.

Der 1898 in Halifax, Yorkshire, geborene Christie war ein schwächlicher Jugendlicher, der trotzdem zur Armee ging und im Ersten Weltkrieg durch Senfgas schwere Verletzungen am Hals und an den Augen davontrug. Er kehrte nach Hause zurück, bekam eine kleine Invalidenrente, heiratete ein Mädchen aus dem Ort und arbeitete bei der Post.

Hier begann seine Karriere als Verbrecher, denn er wurde beim Diebstahl von Postanweisungen erwischt und kam zum ersten Mal ins Gefängnis. Anfangs war alles nur Kleinkriminalität. Als seine Frau Ethel entdeckte, dass er zu Prostituierten ging, und ihn verließ, zog Christie allein nach London, wo er wegen Diebstahls und des Angriffs auf eine Frau noch dreimal ins Gefängnis musste.

OBEN: John Christie landete erstmals wegen Diebstahls im Gefängnis, aber seine Karriere hatte gerade erst begonnen.

UNTEN: Die österreichische Flüchtlingsfrau Ruth Fuerst wurde 1943 von Christie ermordet und in seinem Garten verscharrt.

Nach einer neunjährigen Trennung versöhnte er sich wieder mit Ethel, und 1938 zogen sie nach 10 Rillington Place. Im Zweiten Weltkrieg kehrte er als Sonderbeamter der Polizei ungewöhnlicherweise wieder in die Uniform zurück. Er wurde nicht auf Vorstrafen überprüft. Unter der Maske von Autorität und Achtbarkeit begann er, Frauen zu ermorden.

1943 las er eine 17-jährige österreichische Flüchtlingsfrau auf und nahm sie mit nach Hause. Während seine Frau unterwegs war, erwürgte er sie mit einem Seil. Im Schutz der Dunkelheit vergrub er sie im Gemeinschaftsgarten, wo sie über ein Jahrzehnt ungestört lag.

Nachdem er seinen Job bei der Polizei im folgenden Jahr verloren hatte, nahm Christie verschiedene Bürojobs an. Bei einem freundete er sich mit einer 31-jährigen Kollegin an und lud sie zu sich nach Hause ein.

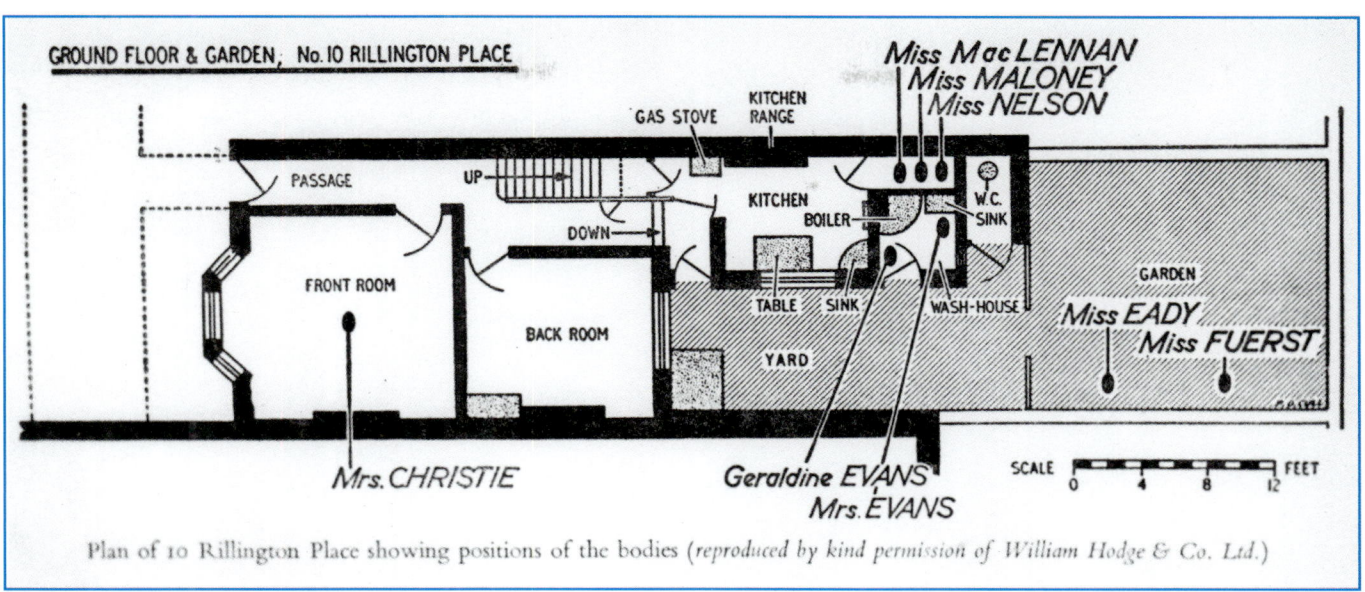

GROUND FLOOR & GARDEN; No.10 RILLINGTON PLACE

Miss Mac LENNAN
Miss MALONEY
Miss NELSON

KITCHEN RANGE
GAS STOVE
PASSAGE
UP
KITCHEN
W.C.
SINK
BOILER
DOWN
FRONT ROOM
GARDEN
BACK ROOM
TABLE SINK
WASH-HOUSE
Miss EADY
Miss FUERST
YARD

Mrs. CHRISTIE

Geraldine EVANS
Mrs. EVANS

SCALE 0 4 8 12 FEET

Plan of 10 Rillington Place showing positions of the bodies (*reproduced by kind permission of William Hodge & Co. Ltd.*)

OBEN: Grundriss von Christies Wohnung mit den Stellen, an denen seine Opfer versteckt waren.
UNTEN: Christies „Mordzimmer" im hinteren Teil seiner Wohnung.

OBEN: Christie am 23. April 1953 in einem Gefängniswagen auf dem Weg zum Gericht.

Dort vergewaltigte und erwürgte er die Frau mit einem Strumpf und vergrub sie neben seinem ersten Opfer.

1948 zog Timothy Evans mit Frau Beryl und Baby Geraldine in die Wohnung über Christie. Ein Jahr später wurden Beryl und Geraldine ermordet. Unerklärlicherweise ging Evans zur Polizei und gestand den Mord an seiner Frau. Als sie die Wohnung durchsuchten und auch die Babyleiche fanden, änderte er seine Geschichte und schob alles auf seinen Nachbarn. Christie sagte aber gegen Evans aus und besiegelte so sein Schicksal. Evans wurde am 9. März 1950 gehängt.

Christies nächstes Opfer war seine eigene Frau. 1952 erwürgte er Ethel und versteckte sie unter den Dielen.

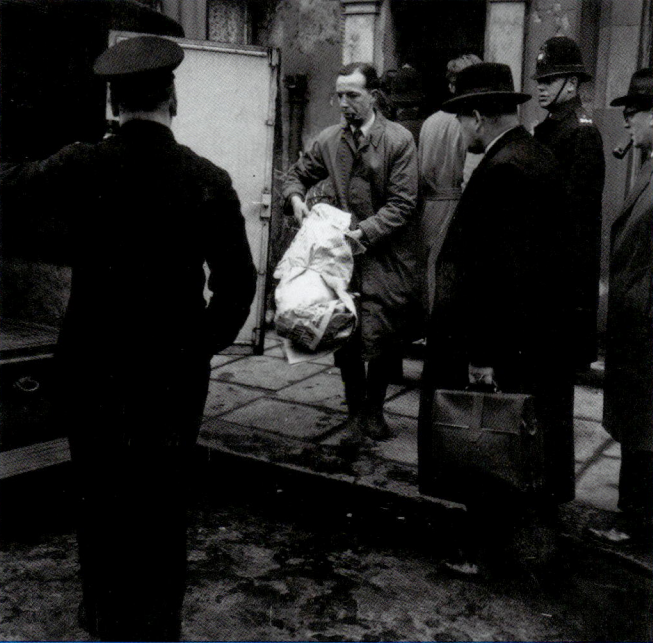

LINKS: Die Polizei holt die Knochen von Christies fünftem Opfer aus seiner Wohnung in 10 Rillington Place.

Nun konnte er ungestört Prostituierte mit nach Hause bringen, von denen er drei ermordete und in Schränken versteckte. Im März 1953 zog er aus und lebte auf der Straße. Innerhalb von Tagen wurde er verhaftet – als sein Nachmieter die Ursache des schrecklichen Gestanks in der Wohnung entdeckt hatte.

Christie wurde für schuldig befunden und am 15. Juli 1953 für vier Morde gehängt. Aber wer tötete Beryl Evans? Christie gestand den Mord an ihr zwar, aber zwei darauffolgende Verhandlungen hoben das Urteil gegen Timothy Evans nicht auf. 1966 wurde er aufgrund der bleibenden Zweifel posthum begnadigt.

Douglas Clark und Carol Bundy

Douglas Clark, der „Sunset Strip Slayer", hatte einen besonders grauenhaften Fetisch. Er tötete Prostituierte, schnitt einer von ihnen den Kopf ab und hatte mit diesem Sex. Seine Freundin Carol Bundy spielte seine Spielchen mit, indem sie vorher dem Kopf noch Make-up auflegte. Clark hob sein grausiges Souvenir einige Tage im Kühlschrank auf und verging sich immer wieder daran.

Der Fetisch des „Sunset Strip Slayers"

Clark, der gut aussehende Sohn eines Admirals der US Navy, war 31, als er Bundy, eine plumpe, zweifache Mutter kennenlernte, die in Los Angeles als Krankenschwester arbeitete. Er zog in ihre Wohnung in Burbank und machte sie zu seiner willigen Sexsklavin. Clark brachte Frauen und Mädchen – einige erst elf Jahre alt – nach Hause und verging sich an ihnen, während Bundy zuschaute und Fotos machte.

Im Juni 1980 wurden die Leichen zweier 15 und 16 Jahre alter Schwestern neben einem Highway gefunden. Clark hatte sie in Huntingston Beach entführt und zum Sex gezwungen, bevor er sie erschoss. Obwohl Bundy mit diesen Morden nichts zu tun hatte, half sie bei den folgenden bereitwillig.

Zusammen mit Clark nahm sie regelmäßig Prostituierte vom Sunset Boulevard mit. In einer ruhigen Seitenstraße parkend, zwang Clark diese dann zum Oralsex. Bundy schaute zu. Während seines Orgasmus schoss er den Frauen in den Kopf.

Ihre perversen Spielchen resultierten im Juni in drei toten Prostituierten. Alle drei wurden auf die gleiche Weise entsorgt, nur dass bei der 20-Jährigen der Kopf fehlte. Man fand ihn drei Tage später in einer Kiste in der Einfahrt eines Hauses in Hollywood.

Laut Bundys Aussage hatte Clark den Kopf mitgenommen, um damit nach Belieben Oralverkehr zu haben. Während ihre zwei Kinder außer Haus waren, so sagte sie, holte Clark den Kopf aus dem Kühlschrank und befahl ihr, das Haar zu kämmen und Make-up aufzutragen. „Wir hatten viel Spaß damit", sagte Bundy der Polizei. „Ich habe sie hübsch gemacht wie eine Barbiepuppe."

Clarks nächstes Opfer wurde nie identifiziert. Der zerstückelte Körper wurde im Juli in Malibu gefunden. Das letzte Opfer starb im folgenden Monat durch Bundy selbst. Es war ein Exfreund, der Barkeeper John Murray, der ihr dummerweise verriet, dass er ihren neuen Lover für den „Sunset Strip Slayer" hielt. Bundy arrangierte ein Treffen mit ihm, bei dem sie auf ihn schoss, einstach und ihn dann enthauptete. Der Körper wurde in seinem Van gefunden, der Kopf tauchte nie wieder auf.

Bundy hatte Clark vielleicht beweisen wollen, dass sie ein Killer wie er sein konnte, hielt es aber nicht durch. Die übergewichtige, geistig gestörte Krankenschwester brach zusammen und gestand einem Kollegen alles. Dieser informierte die Polizei, und die Killer wurden verhaftet. Nachdem sie sich zuerst gegenseitig

OBEN: Der Sunset Strip in Los Angeles, im Sommer 1980 das Jagdgebiet von Douglas Clark und Carol Bundy.

beschuldigten, gestand Bundy ihre Beteiligung und bekannte sich des Mordes an Murray schuldig. Sie wurde zu lebenslanger Haft verurteilt und war im Prozess gegen ihren Freund die Hauptzeugin.

Clark wurde des sechsfachen Mordes für schuldig befunden und zum Tod verurteilt. Der „Sunset Strip Slayer" sitzt heute noch in der Todeszelle. Bundy starb 2003 im Gefängnis an Herzversagen.

Adolfo Constanzo

Adolfo de Jesus Constanzo praktizierte Voodoo, weil er die Macht genoss, die es ihm über andere gab. Zudem liebte er die seltsame Religion, weil sie ihm erlaubte, seinen Blutdurst durch Menschenopfer zu stillen.

Menschenopfer beim Voodookult

Der 1962 in Miami geborene, kubanischstämmige Constanzo studierte die schwarze Magie von Palo Mayombe, einer gewalttätigen Sekte, die aus dem Kongo stammte. Dieser Kult glaubt, dass die Geister der Toten in der Schwebe sind und nutzbar gemacht werden können, wenn man die Götter durch regelmäßige Menschenopfer besänftigt. Constanzo hatte immer einen Kessel gefüllt mit Menschenblut, in dem der Schädel eines Menschen schwamm, der einen gewaltsamen Tod gestorben war. Mit 21 zog Constanzo nach Mexico City, wo er sich 1983 als Palo-Mayombe-Priester selbstständig machte. Die abergläubischen Bosse der großen Drogenfamilien wendeten sich wegen Schutzzaubern an ihn – für $ 50.000 pro Zauberspruch. In der Folge musste sein Kessel ständig neu aufgefüllt werden, und bald begann die Polizei, enthauptete Leichen aus den Flüssen und Seen zu ziehen. Einmal wurden die verstümmelten Leichen von fünf Mitgliedern einer Familie entdeckt.

Constanzos Opferungsmethode bestand darin, das Opfer verprügeln und zu dem heiligen Kessel schleppen zu lassen. Wichtig für die Zeremonie war, dass das Opfer so viel Schmerzen wie möglich litt und schreiend starb. So schnitt Constanzo ihnen die Ohren, Nasen,

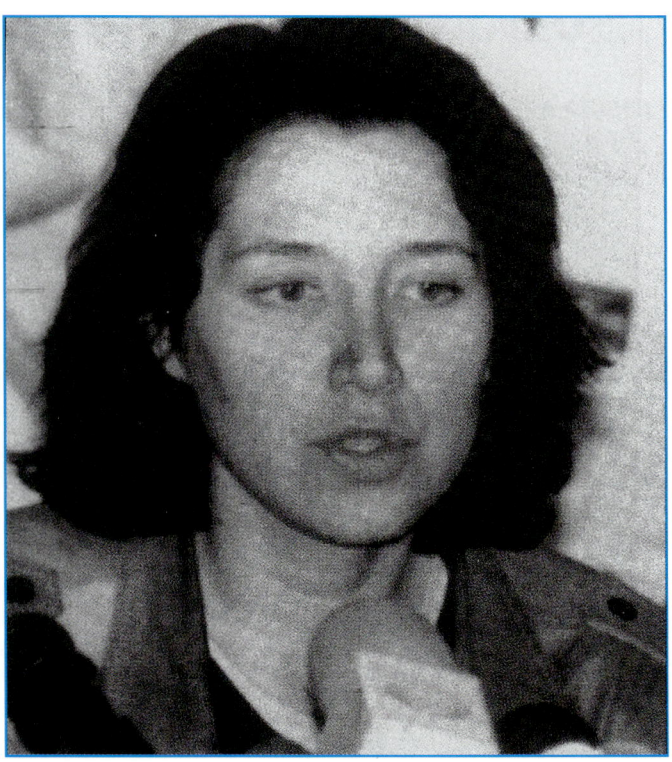

OBEN: Sara Aldrete, ein Mitglied von Constanzos grausamem Kult, wurde 1994 zu 62 Jahren ohne Bewährung verurteilt.

OBEN: Adolfo Constanzos Besessenheit mit der schwarzen Magie des Palo Mayombe trieb ihn zur Opferung von Menschen.

Finger, Zehen und Genitalien ab, häutete sie zum Teil und verging sich an ihnen. Erst dann ließ er sie sterben.

Constanzo verlagerte seinen Voodookult nach Matamoros nahe der texanischen Grenze, wo er zwischen Mai 1988 und März 1989 mindestens 13 Menschen opferte. Oftmals waren es rivalisierende Drogenhändler, manchmal aber auch zufällige Opfer von der Straße.

Mark Kilroy war so ein Opfer. Der 21-jährige Medizinstudent wollte mit Freunden in Mexiko das Semesterende feiern. Er wurde von ihnen getrennt, in einen Lieferwagen verfrachtet und auf Constanzos abgelegene Ranch gebracht, wo er geschlachtet und sein Gehirn in den Kessel geworfen wurde.

Kilroys Eltern sorgten dafür, dass eine groß angelegte Suche organisiert wurde, und schon bald hatte man Erfolg. Die mexikanische Polizei stellte bei Matamoros eine Straßensperre auf, und ein Mitglied von Constanzos Kult fuhr einfach mitten hindurch – weil sein Anführer ihm gesagt hatte, er sei unsichtbar! Die Polizisten folgten ihm zur Ranch, wo sie menschliche

Überreste, inklusive derjenigen Mark Kilroys, fanden. Constanzo war nicht zu Hause. Er und sein innerer Kreis wurden zufällig in Mexico City entdeckt, wo es zu einer bewaffneten Belagerung ihrer Wohnung kam. Constanzo versteckte sich mit einem Liebhaber im Schrank und befahl den restlichen Mitgliedern, sie beide zu erschießen. „Keine Sorge, ich komme zurück", waren seine letzten Worte. Die anderen taten, was er befohlen hatte.

Die übrigen Mitglieder wurden festgenommen. Insgesamt erhielten 14 Kultmitglieder lange Haftstrafen Die Seltsamste von ihnen war Sara Aldrete, eine Ex-Studentin aus Brownsville, Texas, die ihre Zukunft weggeworfen hatte, um sich dem Kult anzuschließen. Sie wurde 1994 zu 62 Jahren Haft verurteilt. Auf die Frage, warum sie Constanzo gefolgt war, sagte sie: „Ich konnte ihn nicht verlassen. Er hatte gedroht, meine Familie zu verhexen."

Eric Cooke

Zu sagen, Eric Edgar Cooke hätte eine schlimme Kindheit gehabt, wäre eine Untertreibung. Er wurde im Februar 1931 in Perth, Western Australia, geboren und von klein auf von seinem alkoholkranken Vater verprügelt. Aufgrund seiner Hasenscharte und dem daraus resultierenden Sprachfehler wurde er von den anderen Kindern gehänselt. So wuchs Cooke zu einem wütenden, mürrischen Einzelgänger heran.

Die traurige Kindheit des wahllosen Killers

Cooke nahm eine Reihe von Gelegenheitsjobs an, während er gleichzeitig eine Serie von Verbrechen in seiner Nachbarschaft beging. Nachdem der ungeschickte Jugendliche sich bei der Arbeit mehrfach am Kopf verletzte, versuchte er, sein Leben in die richtigen Bahnen zu lenken, indem er 1952 zur Armee ging. Drei Monate später wurde er wieder entlassen, weil er seine Vorstrafen nicht angegeben hatte.

Ein Jahr später versuchte er erneut, sein Leben zu ordnen. Der 22-jährige Cooke heiratete die 19-jährige Kellnerin Sarah Lavin und hatte mit ihr sieben Kinder. Das Familienleben machte ihn jedoch nicht ruhiger, und so zog er weiter nachts durch die Straßen und wurde für einige kleinere Vergehen, darunter Voyeurismus, verhaftet.

Warum Cooke vom Kleinkriminellen zum Serienmörder wurde, ist nicht klar. Im Februar 1959 erstach er eine Frau in ihrer Wohnung in Perth. Zehn Monate später brach er mit Messer und Axt bewaffnet in die Wohnung einer 22-Jährigen ein, erstach sie und zerhackte ihr Gesicht. Die Polizei schloss Sex und Geld als Motive aus, da keines der Mädchen vergewaltigt oder beraubt wurde.

Cookes Mordserie eskalierte in der Folge. Scheinbar zusammenhangslos überfuhr er Menschen, erstach, erschoss oder erwürgte sie. Er war ein seltsam unbeständiger Serienmörder, dessen Methoden so wahllos waren wie seine Opfer.

Die Opfer waren mit verschiedenen Gewehren erschossen, mit Messer oder Scheren erstochen und mit Äxten erschlagen worden. Ein Opfer wurde an der Haustür erschossen, andere brachte er um, weil sie aufwachten, während er ihre Wohnung ausraubte, und zwei wurden einfach so im Schlaf erschossen. Nachdem er eines seiner Opfer erstochen hatte, nahm er sich eine Limonade aus dem Kühlschrank und trank sie gemütlich auf der Veranda.

Im August 1963 fand ein älteres Paar, das in der Nähe des Canning River Blumen pflückte, in einem Gebüsch ein Gewehr und rief die Polizei. Ballistiker fanden heraus, dass eine Woche zuvor ein Babysitter mit dieser Waffe getötet worden war. Das Gewehr wurde beschlagnahmt und durch ein Imitat ersetzt. Dann observierten Ermittler die Gegend. Sie warteten 15 Tage, bis Cooke auftauchte, um seine Waffe zu holen. Er ließ sich widerstandslos festnehmen.

Abgesehen von den acht Morden, derer er verdächtigt wurde, gestand Eric Cooke 200 Diebstähle, fünf Fahrerfluchten und zwei Morde, für die bereits zwei andere Männer verhaftet worden waren. Beweise deuteten darauf hin, dass Cooke tatsächlich der Mörder der Frauen war und dass die Verurteilungen von Darryl Beamish und John Button falsch waren. Sie kamen schließlich frei, hatten zu diesem Zeitpunkt aber bereits insgesamt 20 Jahre hinter Gittern verbracht.

Obwohl Cookes Verteidigung seine Kindheit und die Kopfverletzungen aufführte, weigerte sich das Gericht, ihn als unzurechnungsfähig anzuerkennen. Kein anderer Psychiater durfte ihn mehr untersuchen, und im November 1963 wurde er des Mordes für schuldig befunden. Cooke wurde zum Tod durch den Strang verurteilt. Er beschloss, keine Berufung einzulegen, da er die Strafe für das, was er getan hatte, verdiente. Der 33-jährige Eric Cooke war am 26. Oktober 1964 der letzte Häftling, der im Gefängnis von Freemantle gehängt wurde.

Dean Corll

Dean Corll war als „Candy Man" bekannt, weil er einige Jahre mit seiner Mutter Süßigkeiten hergestellt und diese in dem kleinen Laden bei ihrem Haus in Houston, Texas, verkauft hatte. Er hatte immer die Nähe zu jungen Männer gesucht, aber erst während seiner Armeezeit realisierte er, dass er homosexuell war – und dass seine sexuellen Fantasien nur befriedigt wurden, wenn er anderen Schmerzen zufügte.

„Candy Man" ließ Kinder von Kindern töten

Nachdem er 1964 mit 25 aus der Armee entlassen wurde, kehrte Corll zum Süßigkeitengeschäft zurück und versuchte, sich mit Jungen anzufreunden, indem er ihnen Süßigkeiten schenkte. Etwa zur gleichen Zeit, als die ersten Beschwerden über seine sexuellen Avancen aufkamen, schloss seine Mutter das Geschäft und setzte sich zur Ruhe.

Corll zog in einen Vorort von Pasadena und fand Arbeit als Hilfselektriker. Seine Kollegen mochten ihn, auch wenn einige es seltsam fanden, dass er seine Freizeit fast nur mit Jugendlichen verbrachte. Zwei von ihnen wurden seine besonders guten Freunde: Elmer Henley und David Brooks. Beide brachen die Schule ab, um mehr Zeit mit Corll zu verbringen.

Tatsächlich hatten sie nicht nur eine homosexuelle Beziehung mit dem älteren Mann, sondern halfen ihm auch noch bei seiner unglaublich brutalen Mordserie. Corll hatte Brooks kennengelernt, als dieser gerade zwölf war. Anfangs bezahlte er ihn für sexuelle Dienste, dann rekrutierte er ihn als Komplizen. Henley sollte ursprünglich ein Opfer werden, entging dem Schicksal aber durch seine Bereitschaft, alles mitzumachen. Er lieferte Corll sogar seine besten Freunde aus.

Die Aufgabe der beiden war es, die Gegend nach Jungen abzusuchen, die Corll zum Sex zwingen konnte. Sie suchten vor allem in der heruntergekommenen Heights-Gegend, wo sie keine Probleme hatten, drogenabhängige Jugendliche dazu zu überreden, zu einer wilden Party in Corlls Haus zu kommen. Dort wurden sie von ihm ausführlich gefoltert und dann ermordet. „Er tötete, weil er Sex mit ihnen haben wollte, sie aber nicht mit ihm", sagte Brooks später aus.

Alle Opfer waren jungen Männer zwischen 13 und 20 Jahren. Corlls erstes bekanntes Opfer war der 18-jährige Jeffrey Konen, der im September 1970 beim Trampen verschwand.

Die folgenden Opfer waren fast alle noch jünger. Ein typischer Fall war Billy Ray Lawrence, ein 15-Jähriger, den Corll vier Tage am Leben erhielt. Bis zum August 1973, als der 13-jährige James Dreymala das letzte bestätigte Opfer wurde, hatte Corll mindestens 27 Jungen getötet. Fast alle waren von Brooks und Henley herangeschafft worden, die inzwischen nicht nur die Opfer besorgten, sondern gelegentlich auch bei den Morden halfen.

Wahrscheinlich ist die Liste von Corlls Opfern nicht vollständig. Seit 1970 waren in der Gegend um Houston 42 Jungen verschwunden, und trotz der Sorge der Eltern gelang es der Polizei nicht, das Rätsel zu lösen. Die meisten der Fälle wurden als jugendliche Ausreißer ad acta gelegt.

Als der Durchbruch endlich kam, lag das nicht an der Leistung der Polizei. Am 8. August 1973 tauchte Henley um drei Uhr morgens mit seinem Freund Tim Kerley, der nur zu gern zum Klebstoffschnüffeln mitgegangen war, aber das nächste Opfer werden sollte, bei Corll auf. Zusätzlich hatte Henley seine Freundin, die 15-jährige Rhonda Williams, mitgebracht.

Corll hatte etwas gegen die Anwesenheit des Mädchens, und während Henley und Williams im Drogenrausch waren, legte Corll ihnen Handschellen an. Der 17-jährige Henley flehte Corll an, ihn freizulassen, und versprach, ihm weiter zu helfen und den für die Nacht geplanten Mord durchzuführen. Kaum waren die Hände des Jungen frei, ergriff er Corlls Waffe und feuerte aus nächster Nähe sechsmal auf ihn. Die Schreckensherrschaft des 33-jährigen Serienkillers war schlagartig beendet.

Henley rief die Polizei. Die Beamten entdeckten, dass ein Schlafzimmer in eine Folterkammer verwandelt worden war. In der Mitte befand sich ein dickes Brett mit Hand- und Fußfesseln. Weiterhin fand die Polizei diverse Folterinstrumente und eine Auswahl an Dildos. Ein Großteil der Wände und des Fußbodens war mit Plastikplanen bedeckt, um die Blutspritzer besser aufzufangen.

Henley, der gezwungen war, seine eigene Rolle einzugestehen, führte die Polizei zu einem Bootshaus, in dem 17 verwesende Leichen in flachen Gräbern lagen. Corll hatte rundherum Kalk ausgestreut, um den ekelerregenden Gestank zu überdecken.

Als Nächstes fuhren sie zum Lake Sam Rayburn, wo weitere nackte Leichen gefunden wurden. Viele von ihnen wiesen Spuren von Folter und Verstümmelungen auf. Eine von Corlls Lieblingspraktiken bestand darin, einen Glasstab in die Harnröhre seiner Opfer einzuführen und ihn dann zu zerbrechen. Insgesamt wurden 27 Leichen gefunden.

Henley und Brooks wurden 1974 in San Antonio vor Gericht gestellt. Henley wurde in neun Fällen für schuldig befunden und zu insgesamt 594 Jahren Gefängnis verurteilt. Brooks konnte nur ein Mord nachgewiesen werden, für den er lebenslänglich bekam.

Juan Corona

Juan Vallejo Corona galt einst als schlimmster Serienkiller in der Geschichte der Vereinigten Staaten. Seine 25 Opfer, die er 1971 in wenigen Monaten tötete, blieben leider nicht lang ein Rekord. Die andere Tragödie bestand darin, dass die meisten seiner Opfer kaum vermisst wurden. Die meisten waren mexikanische Wanderarbeiter, die sich kaum mit der örtlichen Bevölkerung im kalifornischen Sutter County und Feather River mischten, wo die meisten Morde stattfanden.

Killer hob vorsorglich Gräber aus

Der 1933 geborene Corona war selbst ein Wanderarbeiter gewesen und 1950 mit 16 über die Grenze nach Kalifornien gekommen. Trotz seiner geringen Schulbildung kämpfte er sich nach oben und wurde ein erfolgreicher Geschäftsmann, der andere Wanderarbeiter anheuerte und sie zur Obsternte in der Gegend um Yuba City verlieh.

Seine Buchhaltung war makellos, wie die Polizei feststellte, als sie 1971 nach einem anonymen Hinweis sein Farmhaus in der Nähe von Feather River durchsuchte. In einem Register fanden die Beamten 25 Namen, welche alle mit mexikanischen Wanderarbeitern übereinstimmten, die in den letzten Monaten verschwunden waren. Ihre Körper waren überall auf dem Farmgelände versteckt.

Ausgelöst wurde der Alarm am 19. Mai, als ein örtlicher Farmer in seinem Pfirsichhain ein frisch gegrabenes Loch entdeckte, das die Größe eines Grabes hatte. Als er am nächsten Tag zurückkehrte, sah er, dass das Loch zugeschüttet worden war. Bei der Untersuchung durch die Polizei fand man die Leiche des 40-jährigen Landstreichers Kenneth Whitacre, der vergewaltigt und erstochen worden war. Seinen Kopf hatte der Täter mit einer Machete fast ganz abgehackt.

Die grausige Entdeckung löste eine Suche nach weiteren Leichen aus. 25 wurden letztendlich gefunden, obwohl die Polizei davon ausgeht, dass es weit mehr waren. Die Opfer waren alle innerhalb von sechs Wochen getötet worden – eines alle 40 Stunden.

In einem Grab lagen neun Körper. Sie alle waren vergewaltigt und erstochen worden. Corona hatte sie mit dem Gesicht nach oben und ausgestreckten Armen beerdigt. Einigen war das Hemd über das Gesicht und die Hosen heruntergezogen worden.

Als die Polizei Coronas Haus durchsuchte, fand sie neben dem Notizbuch eine Machete, eine Pistole, zwei Fleischermesser und blutbefleckte Kleidung. Es wurde klar, dass er jeden Mord sorgfältig geplant und bereits im Vorfeld ein Grab ausgehoben hatte.

Bei der Verhandlung 1973 verlangten die Anwälte, alle Anklagepunkte gegen ihren Mandanten fallen zu lassen, da dieser geistesgestört sei. Zweimal wurde er von Pychiatern behandelt, die bei ihm paranoide Schizophrenie diagnostizierten. Ihre Eingaben wurden jedoch ignoriert und Corona zu 25-mal lebenslänglich verurteilt.

Im Lauf der Jahre legte der Killer immer wieder Berufung ein und sagte einmal: „Ja ich habe es getan, aber ich bin ein kranker Mann und darf nicht nach normalen Maßstäben verurteilt werden."

2003 sagte der 69-jährige Corona während einer erneuten Bewährungsanhörung: „Die Opfer waren alle Menschen, die keine Familie hatten und bereit waren, ins nächste Leben überzutreten."

Mary Ann Cotton

Im Gegensatz zu den meisten Serienmördern kannte Mary Ann Cotton ihre Opfer ganz genau, denn sie waren alle Mitglieder ihrer Familie. Wie viele Menschen sie genau umbrachte, ist nicht bekannt, sicher waren darunter aber ihre Mutter, drei ihrer vier Ehemänner, ein Liebhaber, ihr bester Freund und 15 Kinder – zehn davon ihre eigenen.

Fromme Kirchgängerin bringt viele Menschen mit Arsen um

Es war ein britischer Rekord im Serienmord, der über hundert Jahre Bestand hatte – und er war umso erstaunlicher, weil die Täterin eine brave Kirchgängerin war, die fernab der Einflüsse großer Städte aufwuchs. Mary Ann wurde 1832 geboren. Sie wuchs in County Durham in dem Bergarbeiterdorf Low Moorsley auf. 1852 heiratete Mary Ann William Mowbray. Sie bekamen acht Kinder, aber die Familie schien von ge-

OBEN: Die fromme Kirchgängerin Mary Ann Cotton, die im 19. Jh. etwa 20 Menschen mit Arsen vergiftete.

sundheitlichen Problemen geplagt zu sein. Einer nach dem anderen starben die Jungen und Mädchen und schließlich auch ihr Vater William an Magen-Darm-Erkrankungen. Tatsächlich hatte Mary Ann sie vergiftet. Nur eine Tochter, Isabella, überlebte und wurde zu ihrer Großmutter geschickt.

Nach dem Tod ihres ersten Ehemanns heiratete sie George Ward. Nach nur 13 Monaten war auch er tot. Die Witwe tötete sogar ihre eigene Mutter, die etwa zur gleichen Zeit krank wurde, als James Robinson um Mary Anns Hand anhielt. „Praktischerweise" starb die Mutter innerhalb von zehn Tagen. Mary Ann wurde Stiefmutter von Robinsons fünf Kindern und brachte ihre eigene Tochter mit in die Ehe. Innerhalb weniger Monate waren Isabella und vier Kinder Robinsons anscheinend eines natürlichen Todes gestorben. Robinson verließ seine Frau und nahm das letzte Kind mit. So überlebte er als einziger Ehemann.

Mary Ann blieb nicht lang allein, und obwohl sie noch verheiratet war, heiratete sie nun Frederick Cotton, der zwei Kinder aus einer früheren Ehe hatte. Mary Ann wurde bald wieder schwanger und gebar ein weiteres Kind. Innerhalb eines Jahres verstarb auch Frederick Cotton – zufällig an einer Magen-Darm-Erkrankung.

Zu diesem Zeitpunkt traf Mary Ann einen früheren Liebhaber, Joseph Nattrass, wieder. Ihre neu erblühte Romanze stand aber unter keinem guten Stern, da die gierige Witwe ihren Lebensstil weiter verbessern wollte. Objekt ihrer Begierde war diesmal der Zollbeamte Mr. Quick-Manning, und der arme Joseph Nattrass wurde überflüssig. Mary Ann tötete ihn zusammen mit ihren Stiefsöhnen Frederick jr., 10, und Charlie, 14 Monate, aus der Ehe mit Cotton.

Dieser letzte Mord brachte Mary Ann schließlich zu Fall. Der kleine Charlie war an einem Tag putzmunter und am nächsten plötzlich tot. Sein winziger Leichnam wurde obduziert, und der Grund seines plötzlichen Ablebens wurde gefunden – genauso wie der vermutliche Grund für die anderen Todesfälle in der Familie: Arsen.

Eine Exhumierung der anderen Familienmitglieder bestätigte den Verdacht, und die 40-jährige Mary Ann Cotton wurde am 5. März 1873 wegen Mordes verurteilt. Nur zwei Wochen später wurde sie gehängt.

Thomas Cream

Dr. Thomas Neill Cream stand 1892 mit einer Kapuze über dem Kopf und einer Schlinge um den Hals auf dem Schafott des Londoner Newgate-Gefängnisses und erklärte der Legende nach: „Ich bin Jack ... " Seine Worte wurde abgewürgt, als sich unter seinen Füßen die Falltür öffnete.

Die letzte Prahlerei des Giftmörders

Cream, auch der „Giftmörder von Lambeth" genannt, galt ursprünglich als Verdächtiger im Fall von Jack the Ripper, der Ende des 19. Jh. in London fünf Frauen tötete (siehe S. 95). Aber da er nachweislich zu dieser Zeit in Amerika im Gefängnis saß, war sein letzter Satz nur der Versuch eines dramatischen Abgangs.

Cream wurde im Mai 1850 in Glasgow geboren. Seine Eltern emigrierten nach Kanada, wo der intelligente junge Mann seinen Doktor in Medizin machte.

OBEN: Strychnin war das bevorzugte Mordwerkzeug des „Giftmörders von Lambeth", Dr. Thomas Cream.

1876 heiratete er Flora Brooks in einer Zwangsehe – nachdem ihre Eltern herausgefunden hatten, dass er bei ihr eine missglückte Abtreibung vorgenommen hatte, die sie schwer verletzte. Einen Tag nach der Hochzeit verließ Cream seine Frau, die später – womöglich durch Creams Hand – starb.

Der Doktor floh nach Großbritannien, wo er in London und Edinburgh seine Studien fortsetzte, bevor er nach Kanada zurückkehrte und in London, Ontario, eine Praxis eröffnete. Kurz darauf, im August 1879, wurde in einer Gasse in der Nähe seiner Praxis die Leiche einer Frau gefunden. Sie war zuvor bei Cream gewesen, um eine Abtreibung vornehmen zu lassen.

Aufgrund der Verdächtigung zog Cream nach Chicago, wo er sich auf Abtreibungen für Prostituierte spezialisierte. Als im August 1880 eine seiner Patientinnen starb, wurde er verhaftet, aus Mangel an Beweisen aber wieder freigelassen.

Ein Jahr später wurde Cream erneut verhaftet, als der Ehemann einer Patientin an einer Strychninvergiftung starb. Es gab eindeutige Beweise, dass Cream der Ehefrau das Gift besorgt hatte, aber da sie als Kronzeugin gegen ihn aussagte, musste er sich allein der Mordanklage stellen. Im November 1881 wurde er zu lebenslanger Haft verurteilt.

Durch einen Straferlass kam Cream zehn Jahre später frei, kehrte mit der Erbschaft seines Vaters nach England zurück und ließ sich im Arbeiterviertel Lambeth nieder. Im Oktober 1891 las er zwei Prostituierte auf, die beide an Strychninvergiftung starben.

Im folgenden April gab er einem Mädchen Pillen gegen den Ausschlag in ihrem Gesicht. Sie wurde argwöhnisch, weil er darauf bestand, dass sie die Tabletten schluckte, und tat nur so. Das rettete ihr das Leben.

Zwei weitere Prostituierte hatten eine Woche später weniger Glück. Cream bot ihnen vergiftete Getränke an, beide starben qualvoll. Schließlich fiel der Verdacht auf den Arzt. Im Juni 1892 wurde er zu Hause verhaftet. Dabei fand man sieben Flaschen Strychnin.

Die Jury im Old Bailey brauchte nur zehn Minuten, um Cream für schuldig zu befinden. Scheinbar überrascht stolzierte er von der Anklagebank und behauptete großspurig: „Sie werden mich niemals hängen." Am Morgen des 15. November 1892 bewies man ihm das Gegenteil.

Charles Cullen

Charles Cullen ist ein Serienmörder, der lieber still geblieben wäre. Als er am 30. März 2006 zur Urteilsverkündung in das Gerichtsgebäude von Lehigh County, Pennsylvania, kam, war er böse auf Richter William Pratt und unterbrach ihn ständig. Nach 30 Minuten reichte es dem Richter. Er ließ Cullen knebeln und ihm den Mund zusätzlich mit Klebeband zukleben. Selbst dann versuchte der Killer noch vor sich hinzumurmeln.

Die „Gnadenmorde" des suizidalen Pflegers

Cullen hatte von diversen Gerichten bereits zwölfmal lebenslänglich bekommen. Nun fügte Richter Pratt der Sammlung sechs weitere Strafen hinzu. Das extreme Urteil war ein weiterer Rekord zu dem, den Cullen bereits hielt – als „produktivster" Serienkiller in der Geschichte New Jerseys.

Der ehemalige Pfleger war seit Dezember 2003, als er den Behörden gestand, mindestens 30, vielleicht sogar 45 seiner Patienten in seiner 16-jährigen Karriere in zehn Krankenhäusern New Jerseys und Pennsylvanias umgebracht zu haben, immer wieder vor Gericht.

Cullen wurde 1960 in West Orange, New Jersey, als jüngstes von acht Kindern geboren. Sein Vater starb, als er noch ein Baby war. Auch zwei seiner Geschwister starben. Es war jedoch der Tod seiner Mutter, der den jungen Charles aus der Bahn warf. Er beschreibt seine Kindheit als „erbärmlich" und beging mit neun Jahren den ersten von 20 Selbstmordversuchen. Einmal wurde er notoperiert, weil er sich eine Schere in den Kopf gestoßen hatte. Nach dem Tod seiner Mutter verließ Cullen die Schule und ging zur Marine, wo er auf einem Atom-U-Boot diente, bis er 1984 aus medizinischen Gründen entlassen wurde.

Im Juni 1988 beging der Krankenpfleger seinen ersten Mord. Als ein pensionierter Richter mit Kreislaufproblemen in New Jerseys St. Barnabas Medical Center eingeliefert wurde, spritzte Cullen ihm eine tödliche Überdosis. Der Pfleger gab zu, danach zehn weitere Patienten getötet zu haben, bis er 1992 kündigte, als die Krankenhausbehörde aufmerksam wurde.

Im Lauf der nächsten fünf Jahre arbeitete er in drei Krankenhäusern im Staat, wo er seine – wie er es nannte – „Gnadenmorde" an Patienten fortsetzte, bis er 1997 aufgrund schwacher Leistungen entlassen wurde. Damals verlor er nicht nur seine Stelle, sondern auch seine Frau Adrienne, die ihn mit den Töchtern verließ. Sie ließ sich wegen häuslicher Gewalt scheiden.

Cullen fand weiterhin Arbeit. Durch den landesweiten Pflegenotstand schaute kein Krankenhaus genau hin, und zudem existierte kein System, das die Identifikation geistig labiler Angestellter erlaubt hätte.

Cullen zog nach Pennsylvania und arbeitete in drei Krankenhäusern in Easton, Allentown und Bethlehem, wo er wieder wegen seiner schlechten Leistung entlassen wurde. Sieben Schwestern des St. Luke's Hospital in Bethlehem alarmierten die Behörden, weil sie vermuteten, dass Cullen Patienten mit Medikamenten umbrachte. Niemand sah sich aber Cullens Vergangenheit an, und so wurde das Ganze fallen gelassen.

Als er zurück nach New Jersey zog und eine Stelle im Somerset Medical Center fand, geriet er dort erneut unter Verdacht. Diesmal wurde er angezeigt, weil er sich unnötige Medikamente beschafft hatte. Das New Jersey Poison Information and Education System warnte im Juli 2003 die Krankenhausbehörden, dass eine Reihe verdächtiger Überdosen darauf hindeutete, dass jemand im Krankenhaus Patienten umbrachte. Das Krankenhaus benachrichtigte aber erst im Oktober die Behörden – bis dahin waren fünf weitere Patienten tot!

Als er im Dezember 2003 endlich verhaftet wurde, schwor Cullen, mit den Behörden zu kooperieren, falls diese ihm die Todesstrafe ersparten. Er kam in New Jersey nur für einen einzigen Mord vor Gericht – an einem Priester, der an Herzversagen gestorben war, nachdem er eine Überdosis des Herzmedikaments Digoxin erhalten hatte. Cullens Kaution wurde auf 1 Million Dollar festgelegt, und er blieb in Haft, während die Ermittler seine anderen Verbrechen untersuchten. Er sagte dem Richter: „Ich werde mich schuldig bekennen und nicht dagegen ankämpfen."

Das wäre auch sinnlos gewesen. Durch seine vielen aufeinander folgenden, lebenslangen Haftstrafen hätte er ohnehin erst nach frühstens vier Jahrzehnten einen Antrag auf Bewährung stellen können.

Gordon Cummins

1942 befand sich Großbritannien mitten im Zweiten Weltkrieg, und nächtliche Verdunkelungen waren an der Tagesordnung. Im Schutz der Dunkelheit waren die Straßen Londons eine Brutstätte des Verbrechens. Die Anwohner fürchteten Taschendiebe und Bandenüberfälle mindestens so sehr wie deutsche Bomben.

„Verdunkelungsripper" belauert die Stadt

Am Abend des 9. Februar ging Evelyn Hamilton, eine 41-jährige Geschäftsführerin, nach einem Essen allein nach Hause, als sie ermordet und ihrer Handtasche, die 80 Pfund enthielt, beraubt wurde. Die Leiche wurde in einem Luftschutzbunker am Montagu Place im Londoner Bezirk Marylebone entdeckt. Ihr Rock war hochgeschoben und ihre Handschuhe sorgsam auf ihrer Brust platziert worden.

Einen Tag später wurde Evelyn Oatley, eine verheiratete Sängerin, die sich aus Geldnot der Prostitution zugewandt hatte, tot in ihrer Wohnung in Soho gefunden. Neben ihrer Leiche lag ein blutverschmierter Dosenöffner, mit dem ihr nackter Oberkörper aufgeschlitzt worden war.

In den folgenden Tagen brachte der Mörder zwei weitere Frauen um, die auf den Straßen im Londoner West End gearbeitet hatten. Obwohl das erste Opfer, Evelyn Hamilton,

OBEN: Der Prostituiertenmörder Gordon Cummins in seiner Uniform der Royal Air Force. Sein RAF-Gürtel und die Gasmaske, die er an einem Tatort vergaß, führten zu seiner Verhaftung und Überführung.

keine Prostituierte gewesen war, vermutete die Polizei aufgrund der schnellen Abfolge, dass die Morde zusammenhingen. Margaret Lowe und Doris Jouannet waren mit ihren Strümpfen erwürgt und erstochen worden. Die Polizei war sicher, der linkshändige Killer würde wieder zuschlagen.

Jetzt machte der Killer aber einen fatalen Fehler. In den folgenden Tagen wurden zwei weitere Prostituierte separat angegriffen, aber Margaret Heywood und Cathleen Mulcahy konnten entkommen, weil sie sich wehrten und schrien. Der Mörder floh, ließ am ersten Tatort aber seine Gasmaske und am zweiten seinen RAF-Gürtel zurück, die beide seine Dienstnummer 525987 aufwiesen.

Die Gegenstände gehörten dem 28-jährigen Gordon Frederick Cummins, und die Schlinge zog sich nun rasch zu. Cummins war ein psychopathischer Angeber, der gern so tat, als käme er aus gutem Hause. Seine Herkunft war jedoch eher bescheiden. Er war ein gut aussehender, charmanter, verheirateter Soldat, der bei den Mädchen gut ankam.

Trotz der belastenden Beweise und der Tatsache, dass unter seinen Sachen Gegenstände gefunden wurden, die den Opfern gehört hatten, beteuerte Cummins seine Unschuld. Sein Prozess im Old Bailey dauerte zwei Tage, dann wurde er schuldig gesprochen. Cummins wurde am 25. Juni 1942 im Gefängnis von Wandsworth gehängt.

Jeffrey Dahmer

So ein netter, anständiger junger Mann – das sagten alle über Jeffrey Dahmer. Die Art von Mann, der in einer Menge untertaucht, der überall hinpasst. Und doch war er ein Monster, das eine Stadt in Atem hielt, während er seine Opfer entführte, betäubte, sexuell missbrauchte, umbrachte – und schließlich teilweise aufaß.

Der Killer, der ein echter „Hannibal Lecter" war

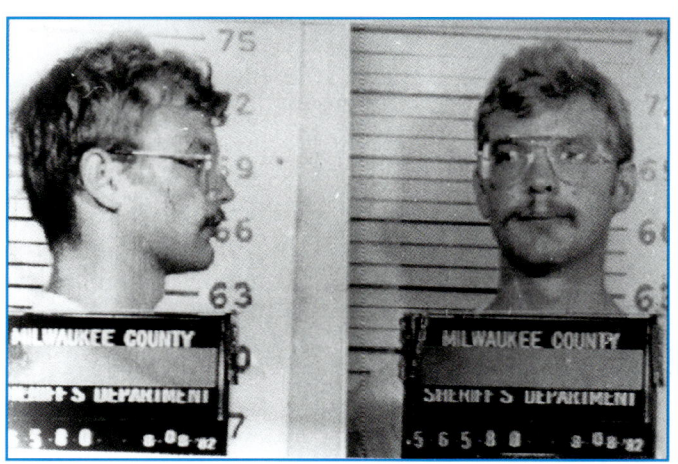

Dahmer war ein homosexueller, perverser Serienkiller, der Leichenschändung betrieb und vielleicht das beste reale Gegenstück zum fiktiven Hannibal Lecter in *Das Schweigen der Lämmer* war. Und wie Hannibal der Kannibale wurde er in Wisconsins härtestem Gefängnis, der Columbia Correctional Institution, in einen Käfig gesperrt und komplett abgeschottet – sogar von den Wärtern. Dahmer saß, rund um die Uhr überwacht, in seiner Isolationszelle. Sein Essen bekam er durch eine Schublade in der Wand. Dennoch wurde er später von einem Mithäftling erschlagen.

Dahmer wurde von seinen perversen Fantasien zum Mord getrieben, denn nur mit Leichen konnte er sexuelle Befriedigung erlangen. Seine Wohnung wurde zum Schlachthaus, zum Bordell, Restaurant und Schrein – in dem er groteske Souvenirs, wie die Hände, Köpfe oder Genitalien seiner Opfer, aufbe-

LINKS: Ein Polizeifoto des Serienmörders und Kannibalen Jeffrey Dahmer kurz nach seiner Verhaftung im Sommer 1991.

OBEN: Als die Polizei Dahmer am 22. Juli 1991 verhaftete, schien der Kannibale fast erleichtert, endlich gefasst worden zu sein.

Er tötete nicht gleich wieder, sondern begann, sich vor Jungen zu entblößen. Schließlich wurde er wegen Missbrauchs eines 13-Jährigen verhaftet. Dahmer schrieb dem Richter und bat um Nachsicht: „In der Welt gibt es schon genug Schlimmes, daher bitte ich um Nachsicht, damit ich mein Leben als produktives Mitglied der Gesellschaft weiterführen kann." Er wurde zu acht Jahre Haft verurteilt, kam aber als vorbildlicher Gefangener nach nur zehn Monaten wieder frei.

Neun Jahre nach seinem ersten Mord begann Dahmer eine Mordserie, welche die Welt schockieren sollte. Tagsüber arbeitete der freundliche junge Mann in einer örtlichen Schokoladenfabrik. Nachts war er ein verrückter Kannibale, der seine Opfer von der Straße

OBEN: Ein Porträt des jungen Jeffrey Dahmer, der sich später selbst als „grauenhaften Mörder und Kannibalen" bezeichnete.

wahrte. Die „Filetstücke" wanderten für den späteren Verzehr in den Kühlschrank, der Rest landete in einem Säurebad, das er in der Küche aufgebaut hatte.

Schon als Kind offenbarte Jeffrey Dahmer seine kranke Seite. Der 1960 in West Allis, Wisconsin, geborene Sohn eines Chemikers folterte und tötete kleine Tiere und fuhr in der Gegend herum, um tote Tiere aufzusammeln, die er anschließend sezierte. Einmal spießte er den Kopf eines Hundes auf einem Pfahl auf.

Dahmer brach die Schule ab und begann, stark zu trinken. 1978, mit gerade 18 Jahren, beging er seinen ersten Mord. Er nahm einen Anhalter mit und erschlug diesen nach dem Sex.

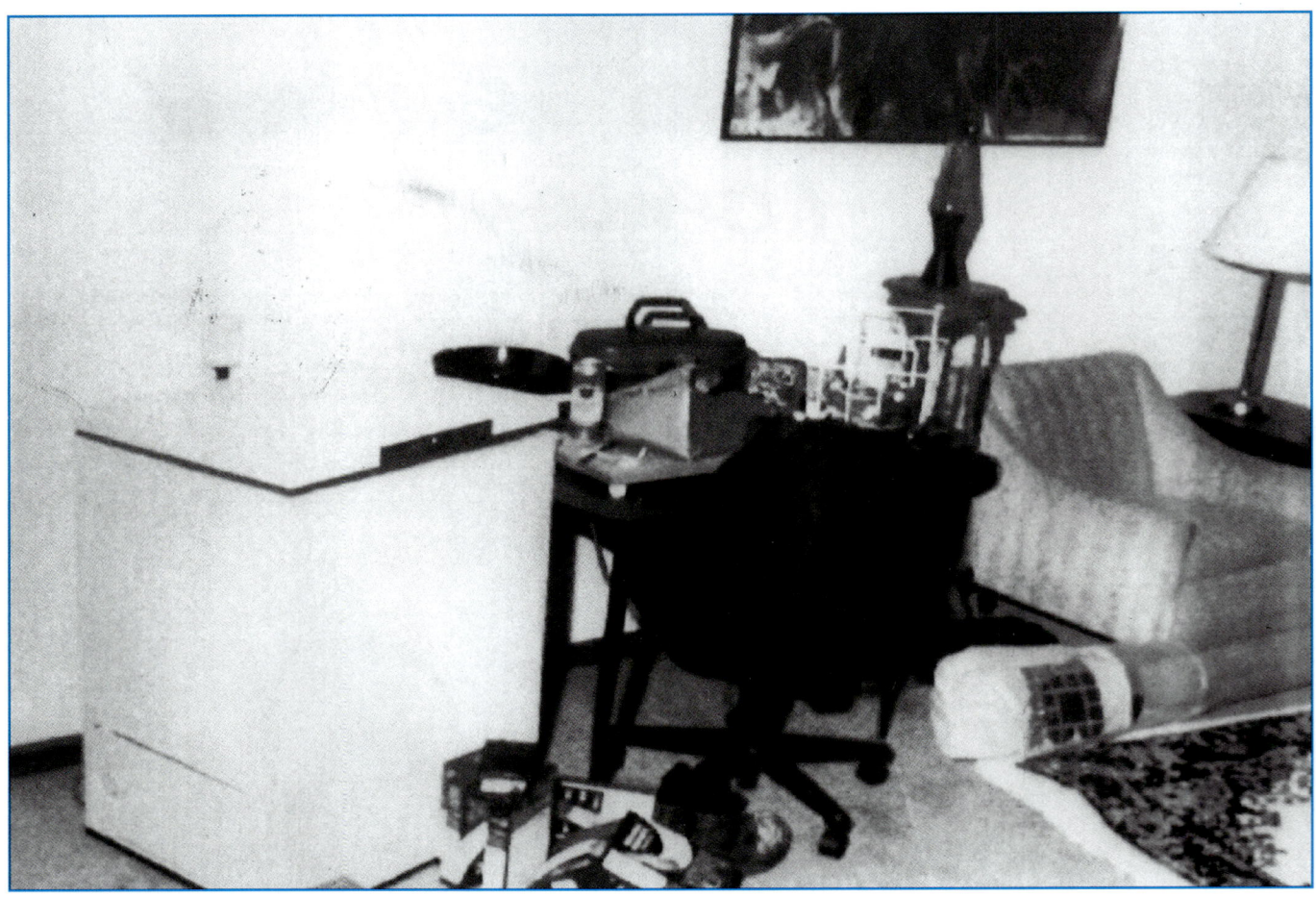

OBEN: Eine der wenigen zeigbaren Aufnahmen aus Dahmers Wohnung, die von Verwesungsgestank durchdrungen war.

oder in Schwulenbars auflas und Sex mit ihnen hatte, bevor er sie umbrachte. Alle wurden in seine Wohnung gelockt, deren Adresse berühmt-berüchtigt war: Apartment 213, 924 North 25th Street, Milwaukee.

1987 beging er nur einen Mord, 1988 zwei, 1989 wieder einen und 1990 bereits vier. Ab dem Sommer 1991 brachte er einen Mann pro Woche um. Entsetzlicherweise stellte sich später heraus, dass man ihn ganz leicht hätte aufhalten können.

Der Mord an dem 14-jährigen Konerak Sinthasomphone am 31. Mai 1991 sorgte für einen öffentlichen Aufschrei, weil die Polizei einen Fehler machte. Nachbarn hatten die Polizei gerufen, nachdem der Teenager, ein Flüchtling aus Laos, nackt, betäubt und aus dem After blutend und mit Verletzungen auf der Stirn aus Dahmers Wohnung auf die Straße geflohen war.

Dahmer erzählte der Polizei, dass er sein 19-jähriger Freund sei und sie sich heftig gestritten hätten. Die Polizei glaubte Dahmer und gab den Jungen wieder in seine Obhut. Innerhalb von Stunden erwürgte er ihn, hatte Oralsex mit der Leiche und zerstückelte sie dann – dabei machte er Polaroidfotos von jeder Phase.

Im Lauf der nächsten Wochen starben vier weitere Männer in Appartment 213. Dahmer schlachtete und enthauptete sie und legte die Köpfe in den Eisschrank.

Am 22. Juli wurde Dahmer durch einen Fehler geschnappt. Zwei Streifenpolizisten saßen in einem heruntergekommenen Teil der Stadt in ihrem Auto, als ein junger Schwarzer mit Handschellen an den Handgelenken auf sie zugerannt kam. Tracy Edwards sagte, jemand hätte gedroht, ihm das Herz herauszuschneiden und es zu essen. Da war Edwards losgerannt.

Als die Polizisten an die Tür des Appartments 213 klopften, öffnete ihnen ein unauffälliger, freundlicher Mann. Was die Beamten aber sofort bemerkten, war der übelkeitserregende Geruch nach Verwesung. In der Wohnung fanden sie neben Pornofotos und perversen Videos Hände, Füße und Finger, die in Töpfen lagen. Im Kühlschrank lag der Kopf eines Mannes – zusammen mit eingelegten Fleischstreifen, die sich als Menschenfleisch herausstellten.

Dahmer schien fast erleichtert, gefasst worden zu sein. Bereitwillig gab er zu Protokoll, dass er 15 Männer in Wisconsin und zwei weitere in Ohio ermordet hatte. In den nächsten Tagen wurde das amerikanische Fernsehen von Szenen beherrscht, in denen weiß gekleidete Forensiker seine Wohnung betraten und sie mit schwarzen Plastiksäcken voller menschlicher Überreste wieder verließen.

Zum Prozessauftakt am 30. Januar 1992 wurde Dahmers Antrag auf Unzurechnungsfähigkeit abgewiesen, und gegen Ende des Verfahrens sagte er vor Gericht, dass er die Todesstrafe gern akzeptieren würde.

Er sagte: „Hier ging es nicht um Hass. Ich hasse niemanden. Ich weiß, ich bin krank oder böse – oder beides. Ich kann den Schaden, den ich angerichtet habe, nicht ungeschehen machen, und dafür werde ich den Rest meines Lebens im Gefängnis sein. Ich werde mich wieder Gott zuwenden und mit den Psychologen zusammenarbeiten. Sie sollen meinen bizarren Geist

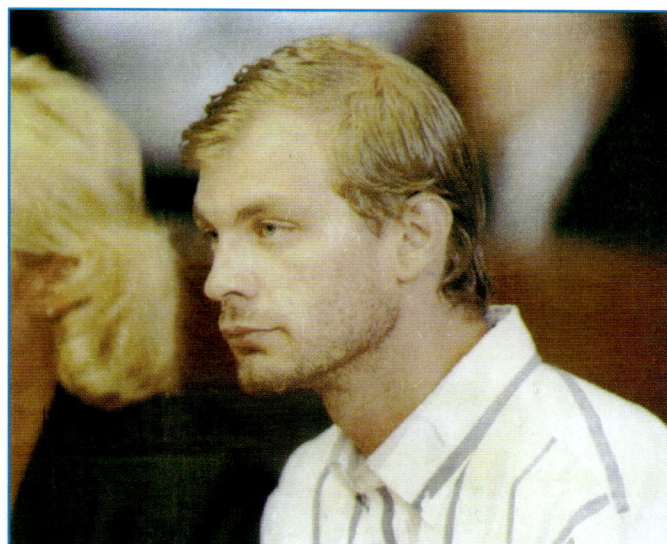

OBEN: Der kalte Blick Jeffrey Dahmers, aufgenommen während eines Prozesstages 1992.

studieren und vielleicht herausfinden, was aus einem Menschen einen grauenhaften Mörder und Kannibalen macht."

Seine kleine Rede nützte ihm nichts, denn die Jury befand ihn für voll zurechnungsfähig und schuldig. Dahmer wurde zu 1.070 Jahren Gefängnis verurteilt, da Wisconsin keine Todesstrafe hatte.

Im November 1994 wurde er von einem Mithäftling erschlagen.

Albert De Salvo

Albert De Salvo ging als „Boston Strangler" in die Kriminalgeschichte ein. Ihm wird der Tod von 13 Frauen angelastet, aber de Salvo wurde für diese Morde niemals verurteilt. Ihm wurde Verhandlungsunfähigkeit bescheinigt, und er kam 1964 nur wegen geringerer Verbrechen ins Gefängnis.

Das Geheimnis des ersten Serienkillers

De Salvo absolvierte nur einen Bruchteil seiner Haftstrafe im Walpole State Prison, Massachusetts. Am 26. November 1973 wurde er tot in seiner Zelle gefunden. Ein Mithäftling hatte 16-mal auf ihn eingestochen. Viele glauben, das Geheimnis des „Boston Stranglers" sei mit ihm gestorben. Denn obwohl De

Salvo die Morde gestand, deuten neue Beweise darauf hin, dass er sie vielleicht nicht alle begangen hat.

Der 1931 in Chelsea, Massachusetts, geborene De Salvo wurde regelmäßig von seinem betrunkenen Vater verprügelt, der ihn und zwei Schwestern sogar für neun Dollar an einen Farmer verkaufte. Als sie von der Erntearbeit wieder nach Hause kamen, brachte er ihnen bei, zu stehlen. Außerdem mussten sie ihm beim Sex mit Prostituierte zuschauen. Es ist nicht weiter verwunderlich, dass der junge De Salvo von Sex be-

sessen war und den Mädchen nachstellte, während er gleichzeitig homosexuelle Dienste gegen Geld anbot. Später ging er zur Armee und war in Deutschland stationiert, wo er die streng katholische Irmgard kennenlernte und heiratete.

Nachdem er dabei erwischt worden war, eine Neunjährige belästigt zu haben, wurde De Salvo unehrenhaft aus der Armee entlassen, die Anklage wurde aber auf Wunsch der Familie des Mädchens fallen gelassen. De Salvo ließ sich mit seiner Frau und zwei Kindern in

OBEN: Der Boston Strangler Albert De Salvo in einer Aufnahme aus dem Walpole State Prison, Massachusetts, Anfang der 1970er-Jahre.

OBEN: De Salvo kurz nach seiner Flucht aus der Heilanstalt und der erneuten Festnahme im Februar 1967.

Boston nieder, wo er als Maler und Handwerker arbeitete.

De Salvo wollte sechsmal am Tag Sex haben, und als Irmgard sich weigerte, fand er einen neuen Weg, seine Lust zu befriedigen. Es gab sich als Modelagent aus und überredete Mädchen, von ihm ihre Maße nehmen zu lassen – angezogen und nackt. Einige ließen sich verführen, andere warnten vor dem „Maßmann".

Zu dieser Zeit wurde aus dem „Maßmann" zuerst der „Green Man" und dann der „Boston Strangler". Er war zudem der erste Mensch, der von der Presse offiziell als „Serienmörder" bezeichnet wurde.

Zwischen Juni 1962 und Januar 1964 brach ein Eindringling in grünen Hosen in die Wohnung von zwölf Frauen ein, vergewaltigte und verstümmelte sie und erwürgte sie mit einem Band, das zu einer Schleife gebunden war. Das erste Opfer war eine 55-Jährige, die mit dem Gürtel ihres Morgenrocks erwürgt wurde. Dann arrangierte der Mörder ihre Leiche in einer anzüglichen Pose. Den Gürtel band er zu einer Schleife, was zu seinem Markenzeichen wurde. Auch die nächsten vier Opfer waren ältere Frauen zwischen 65 und 85 Jahren.

Im Dezember 1962 änderte sich das Muster. Der „Maßmann" kehrte zurück. Der angebliche Modelagent sprach eine hübsche 20-Jährige an, zog sie aus, vergewaltigte und erwürgte sie, arrangierte sie in einer obszönen Pose und band ihr die Schleife um den Hals. Drei Tage später erwürgte er eine 25-Jährige mit ihrer

Strumpfhose. Nachdem ihm ein Opfer entkommen war, wurde De Salvo brutaler. Einem seiner Opfer schlug er den Schädel ein und stach ihm eine Gabel in die Brust. Ein anderes fesselte er ans Bett, vergewaltigte es wiederholt, erwürgte es und stach 22-mal auf die Frau ein. Über ein Opfer sagte De Salvo: „Ich weiß nicht, warum ich sie umgebracht habe. Ich war nichtmal aufgeregt. Danach ging ich nach Hause, spielte mit meinen Kindern und sah mir im Fernsehen den Bericht über ihre Entdeckung an."

Der letzte Angriff am 4. Januar 1964 war zugleich der grausamste. Die 19-jährige Mary Sullivan saß in einer grotesken Pose im Bett. Sie war mit einem Besenstiel geschändet worden. Zwischen ihren Zehen steckte eine Karte mit den Worten „Frohes neues Jahr".

Inzwischen glaubte die Polizei, dass es sich um zwei Täter handelte – einen, der junge Mädchen und einen, der alte Frauen angriff. Andere waren der Ansicht, es handle sich nur um einen Täter, dessen Persönlichkeitsstörung sich verändert hatte.

Im Februar 1965 wurde De Salvo verhaftet, aber nicht wegen Mordes. Man lastete ihm Einbruch und Vergewaltigung an, und aufgrund seiner offensichtlichen Geistesstörung wurde er in eine Anstalt für geisteskranke Straftäter verlegt. Erst als die Polizei aktuelle Beschreibungen von Zeugen und psychiatrische Profile des „Boston Strangler" überprüfte, realisierte sie, dass sie ihn eventuell bereits in Gewahrsam hatte.

Bei Verhören leugnete der 33-Jährige die Morde zunächst. Im Lauf der nächsten sieben Monate begann er aber, offen darüber zu reden. Schließlich gestand er die 13 Morde, mit denen die Polizei ihn in Verbindung brachte, fügte zwei weitere hinzu und gestand noch weit über tausend Vergewaltigungen. Ein Großteil des Geständnisses wurde jedoch später widerrufen.

Dennoch überzeugten die grausigen Details, die De Salvo in über 50 Stunden Tonbandaufnahmen offenbarte, die Polizei davon, dass sie den Richtigen hatte. Endgültig sicher war sie, als ein Polizist beobachtete, wie er seine Schuhe mit der gleichen Schleife band, die als „Würgerknoten" bekannt geworden war.

Nicht jeder – darunter auch die Familie seines letzten Opfers – war jedoch überzeugt. Fortschritte in der Forensik könnten ihnen Recht geben, denn die DNS-Proben, die 2001 De Salvos exhumiertem Leichnam entnommen wurden, stimmten nicht mit den Proben von Mary Sullivans Leiche überein. Der Anwalt der Familie Sullivan sagte damals: „Ich denke, die Theorie, dass es nur einen Boston Strangler gab, ist falsch."

War De Salvo nun der „Boston Strangler", der „Maßmann", der „Green Man" oder alle drei? Wir werden es niemals erfahren. Aufgrund seines Geisteszustands erwirkte sein Anwalt eine Verurteilung wegen Vergewaltigung und Überfällen, nicht aber wegen Mordes. Als „Boston Strangler" wurde er niemals angeklagt.

„Demon Tailor"

Wir kennen das Datum und den Ort, nicht aber seinen Namen. Ein Serienkiller ohne Identität? So geschehen in dem seltsamen Fall des „Werwolf von Chalons", der 1598 wegen so grauenhafter Morde angeklagt wurde, dass sämtliche Unterlagen nach dem Prozess vernichtet wurden.

„Werwolf" auf der Jagd

Frankreich war zu jener Zeit Schauplatz von Hexenjagden, die ihren bizarren Höhepunkt in der Jagd auf „Werwölfe" erreichten. Innerhalb von 100 Jahren im abergläubischen 15. und 16. Jh. wurden den Behörden nicht weniger als 30.000 Fälle gemeldet. Manche kann man auf die Tollwut schieben, die damals vorherrschte und ihre Opfer in aggressive Wahnsinnige verwandelte. Andere würde man heute vielleicht als Fälle von

OBEN: Mittelalterliche Illustration eines Wolfsmenschen, der seine Opfer außerhalb der Sicherheit der Stadtmauern angreift.

Lykanthropie diagnostizieren. Dieser Begriff wird für Menschen benutzt, die wahrscheinlich an einer geistigen Störung leiden, aufgrund derer sie sich für Wölfe halten. Das Studium der Lykanthropie ist die einzige

OBEN: Im 15. und 16. Jh. galt die Existenz von Werwölfen wie diesem hier als Tatsache.

OBEN: Darstellung eines Wolfsmenschen. Der Glaube an die Lykanthropie geht auf die Zeit vor Christi Geburt zurück.

Möglichkeit, wie die moderne Medizin den uralten Glauben an Werwölfe erklären kann, der schon tausend Jahre vor Christi Geburt aufkam. In Frankreich glaubten vor 400 Jahren Kirche und Staat jedenfalls an die Möglichkeit einer solchen Verwandlung.

Gerade als die Angst vor Werwölfen ihren Höhepunkt erreichte, wurde der sogenannte Werwolf von Chalons am 14. Dezember 1598 auf die Anklagebank eines Pariser Gerichtes geschleift. Es ist ein fast einzigartiger Fall in der Geschichte der Serienmörder, denn sein richtiger Name ist nicht bekannt, da er vor Gericht nur als „Demon Tailor" („Teufelsschneider") bezeichnet wurde. Das Gericht erfuhr, dass der Schneider, der in Chalons in der Champagne arbeitete, eine Reihe von ahnungslosen Opfern – je jünger, desto besser – in seinen Laden gelockt hatte. Dort verging er sich auf ekelhafte Weise an ihnen, bevor er ihnen die Kehle aufschlitzte und sie zerstückelte, fast als wäre er ein Fleischer. Dann aß er ihr Fleisch in aller Ruhe. Die widerlichen Gewohnheiten des Monsters führten ihn auch aus der Stadt, wo er die Gestalt eines Wolfes annahm und Spaziergänger überfiel.

Die genaue Zahl seiner Opfer ist unbekannt, es müssen aber Dutzende gewesen sein. Als man sein Haus untersuchte, fand man Fässer mit Menschenknochen in Bleiche und andere menschliche Überreste im Keller. Als man ihn am nächsten Tag auf den Scheiterhaufen schickte, versammelte sich eine Menschenmenge, um zuzusehen. Und im Gegensatz zu anderen Werwölfen, die ihren Sünden abschworen, als die Flammen sie einhüllten, zeigte der Teufelsschneider keine Reue. Er schimpfte und fluchte bis zum Ende.

Thomas Dillon

Thomas Lee Dillon, der am 9. Juli 1950 in Canton, Ohio, geboren wurde, erschoss zwischen 1989 und 1992 fünf Menschen in den Wäldern. Seine Kollegen gaben ihm den Spitznamen „Killer", nachdem er damit angegeben hatte, Tausende von Tieren, inklusive Haustieren und Rindern, erschossen zu haben. Er hatte schon als Kind auf lebende Ziele geschossen und besaß über 500 auf ihn registrierte Waffen.

Kranker Serienschütze grinst bei seiner Verurteilung

Am 1. April 1989 holte Dillon sich sein erstes Opfer, den 35-jährigen Donald Welling, der im Wald joggte, als er mit einem Schuss in den Rücken niedergestreckt wurde. Im November 1990 war Jamie Paxton, 21, in einem anderen Teil Ohios auf der Jagd, als drei Schüsse fielen und ihn töteten. Drei Wochen später verfolgte Kevin Loring, 30, im östlichen Ohio gerade seine Beute, als ihm die Kugel aus einem Präzisionsgewehr den Schädel zerschmetterte.

Es war nicht ungewöhnlich, dass es während der Jagdsaison zu tödlichen Unfällen kam, und genau davon ging die Polizei in diesen Fällen aus. 1991 schrieb Dillon anonym einen Brief an eine Kleinstadtzeitung, in dem er sich als Mörder Jamie Paxtons ausgab. Er prahlte damit, wie er Jamie erschossen hatte, nachdem er ihn vorher wie ein wildes Tier gejagt hatte und wie viel Spaß ihm die Jagd auf Menschen machte. Spöttisch schrieb er: „Das Motiv für den Mord war der Mord selbst. Ohne jegliches Motiv und Zeugen habt ihr keine Chance, dieses Verbrechen aufzuklären."

Dillon schloss den Brief damit, dass er den Drang zum Töten nur bekam, wenn er betrunken war, und dass er versuchen wollte, seinen Alkoholmissbrauch in den Griff zu bekommen. Im März 1992 schlug er aber wieder zu. Claude Hawkins, 49, wurde beim Angeln erschossen, wie Gary Bradley, 44, zwei Wochen später auch. Erst im November 1992, als jemand Dillon dabei beobachtete, wie er in einem Schutzgebiet mit einer Waffe mit Schalldämpfer auf Tiere feuerte, geriet er in Verdacht. In der Folge erkannte einer seiner Freunde ihn in einem vom FBI erstellten Profil wieder, und auch andere meldeten sich. Wesley Tucke, 45, ebenfalls Jäger, las in der Zeitung von Dillons Verhaftung und schloss, dass er es gewesen sein musste, der 13 Jahre zuvor durch ein Fenster auf ihn geschossen hatte.

In einem psychologischen Bericht über Dillon wurde enthüllt, dass er seit Jahren Mordfantasien hegte. Er war Alkoholiker mit einer aggressiven Persönlichkeit und Anzeichen einer Zwangsneurose. Dillon sagte zu dem Psychologen: „Fünf Minuten, nachdem ich Paxton erschossen hatte trank ich Bier und verdrängte alle Gedanken an das, was ich gerade getan hatte. Es berührte mich nicht mehr, als hätte ich auf leere Flaschen geschossen."

Die Morde waren aber nicht seine einzigen Verbrechen. Anhand einer Karte von Ohio, die man bei ihm gefunden hatte, auf der 40 Kreise eingezeichnet waren, wurde er als Brandstifter von 160 leerstehenden Häusern oder Scheunen mit Schäden in Millionenhöhe überführt, was er auch gestand.

Da Dillon die Mordwaffen entsorgt hatte, gab es nur Indizienbeweise gegen ihn, und er hatte gute Chancen, einer Mordanklage zu entgehen. Sollte man ihm die Morde aber doch nachweisen können, hätte dies automatisch die Todesstrafe nach sich gezogen. Im Austausch gegen ein geringeres Strafmaß bekannte er sich daher vorsichtshalber schuldig.

Bei seinem Prozess im Jahr 2002 saß Dillon die ganze Zeit grinsend da. „Tut mir leid, dass ich das Gesetz gebrochen habe", war seine einzige Aussage. Er wurde wegen vorsätzlichen Mordes zu 165 Jahren Haft verurteilt.

Nannie Doss

Nannie Hazel Doss war auch als „Arsen-Annie", die „lustige Schwarze Witzwe" oder die „kichernde Großmutter" bekannt. Das knuddelige Wesen mit den funkelnden Augen und dem strahlenden Lächeln kam schon als Romantikerin auf die Welt. Sie verschlang Schundromane und war immer auf der Suche nach der perfekten Liebe, daher heiratete sie fünfmal. Meist scheiterte sie aber, weil sie vier der fünf Ehemänner vergiftete ... zusammen mit zwei Kindern, ihren beiden Schwestern, ihrer Mutter, ihrer Oma und einem Neffen.

Nannie Doss hinterlässt tote Ehemänner

Doss wurde Nancy getauft, als sie als eines von fünf Kindern von James Hazle in Blue Mountain, Alabama, auf die Welt kam. Der grausame Vater hasste sowohl seine Frau als auch seine Kinder und zwang Nancy, auf dem Hof der Familie zu arbeiten, anstatt zur Schule zu gehen. Mit sieben erhielt sie einen heftigen Schlag auf den Kopf, den sie später für ihr unstetes Verhalten verantwortlich machte. Es gab auch Hinweise auf sexuellen Missbrauch, bis sie 1920 mit 15 Jahren durch eine Heirat ihrer Familie entkam.

Ihren Ehemann Charlie Braggs hatte sie erst vier Monate zuvor kennengelernt. Er war das einzige Kind einer alleinstehenden Frau, die darauf bestand, bei dem jungen Paar in Tulsa, Oklahoma, einzuziehen. Nancy, die sich nun „Nannie" nannte, hasste das Arrangement. In nur vier Jahren gebar Nannie vier Töchter, aber die Ehe stand kurz vor dem Aus, und ihr Ehemann begann, sich mit anderen Frauen zu treffen. Nannie fing an zu trinken und sich die Zeit mit Liebesromanen zu vertreiben.

Als Charlie Braggs eines Tages im Frühjahr 1927 nach Hause kam und zwei seiner vier Kinder sterbend auf dem Boden vorfand – anscheinend waren sie vergiftet worden – nahm er das überlebende älteste Mädchen mit und ließ seine Frau mit der jüngsten Tochter zurück. Später behauptete er, er sei gegangen, weil er Angst gehabt hatte, was sie noch tun würde. Im folgenden Jahr ließen sie sich scheiden, aber Nannie hatte sich bereits nach einem neuen Ehemann umgesehen.

Ehemann Nummer zwei war nicht lange da: Frank Harelson starb innerhalb eines Jahres nach der Hochzeit an Magenproblemen. Ehemann Nummer drei, Arlie Lanning, überlebte bis 1952, bevor er der gleichen „Krankheit" erlag. Mann Nummer vier, Richard Morton, hinterließ ihr eine ordentliche Lebensversicherung. Nach und nach reihten sich Nannies Mutter, ihre beiden Schwestern und ein Neffe in die Liste der mysteriösen Todesfälle ein.

Erst 1954, nach dem Tod von Nannies fünftem Ehemann Samuel Doss, wurde eine Autopsie angeordnet.

Dabei entdeckte der Pathologe, dass Doss genug Arsen im Körper hatte, um 20 Männer zu töten. Nach ihrer Verhaftung saß Nannie kichernd im Verhör und schien den Ernst ihrer Lage nicht zu begreifen. Sie lächelte noch immer, als bei ihrem Prozess ihre Opferzahl auf elf geschätzt wurde.

Mrs. Doss hatte keinerlei Reue oder Schuldgefühle. Sie erklärte ganz ruhig, dass sie ihre Ehemänner vergiftet hatte, weil sie Langweiler waren, denn sie entsprachen nicht dem Bild der fiktiven Männer aus ihren Romanen. Nannie wurde zu lebenslanger Haft verurteilt und starb 1965 im Gefängnis an Leukämie.

John Duffy und David Mulcahy

„Wir hatten Sturmhauben und Messer", prahlte Vergewaltiger John Duffy. „Wir nannten es Jagen. Es war eine Art Spiel, ein Spaß."

Die kranken Verbrechen der „Eisenbahnmörder"

Duffy war ein brutaler Vergewaltiger, der in den 1980er-Jahren bis zu 50 Frauen entlang der Bahnstrecken um London überfiel. In dieser Zeit wurde er auch zum Mörder und tötete drei Frauen. Die Suche nach dem „Eisenbahnvergewaltiger" war eine der größten Menschenjagden in der britischen Kriminalgeschichte. Nach dem ersten Mord, als der Polizei klar wurde, dass der Vergewaltiger einen Komplizen haben musste, wurde das Duo als die „Eisenbahnmörder" bekannt.

Duffy beging seine erste Vergewaltigung im Oktober 1982 und machte bis zu seinem ersten Mord im Dezember 1985 weiter. Er entführte die 19-jährige Alison Day, als sie in Hackney aus dem Zug stieg, erwürgte sie mit einem Fetzen ihrer eigenen Bluse und warf die Leiche in einen Fluss. Dass Duffy bei diesem Angriff einen Komplizen hatte, war zu diesem Zeitpunkt nicht bekannt, und die Polizei identifizierte David Mulcahy erst 14 Jahre später.

Vier Monate nach dem ersten Mord wurde die 15-jährige Maartje Tamboezer in East Horsley, Surrey, entführt. Duffy vergewaltigte und erwürgte sie. Im Mai 1986 tötete er die 29-jährige Anne Lock, nachdem sie in Brookmans Park aus dem Zug gestiegen war.

Duffy schlüpfte der Polizei zweimal durch die Finger. Er wurde bezüglich des Mordes an Alison Day befragt, hatte aber ein Alibi. Ein anderes Mal entdeckte ihn ein Polizist, wie er mit einem Messer außerhalb einer Bahnstation herumlungerte, aber er erklärte, dass er das Messer für eine Kampfsportstunde brauchte.

Das psychologische Profil des Killers ergab, dass er ein Kampfsportfan war, handwerkliche Arbeiten ausführte und wahrscheinlich eine gescheiterte Ehe hinter

OBEN: Polizisten befragen nach dem Mord an der niederländischen Schülerin Maartje Tamboezer im April 1986 einen Zeugen.

sich hatte. Duffy war ein Tischler mit einer Anzeige wegen Vergewaltigung seiner Ehefrau. All diese Informationen unterstützten den Verdacht, dass Duffy der Mörder war, und so war er der erste Verbrecher in der britischen Rechtsgeschichte, der durch psychologisches Profiling überführt wurde.

Im Oktober 1986 wurde Duffy in Watford für die Vergewaltigung einer 14-Jährigen verhaftet. In seiner Londoner Wohnung fanden die Ermittler eine umfangreiche Messersammlung, diverse Hausschlüssel seiner Opfer, Fasern aus Alison Days Jacke und eine Schnur wie diejenige, mit der er Maartje Tamboezer die Hände gefesselt hatte.

Die Polizei verhaftete auch einen Freund von Duffy, David Mulcahy. Beide waren von klein auf Freunde und arbeiteten auf Baustellen im Norden Londons. Da

Duffy aber schwieg, wurde Mulcahy freigelassen. Im Februar 1988 wurde Duffy wegen sieben Vergewaltigungen und drei Morden vor Gericht gestellt; es gab jedoch nicht genug Beweise für den Mord an Anne Lock. Er erhielt siebenmal lebenslänglich.

Erst elf Jahre später konnte die Polizei auch David Mulcahy überführen. Er wurde im Februar 1999 verhaftet und seinem früheren Komplizen im Gerichtssaal gegenübergestellt. Im Lauf von 14 Tagen sagte Duffy detailliert gegen ihn aus. Die Anklage behauptete, Mulcahy sei der Drahtzieher der meisten Überfälle gewesen war und hätte als Erster beschlossen, dass Vergewaltigungen nicht mehr ausreichten und sie es mit Mord versuchen sollten. Mulcahy wurde für drei Morde und sieben Vergewaltigungen zu dreimal lebenslänglich verurteilt.

Peter Dupas

Am Abend des 19. April 1999 wollte Rena Hoffman ihre Freundin Nicole Patterson zum Abendessen in deren Wohnung im Melbourner Vorort Northcote besuchen. Als sie die unverschlossene Wohnung betrat, in der die 28-jährige Patterson als Psychotherapeutin arbeitete, fand Rena ihre Freundin tot auf dem Boden vor.

Freigelassener Perverser tötet immer wieder

Nicole hatte 27 Stichwunden in Brust und Rücken sowie zahlreiche Abwehrverletzungen an den Händen. Ihre Unterwäsche hing ihr um die Knöchel. An ihrem Körper klebten kleine Stücke Klebeband. Beide Brüste waren mit einem scharfen Messer abgetrennt worden und am Tatort nicht aufzufinden.

Der Mörder hatte den Tatort saubergemacht, dabei aber Nicoles Tagebuch übersehen, in dem sie für diesen Morgen um 9 Uhr einen Termin mit „Malcolm" und eine Telefonnummer vermerkt hatte. Malcolm war ein Student, der ein Alibi für den Tatzeitpunkt hatte. Er sagte jedoch, dass er die Nummer an Peter Dupas,

einen seit drei Jahrzehnten polizeibekannten 46-jährigen Möbeltischler weitergegeben hatte.

Eine Durchsuchung von Dupas' Wohnung erbrachte eine Sturmhaube, einen Zeitungsausschnitt über den Mord, Klebeband und ein zerschlitztes Foto von Nicole Patterson. Im Papierkorb lag ein zerrissener Zettel mit den Worten „9 Uhr, Nicci" und „Malcolm".

Der 1953 geborene Peter Norris Dupas hatte bereits diverse Gefängnisstrafen wegen Vergewaltigung abgesessen. Nach jeder Freilassung war er wieder straffällig und zudem gewalttätiger geworden.

Sein erster Angriff 1968 richtete sich gegen eine Nachbarin in Melbourne. Er bekam eine Bewährungsstrafe und musste sich in einer psychiatrischen Klinik ambulant behandeln lassen. Nachdem er sich bei der Polizei beworben hatte und abgelehnt wurde, weil er zu klein war, wurde Dupas 1972 wieder verhaftet, diesmal wegen Vergewaltigung.

Nach fünf Jahren Gefängnis kam Dupas frei, nur um zwei Monate später wieder verhaftete zu werden, weil er im Lauf von zehn Tagen vier verschiedene Frauen sexuell belästigt hatte. Jedesmal benutzte er dabei die Dinge, die zu seinen Markenzeichen wurden: ein Messer und eine Sturmhaube.

Nach weiteren fünf Jahren wurde er wieder freigelassen – und nach nur vier Tagen vergewaltigte er eine 21-Jährige, die sich am Blairgowrie Beach sonnte. Zurück in Haft wurde Dupas auch zu einem Angriff an einem nahegelegenen Strand befragt, bei dem eine vierfache Mutter 16 Tage zuvor erschlagen worden war – Dupas hatte zu diesem Zeitpunkt Freigang.

Für die Blairgowrie-Vergewaltigung verbrachte Dupas sieben Jahre seiner zwölfjährigen Strafe hinter Gittern, bevor er 1992 unglaublicherweise erneut freikam. Kaum zwei Jahre später war er aber zurück im Gefängnis. Im September 1996 war er wieder auf freiem Fuß – und das Schicksal von Nicole Patterson war damit besiegelt.

Zum Zeitpunkt seiner Verurteilung wegen des Mordes an Nicole hatte Dupas bereits 16 Vorstrafen wegen Sexualverbrechen. Als er seine lebenslange Haftstrafe antrat, begann die Polizei, frühere Morde erneut zu untersuchen. Das Ganze resultierte in zwei weiteren Verurteilungen für Dupas. Im August 2004 wurde er des 1997 begangenen Mordes an Margaret Maher, 40, für schuldig befunden, und im August 2007 bekam er ein weiteres Mal lebenslänglich für den ebenfalls 1997 begangenen Mord an Mersina Halvagis, 25, die 87 Stichwunden erlitt.

Dupas versuchte in der Haft mehrmals, sich umzubringen, denn er wusste, dass er auch noch Hauptverdächtiger in drei weiteren ungelösten Mordfällen war, die in den 1980er- und 1990er-Jahren in der Gegend von Melbourne begangen worden waren.

Marc Dutroux

Der Serienmörder und Kinderschänder Marc Dutroux war ein arbeitsloser Elektriker und Vater von drei Kindern, dessen 25-jährige kriminelle Karriere die Arbeit als männlicher Prostituierter, brutale Raubüberfälle, Drogenhandel und Autodiebstahl umfasste. In dieser Zeit erwarb er sieben Häuser. In einem davon baute er ein Verlies, in dem er mehrere junge Mädchen grausam folterte, vergewaltigte, filmte und tötete.

Schreckliche Qualen im Verlies des Killers

Der 1956 in Brüssel geborene Dutroux wurde 1979 erstmals wegen einiger kleiner Vergehen verurteilt. 1986 wurden er und seine Frau Michelle Martin, die er während seiner Haft kennengelernt und geheiratet hatte, wegen der Entführung und Vergewaltigung von fünf jungen Mädchen verhaftet. Da man Dutroux für nicht mehr gefährlich hielt, wurde er nach nur drei Jahren entlassen. Seine Mutter hatte Angst vor den Absichten ihres ältesten Sohnes und warnte den Gefängnisdirektor schriftlich: „Was ich nicht weiß, und was alle, die ihn kennen, fürchten, sind seine Absichten für die Zukunft." Der Brief wurde nie beantwortet, aber seine Mutter hatte allen Grund, sich zu fürchten.

Am 28. Mai 1996 radelte die zwölfjährige Sabine Dardenne in der belgischen Stadt Charleroi zur Schule, als sie von Dutroux geschnappt und in seinen Lieferwagen gezerrt wurde. In seinem Haus wurde sie am Hals festgekettet und musste sich ausziehen. Sie wurde vergewaltigt und dabei fotografiert. In den folgenden Tagen unternahm Dutroux einen brutalen Angriff auf ihren Geist und ihren Körper.

Er sagte, er sei Teil eines Teams, und sein „Boss" wolle sie tot sehen, weil ihre Eltern sich weigerten, drei Millionen Franc Lösegeld zu bezahlen. Dutroux

OBEN: Das Folterverlies in einem Haus von Marc Dutroux, in dem mehrere Mädchen starben.

fragte sie, ob sie leben oder sterben wollte. Falls sie leben wollte, würde er sie bei sich behalten, aber sie müsste in ein Verlies hinter einer falschen Wand im Keller ziehen, denn wenn sein „Boss" sie fand, würde er sie und ihre Eltern umbringen.

Sabine wollte leben, und so wurde sie in eine 0,9 m x 2,7 m kleine Zelle verfrachtet. Ihr Gefängnis enthielt eine schmutzige Matratze und einige Buntstifte, mit denen sie Briefe an ihre Eltern schreiben konnte. Dutroux nahm die Briefe und sagte Sabine, dass er sie aufgegeben hätte. Dann erfand er Antworten ihrer Mutter wie: „Sie sagt, dass du ordentlich essen sollst und dass du dich eh nie gut sauber gehalten hast. Außerdem sollst du den Sex genießen ..."

Am 9. August 1996 brachte Dutroux die 14-jährige Laetitia Delhez in das Verlies. Sie war auf dem Weg nach Hause, als er sie entführte. Diesmal gab es jedoch

OBEN: Marc Dutroux' Haus in Sars-la-Buissiere, wo die Leichen von Julie, Melissa und Bernard Weinstein gefunden wurden.

OBEN: Der belgische Pädophile und Mörder Marc Dutroux in Polizeigewahrsam, 27. März 1998.

Augenzeugen, die sich so weit an das Nummernschild erinnerten, dass die Polizei es zu Dutroux zurückverfolgen konnte.

Am 13. August wurde Dutroux verhaftet, aber die Ermittler fanden zunächst keine Spur der Mädchen in dem Haus. Zwei Tage später, als er seine Verbrechen gestand, führte er die Polizei zu Sabine Dardenne und Laetitia Delhez, die noch lebten.

Die Polizei nahm weitere Verhaftungen vor, denn Dutroux arbeitete nicht für einen „Boss", sondern mit

Komplizen. Seine Frau Michelle Martin wusste von den Mädchen. Zwei Drogenabhängige, Michel Lelievre und Bernard Weinstein, halfen bei den Entführungen. Weinsteins Leichnam wurde später auf einem von Dutroux' Grundstücken gefunden.

Die Teenager hatten ihre Tortur überlebt. Andere Gefangene des Monsters hatten nicht so viel Glück ...

Im Juni 1995 hatte Dutroux zwei achtjährige Mädchen, Julie Lejeune und Melissa Russon, entführt und in seinem Keller gefangen gehalten, wo sie für Kinderpornos wiederholt sexuell missbraucht wurden.

Während der Gefangenschaft der Kinder wurde Dutroux wegen Autodiebstahls verhaftet und drei Monate eingesperrt. In dieser Zeit traute sich Michelle nicht in den Keller, um den angeketteten Kindern Essen zu

OBEN: Fotos von Melissa Russon und Julie Lejeune, die Michelle Martin grausam verhungern ließ.

OBEN: Dutroux' Anwälte verfolgen während der Verhandlung im März 2004 die Beweisaufnahme.

bringen, sodass die beiden qualvoll verhungerten. Ihre Leichen wurden später ebenfalls auf einem Grundstück von Dutroux entdeckt.

Im August 1995 wurden die 17-jährige An Marchal und die 19-jährige Eefje Lambrechts ebenfalls entführt und in einem Schlafzimmer in Dutroux' Haus angekettet. Beide Teenager wurden einige Wochen später getötet. Ihre Todesursachen wurden nie ermittelt.

Dutroux' Verhandlung begann im März 2004, fast acht Jahre nach seiner Verhaftung. Am 22. Juni wurde er zu lebenslanger Haft mit anschließender Sicherheitsverwahrung verurteilt.

Michelle Martin wurde für den Tod der beiden Achtjährigen, die durch ihre Schuld verhungert waren, zu 30 Jahren Haft verurteilt. Michel Lelievre erhielt für seine Mittäterschaft bei den Entführungen 25 Jahre.

Der Fall Dutroux führte zu Reformen innerhalb der belgischen Polizei und des Rechtssystems sowie zu einer Verschärfung der Strafen für Kindesmissbrauch. Der Fall war eine so große Schande für ganz Belgien, dass fast ein Drittel aller Menschen mit dem Nachnamen Duxtroux in den ersten zwei Jahren nach der Verhaftung des Monsters einen Antrag auf Namensänderung stellten.

Amelia Dyer

Eine alleinerziehende Mutter bzw. ein uneheliches Kind zu sein, war im viktorianischen England mit einem großen Stigma behaftet. Skandalen und Armut ausgesetzt, mussten unverheiratete Mütter ums Überleben kämpfen und dabei oft ihre Kinder an sogenannte Kindersammler abgeben, die sich gegen eine bestimmte Summe mehr oder weniger gut um die Kleinen kümmerten.

Brutale „Kindersammlerin" entsorgt ihre kleinen Mündel

Unglücklicherweise verhungerten viele der Kinder, weil die Kindersammler versuchten, ihre Kosten zu senken, und sich nicht um ihre Schützlinge kümmerten. Oft wurden sie mit Tränken ruhig gestellt. Mütter, die versuchten, ihre Kinder zurückzuholen, oder nachsehen wollten, wie es ihnen ging, schämten sich oft zu sehr oder hatten zu viel Angst, zur Polizei zu gehen, wenn ihre Kinder verschwunden waren.

Als die 25-jährige Bardame Evelina Marmon im Januar 1896 ein uneheliches Kind zur Welt brachte, konnte sich nicht gleichzeitig um Baby Doris kümmern und ihren Lebensunterhalt verdienen. Aus Verzweiflung setzte sie eine Anzeige in die *Bristol Times,* in der sie jemanden suchte, der ihre Tochter aufnehmen würde, bis sie genug Geld verdient hätte.

Zufällig stand neben ihrer Anzeige die Anzeige einer „Mrs. Harding". Darin hieß es: „Verheiratetes Paar sucht gesundes Kind zur Adoption. Schönes Haus auf dem Land. Preis 10 Pfund." Evelina sah ihre Gebete erhört. Sie antwortete auf die Anzeige und arrangierte ein Treffen für den kommenden April.

Trotz Evelinas Bedenken über Mrs. Hardings Alter wirkte die Frau anständig und fürsorglich. Harding wollte das Kind adoptieren, Evelina könnte sie aber jederzeit besuchen. Da sie keinen anderen Ausweg sah, händigte sie Doris zusammen mit den 10 Pfund und ein paar Babysachen tränenüberströmt aus. Das nächste Mal, als sie ihr Kind sah, lag es in einer Leichenhalle. „Mrs. Harding" war der Deckname der ehemaligen Krankenschwester Amelia Dyer, eines eiskalten Monsters, die bereits der Vernachlässigung von Kindern in ihrer Obhut überführt worden war.

17 Jahre zuvor, 1879, hatte sich Dyers Arzt über die große Zahl toter Kinder gewundert, deren Ableben er bestätigen sollte. Dyer war zu sechs Monaten Zwangsarbeit verurteilt worden. Nach ihrer Freilassung wollte sie ihren Beruf wieder aufnehmen, wandte sich aber

Oben: Das verhärmte Gesicht der mörderischen Kindersammlerin Amelia Dyer.

lieber dem leicht verdienten Geld auf dem Markt der unerwünschten Babys zu. Diesmal würde sie die Leichen allerdings selbst entsorgen und regelmäßig umziehen, um Verdächtigungen zu entgehen.

Die Leiche eines sechs Monate alten Mädchens, Helena Fry, die im März 1896 in der Themse trieb, sollte ihrem mörderischen Regime ein Ende setzen. Helena war erwürgt worden; um ihren Hals war eine Kleiderborte gewickelt. Dyer hatte versäumt, den Leichnam anständig zu beschweren, und auf dem braunen Packpapier, in das das Kind eingewickelt war, stand der Name „Mrs. Thomas" und eine Adresse in Reading, Berkshire.

Als die Polizei das Haus durchsuchte, bemerkte sie sofort den Verwesungsgeruch. Sie fand keine Leichen, dafür aber Stapel von Telegrammen, in denen Adoptionen arrangiert wurden, Zeitungsannoncen, Kindersachen, Briefe von Müttern und weiße Borte.

Die Polizei stellte fest, dass in den letzten Monaten mindestens 20 Kinder der Obhut von „Mrs. Thomas" übergeben worden waren. Wahrscheinlich teilten sie alle das gleiche traurige Schicksal.

Der Fluss wurden mit Schleppnetzen durchsucht, und man fand fünf weitere Babyleichen, darunter auch die von Doris, die sich einen weißen Sack mit dem zwölf Wochen alten Harry Simmons teilte. Beide Babys waren mit der gleichen weißen Borte erwürgt

worden, denn so wusste Dyer, wie sie der Polizei mitteilte, dass „es eines von meinen war".

Dyer wurde verhaftet und bekannte sich trotz ihrer unzähligen winzigen Opfer nur für den Mord an Doris Marmon schuldig. Die Jury verurteilte sie innerhalb von Minuten, und am 10. Juni 1896 wurde sie gehängt. Danach wurden die Gesetze zum Schutz von Pflegekindern verbessert. Im *British Medical Journal* wurde ein schockierender Bericht über die Kindersammler veröffentlicht, der zur Einführung des Infant Life Protection Acts durch das Parlament führte.

Donald Leroy Evans

Scheinbar voller Reue legte der Landstreicher, den man 1991 für den Mord an einem hilflosen Kind verhaftet hatte, ein volles Geständnis ab – über 60 weitere Morde. Das war es, was den Fall des Donald Leroy Evans so seltsam machte. Obwohl er für die ganzen Morde bestraft werden *wollte*, wurde er nur für zwei verurteilt.

„Ich tötete 60", sagt der Verrückte aus Texas

Der 1958 in Galveston, Texas, geborene Evans begann sein Leben als Gewaltverbrecher, als er 1977 aus dem Marine Corps geworfen wurde. In den nächsten drei Jahren vergewaltigte und tötete er seiner Aussage nach sechs Frauen in Florida, Illinois und Texas.

Je mehr Geständnisse die Polizei von Mississippi aus dem Gefangenen herausholte, desto höher stieg die Opferzahl – auf über 50 Männer und Frauen in 22 Staaten Amerikas. Die meisten Verbrechen fanden auf Rastplätzen und in Parks statt.

Anfangs waren die Behörden skeptisch, aber Evans' Beschreibungen passten perfekt zu ungelösten Morden in Florida und Illinois, die er begangen haben wollte. Seine eigenen Anwälte glaubten ihm jedenfalls. Fred Lusk sagte: „Die Wahrscheinlichkeit, dass er die Wahrheit sagt, ist hoch. Die Opferzahlen könnten noch weiter steigen."

Durch Lusk bot Evans der Polizei einen seltsamen Kuhhandel an – er wollte versuchen, die Leichen all seiner Opfer zu finden, sofern sie ihm garantierten, dass er die Todesstrafe bekäme. Lusk: „Er lebte gewaltsam und wollte auch gewaltsam sterben."

Andere schenkten seinen ausgefalleneren Behauptungen keine Glauben. Die Behörden von Mississippi hielten ihn für einen Serienmörder mit etwa 16 Opfern, waren aber der Ansicht, er versuche, in der Bugwelle des kannibalischen Killers Jeffrey Dahmer (siehe S. 54) mitzuschwimmen. Dessen kranke Morde beherrschten nämlich die Schlagzeilen, kurz bevor Evans plötzlich beschloss, zu gestehen.

Evans wurde anfangs nur für einen Mord angeklagt. Es war das letzte Verbrechen, für das er sich 1991 ergeben hatte: der Mord an der zehnjährigen Beatrice Rough, die aus ihrem Haus entführt, vergewaltigt und erwürgt worden war. Der Staatsanwalt, der die Anklage leitete, sagte über Evans, er sei „das Böseste, was er jemals gesehen hatte".

Nachdem er 1993 für den Mord an Rough angeklagt und zum Tode verurteilt worden war, wurde er 1995 in Florida für einen weiteren Mord vor Gericht gestellt

OBEN: Donald Evans' älterer Bruder Larry spricht mit einem Fernsehreporter über seinen bösartigen Bruder.

und verurteilt. Er erhielt ein zweites Mal lebenslänglich, nachdem er den Mord an Ira Smith, einer Schwarzen aus Fort Lauderdale, gestanden hatte.

Der selbsternannte Rassist sorgte für einen Aufschrei, als er darum bat, eine Ku-Klux-Klanrobe tragen zu dürfen. Außerdem sollten sie ihn vor Gericht nicht mit Donald Leroy Evans, sondern „Heil Hitler"

ansprechen. Während der beiden Verfahren und seiner Haft machte Evans weitere verrückte Eingaben.

Der Tod kam für den 41-jährigen weißen Rassisten Donald Leroy Evans schließlich im Januar 1999 im Mississippi State Penitentiary in Form seines schwarzen Mithäftlings Jimmie Mack, der ihn mit 17 Stichen niederstreckte.

Raymond Fernandez und Martha Beck

Die Worte, die sich die beiden Liebenden zuriefen, wären unter anderen Umständen rührend gewesen. „Ich will es herausrufen: Ich liebe Martha!", sagte Raymond Fernandez. Seine Angebetete, Martha Beck, antwortete: „Meine Geschichte ist eine Liebesgeschichte, aber nur diejenigen, die von der Liebe gequält werden, können sie verstehen. Die Gefangenschaft im Todeshaus hat meine Gefühle für Raymond nur verstärkt."

Die „Lonely Hearts Killer" jagen die Einsamen

Es waren die letzten Worte der Turteltäubchen, die ihre Liebe zueinander meist äußerst blumig ausdrückten. Das Paar wusste eine Menge über Romantik, waren sie doch als „Lonely Hearts Killer" bekannt.

Raymond Fernandez und Martha Beck trafen sich 1947 und gingen eine einzigartige, tödliche Bindung ein. Der 33-jährige Hispanoamerikaner Fernandez hatte Frau und Kinder sitzen gelassen und lebte nun als Trickbetrüger. Beck, eine geschiedene 27-jährige Mutter von zwei Kindern war einsam, übergewichtig und auf der Suche nach Liebe.

Beck sollte eigentlich nur ein Opfer von Fernandez sein, als er ihre Kontaktanzeige las. Als er merkte, dass sie kein Geld hatte, wollte er sie zuerst loswerden, aber als sie hartnäckig blieb, begann er sie zu bewundern und ging dann mit ihr eine tödliche Verbindung ein.

Der Betrüger und seine 90-Kilo-Freundin suchten sich überall in den USA einsame Frauen, bestahlen sie

OBEN: Fernandez und Beck sitzen am 13. Juli 1949 zu beiden Seiten ihres Anwalts Herbert E. Rosenberg im Bronx Supreme Court.

OBEN: Fernandez und Beck zwischen Polizisten des Nassau County, als sie am 15. März 1949 in New York ankamen.

und brachten innerhalb von zwei Jahren bis zu 20 um. Fernandez, der eine Perücke trug, um seine beginnende Glatze zu verstecken, schloss sich Clubs der einsamen Herzen an und gewann mit wortgewandtem Geplauder einsame Frauen für sich, um deren Hand er schließlich anhielt. Beck stellte er als seine Schwester vor, die oft gemeinsam mit ihm in das Haus der Opfer einzog, während sie bei den Hochzeitsvorbereitungen „half".

In diese Falle tappte 1949 auch die 28-jährige Witwe Delphine Dowling, die den beiden erlaubte, zu ihr und ihrer zweijährigen Tochter nach Grand Rapids, Mi-

chigan, zu ziehen. Ihr fataler Fehler bestand darin, dem Paar nicht schnell genug ihre finanziellen Angelegenheiten zu überlassen. In ihrer Eile, das Geld in die Hände zu bekommen, erschoss Fernandez Dowling, während Beck das Kind im Waschzuber ertränkte.

Nach einem Hinweis der Familie fand die Polizei die Leichen unter einer Betonplatte im Keller. Sie verhafteten die Mörder und stellten die Verbindung zu 18 ähnlichen Morden im ganzen Land her.

Fernandez gestand zunächst die meisten Morde, ruderte aber zurück, als er erfuhr, dass er von Michigan, wo es keine Todesstrafe gab, nach New York, das die Todesstrafe praktizierte, überführt und wegen zwei weiteren Morden angeklagt werden sollte.

Für einen Rückzieher war es aber schon längst zu spät. Das Paar wurde in allen Fällen schuldig gespro-chen. Nachdem sie ihre letzten Liebeserklärungen ge-schrieben hatten, wurden beide am 8. März 1951 in Sing Sing auf dem elektrischen Stuhl hingerichtet.

UNTEN: Fernandez und Beck brachten in etwas über zwei Jahren 20 einsame Frauen um.

Albert Fish

Albert Fish ist einer der abscheulichsten Serienmörder in der amerikanischen Kriminalgeschichte. Er miss-brauchte seine Opfer, folterte und kastrierte sie und verspeiste sie gelegentlich. Fish ist auch der älteste Serienkiller, der je verhaftet wurde, denn er wurde erst gefangen, als er in den 60ern war. Bis dahin hatte er gut 100 Kinder seinen abartigen Akten unterzogen, mindestens 15 getötet und vier von ihnen gegessen.

Abscheulicher Killer kocht Kinder als Eintopf

Der 1870 in Washington DC als Sohn einer mit psychiatrischen Krankheiten vorbelasteten Familie geborene Albert Howard Fish schob die Wurzeln seiner Perversion auf die schrecklichen Misshandlungen anderer Jungen, denen er in dem Waisenhaus, in dem er aufwuchs, beiwohnte.

Seine sadomasochistischen Neigungen manifestierten sich auf seltsame Weise. Er tanzte nackt im Mondlicht und verletzte sich selbst mit glühenden Metallstangen und nagelbesetzten Schlägern. Neben Menschenfleisch konsumierte er Exkremente und trank menschliches Blut und Urin. Er tränkte Wattebällchen mit Waschbenzin, steckte sie sich in den After und zündete sie an. Außerdem stach er sich 29 Nadeln in das Perineum.

Das Leben des Monsters hätte vielleicht auch anders verlaufen können. 1898 heiratete er mit 27 Jahren und zeugte sechs Kinder, bevor seine Frau ihn für einen jüngeren Mann verließ. Danach veränderte sich Fishs Verhalten. Er begann, Stimmen zu hören, und hatte Halluzinationen

1928 zog er nach New York und holte sich im Juni des Jahres sein erstes Opfer. Er lockte die zehnjährige Grace Budd mit dem Versprechen, sie zu einem Kinderfest zu bringen, aus dem Haus ihrer Eltern. Dann verschleppte er sie zu einer verlassenen Hütte in White Plains. Bewaffnet mit − wie er sie nannte − seinen „Höllenwerkzeugen", darunter ein Fleischermesser und ein Hackebeil, erwürgte er sie, zerstückelte ihren Körper und nahm Pakete mit Fleisch, aus denen er einen Eintopf kochte, mit nach Hause.

Fish verging sich in mehrere Staaten an Kindern. Er war ständig unterwegs, und durch seinen Beruf als Maler hatte er Zugang zu den Kellerräumen und Dachböden von Häusern, in die er seine Opfer brachte. Die meisten kamen aus armen, schwarzen Familien, weil diese „kaum Ärger machten, wenn ihre Kinder verschwanden oder verstört nach Hause kamen".

Auf dem Höhepunkt seiner Mordserie war Fish als „Moon Maniac" bekannt, weil er mit Vorliebe bei

OBEN: Albert Fish verstümmelte und ermordete bis zu 100 Kinder und verspeiste einige seiner Opfer.

Vollmond zuschlug. Die Presse nannte ihn aber auch den „Vampirmann".

Nachdem er den Eltern der kleinen Grace Budd im November 1934 einen grausamen, kranken Brief geschrieben hatte, wurde er endlich gefasst. In dem Brief hieß es: „Ich kam in Ihr Haus und gab vor, Ihre Tochter Grace zu einem Fest bei meiner Schwester zu bringen. Stattdessen brachte ich sie in ein leer stehendes Haus in Westchester County, Worthington, und erwürgte sie. Ich habe sie nicht gefickt, obwohl ich es gekonnt hätte. Sie starb als Jungfrau."

Fish hatte es versäumt, seine Adresse auf der Rückseite des Umschlags ordentlich wegzuradieren, und so fiel die Polizei in sein Zimmer in einer heruntergekommenen Pension in New York ein. Im März 1935 wurde er in White Plains, New York, vor Gericht gestellt und wegen des Mordes an Grace angeklagt.

Nach seiner Verurteilung gestand er Dutzende weitere Überfälle und Morde.

Selbst hartgesottene Polizisten machte die Beschreibung, wie Fish das Hinterteil eines kleinen Jungen gebacken hatte, krank: „Ich legte Speckstreifen auf jede Backe, und nachdem ich das Fleisch etwa 15 Minuten gebacken hatte, goss ich einen halben Liter Wasser für die Soße darüber und gab die Zwiebeln hinzu. Ich bestrich das Fleisch regelmäßig, damit es schön zart und saftig würde. Nach zwei Stunden war es braun. Ich habe noch nie Pute gegessen, die nur halb so köstlich war, wie sein süßer kleiner Arsch. Ich habe ihn innerhalb von vier Tagen komplett aufgegessen."

Am 16. Januar 1936 landete Fish auf dem elektrischen Stuhl von Sing Sing. Er war aufgeregt, denn für ihn war die Hinrichtung „der ultimative Nervenkitzel, den ich noch nicht erlebt habe". Sie brauchten zwei Stromstöße, um ihn zu töten.

Catherine Flanagan und Margaret Higgins

Catherine Flanagan und Margaret Higgins, bekannt als die „Schwarzen Witwen von Liverpool", führten eine Bande von Frauen an, die zwischen 17 und 23 Menschen, darunter ihre eigenen Familien, vergifteten, um an Versicherungsgelder zu kommen. Ehemänner, Kinder, Enkel, Untermieter, Freunde – sie alle bekamen Arsen.

Die „Schwarzen Witwen" von Liverpool

Flanagan, geboren 1843, und Higgins, geboren 1829, waren schottischstämmige Schwestern, die Anführer einer Bande wurden, die in den 1870er- und 1880er-Jahren im Norden Liverpools agierte. Die Überlebensrate ihrer Opfer stand in direktem Verhältnis zu der Höhe ihrer Lebensversicherungen.

Ihre Verbrechensserie kam ans Licht, nachdem Margarets Ehemann Thomas im Oktober 1883 an einer Arsenvergiftung starb. Es war ein langsamer, geplanter Tod. Zum Zeitpunkt seines Todes war er bei fünf Gesellschaften für insgesamt 108 Pfund versichert – eine hohe Summe, wenn man bedenkt, dass der durchschnittliche Arbeiter damals weniger als 1 Pfund pro Woche verdiente. Thomas' Bruder wurde misstrauisch und ließ eine Autopsie vornehmen. Dabei fand man Arsen. Nun wurden andere Todesfälle im Haushalt der Schwestern aufgerollt. Drei weitere Tote wurden exhumiert, und bei allen fand man Arsen. So wie Thomas hatten auch sie hohe Lebensversicherungen.

In der Haft beschuldigte Flanagan ihre Schwester und zwei andere Frauen, sechs Opfer vergiftet zu haben. Sieht man sich den Fall genauer an, war es wohl eine Zusammenarbeit von bis zu einem Dutzend Frauen mit etwa 23 Opfern. Darunter waren auch Thomas Higgins' zehnjährige Tochter aus einer früheren Ehe, Catherine Higgins' 22-jähriger Sohn und eine 18-jährige Untermieterin.

Der Prozess der Schwestern im Februar 1884 war eine Sensation, und die Berichte darüber schürten die Wut der Massen, die jeden Tag den Gerichtssaal bevölkerten. *The Liverpool Daily Post* beschrieb die Frauen als „armselig und ignorant" und beschwerte sich, dass die Gesellschaft „sich nicht ernsthaft um den Tod ihrer wertlosen Mitglieder kümmert". Im medizinischen Journal *The Lancet* hieß es, dass es schon seit Jahren in den ärmeren Gebieten Großbritanniens nicht wirklich ungewöhnlich sei, lästige Angehörige auf diese Weise loszuwerden.

Catherine Flanagan und Margaret Higgins wurden am 3. März 1884 nebeneinander im Kirkdale Prison gehängt. Abbilder der schrecklichen Schwestern kamen in die Schreckenskammer von Madame Tussauds Wachsfigurenkabinett in London, wo sie fast ein Jahrhundert lang blieben.

Wayne Ford

Ford wurde 1998 verhaftet, als er mit einer abgeschnittenen weiblichen Brust in der Tasche in das Büro des Sherrifs von Humboldt County, in Eureka, Nordkalifornien, marschiert kam und den entsetzten Polizisten gestand, dass er der Serienmörder war, den sie jagten. Sein Name war Wayne Adam Ford.

Tränenreicher Bekenner mit grausigem Souvenir

In der Nacht zuvor, am 2. November 1998, saß Ford, ein 37-jähriger Lkw-Fahrer, in einer Motelbar und wusste nicht, ob er sich betrinken oder sein Gewissen erleichtern sollte. Als der Barkeeper ihn fragte, ob alles in Ordnung sei, antwortete er nur, dass er sich betrinken und sich dann sein Gehirn herauspusten wolle. Gegen Mitternacht kam sein Bruder Rod, und sie unterhielten sich die ganze Nacht. Bei Tagesanbruch fuhren sie nach Eureka, wo Wayne Ford sein Geständnis ablegte. Tränenüberströmt umklammerte er eine Bibel und gab zu, vier Frauen getötet, verstümmelt und ihre Leichenteile in Flüsse und Gräben in ganz Kalifornien geworfen zu haben.

Zur Unterstützung dieser Behauptung holte er eine Tüte aus der Tasche, in der die Brust einer 29-jährigen Prostituierten lag, die er zwei Wochen zuvor aufgelesen hatte. Man hatte ihre Leiche am nächsten Tag in einem Aquädukt gefunden. Sie war gefesselt, vergewaltigt, geschlagen, erwürgt und verstümmelt worden.

Die Durchsuchung von Fords Zuhause in einem Wohnwagenpark brachte weitere Körperteile zutage. Er erzählte, dass er gern Prostituierte oder Anhalterinnen auflas und mit ihnen in seinem Wohnwagen Fesselspiele spielte. Wenn diese eskalierten, erwürgte er seine Opfer und verstümmelte sie.

Trotz einer genauen Beschreibung konnte die Polizei sein erstes Opfer, das er 1997 getötet hatte, nicht identifizieren. Ford sagte, er hätte sie zerstückelt, ihre Beine in seiner Kühltruhe aufbewahrt und den Rest ironischerweise entlang des Mad River in Kalifornien vergraben. Einem zweiten Opfer hatte er ebenfalls eine

Brust abgetrennt, was für die Psychiater ein klares Anzeichen für Frauenhass war.

Es gab genug Beweise, um ihn der vier Morde zu überführen, aber es blieb die Frage, warum aus dem stillen Familienvater ein Serienmörder wurde. Ford war 1961 in eine Militärfamilie hineingeboren worden und selbst zu den US Marines gegangen, nach einem

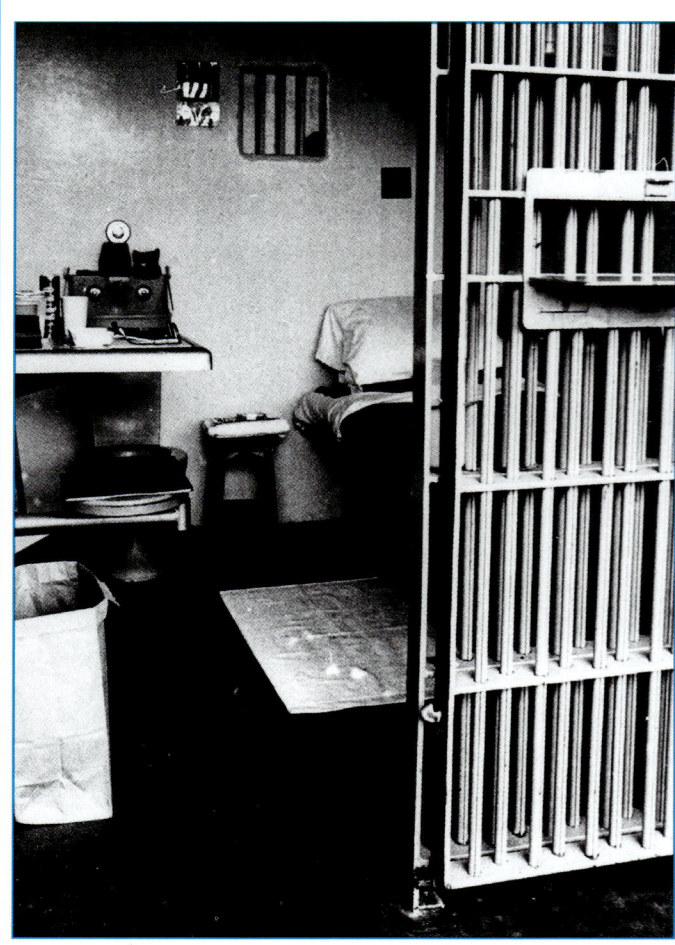

OBEN Eine Todeszelle in San Quentin, ähnlich derjenigen, in der Serienmörder Wayne Ford sitzt.

geistigen Zusammenbruch aber entlassen worden. Anschließend arbeitete er als Busfahrer für behinderte Kinder, bevor er Fernfahrer wurde. Er war Mitglied einer Bibelgruppe und frequentierte einen christlichen Buchladen. Der einzige Hinweis darauf, was zu seiner Entgleisung geführt haben könnte, war, dass seine geschiedene Frau ihm verbot, seinen Sohn zu sehen.

Erst im Juni 2006 wurde Ford für die vier Morde schuldig gesprochen und zum Tod verurteilt. Er reihte sich damit in die Gruppe von über 600 Häftlingen ein, die in Kalifornien in Todeszellen sitzen. Der Fall war damit aber nicht beendet. Dank seines offenen Geständnisses stellte sich die Frage, ob Ford einer seltenen Gruppe angehörte: den reuigen Serienkillern.

„Es ist eine absolute Seltenheit", sagte der Kriminologe Mike Rustigan. „Serienkiller haben Spaß daran, die Polizei auszutricksen. Sie kennen normalerweise kein Mitgefühl mit ihren Opfern. Echte Reue bei jemandem zu sehen, der zu solchen Grausamkeiten fähig ist, ist sehr überraschend."

Michel Fourniret

Als der 66-jährige Michel Fourniret 2008 für den Mord, die Vergewaltigung und die versuchte Vergewaltigung von neun Menschen zwischen 1987 und 2001 verurteilt wurde, war der schlimmste Serienmörder Frankreichs endlich hinter Gittern. Seine Opfer waren meist Mädchen zwischen 12 und 21, die entweder erwürgt, erschossen oder mit einem Schraubenzieher erstochen wurden, um seine Lust auf Jungfrauen zu befriedigen.

Bösartiger Entführer bevorzugt Jungfrauen

Fourniret, ein ehemaliger Tischler, Waldarbeiter und Schulaufseher, wurde zu lebenslanger Haft verurteilt, und seine Frau, die 59-jährige Monique Olivier, bekam wegen Beihilfe zum Mord 28 Jahre ohne Bewährung.

Fourniret gestand seine Verbrechen, nachdem seine Frau der Polizei Informationen gegeben hatte, weil sie befürchtete, ein ebenso hartes Urteil zu bekommen, wie die zu 30 Jahren Haft verurteilte Michelle Martin, Ehefrau des belgischen Pädophilen und Mörders Marc Dutroux (siehe S. 64). Obwohl sie behauptete, mit den Entführungen und Morden nicht zu tun gehabt zu haben, glaubte ihr die Staatsanwaltschaft nicht. Tatsächlich diente Olivier, oft begleitet von ihrem kleinen Sohn Selim, dazu, mögliche Opfer in Sicherheit zu wiegen. Sobald Fourniret diese dann entführt hatte, befahl er seiner Frau, bei den Vergewaltigungen und Morden zuzusehen.

OBEN: Michel Fournirets Gier nach Jungfrauen kannte keine Grenzen. In 14 Jahren vergewaltigte und tötete er mindestens neun.

Fourniret stammte aus den Ardennen, einer Region zwischen Frankreich und Belgien, in der viele seiner Verbrechen passierten. Er war ein vorbestrafter Pädophiler, der bereits drei Jahre einer siebenjährigen Strafe wegen versuchter Entführung eines Mädchens abgesessen hatte. Einige Opfer Fournirets wurden auf dem Grundstück seines Châteaus an der belgisch-französischen Grenze gefunden. Das Château hatte er mit dem Geld, das er aus der Beute eines ehemaligen Zellenkameraden gestohlen hatte, gekauft.

Fournirets jüngstes Opfer war die zwölfjährige Belgierin Elisabeth Brichet, die 1989 in Namur verschwand. Fourniret entführte das Mädchen mit Oliviers Hilfe und erwürgte es. Ihr Verschwinden wurde lange Zeit Marc Dutroux zugeschrieben, bis Fourniret die Ermittler zu ihrem Grab führte.

Olivier war auch an dem Mord an Natacha Danais beteiligt. Die 13-Jährige wurde im November 1999 bei Nantes entführt, missbraucht und erstochen. Ihre Lei-

OBEN: Polizeiteams graben im Juli 2004 bei der Suche nach den Überresten eines Opfers das Grundstück bei Fournirets Haus um.

OBEN: Ein belgischer Ermittler vor Fournirets Haus in Sart-Custinne, kurz nach dessen Verhaftung im Juli 2003.

che fand man drei Tage später an einem Strand an der französischen Atlantikküste. Das Paar hatte Natacha in seinen Wagen gelockt, wo Fourniret sie bei dem Versuch, sie zu vergewaltigen, erstach. Laut Autopsiebericht vollzog Fourniret die Vergewaltigung erst nach ihrem Tod.

Während der Verhandlung in Charleville-Mézières im Nordosten Frankreichs im März 2008 beschrieb der Staatsanwalt Francis Nachbar das Paar als „so unmenschlich und grausam, wie man es sich nicht vorstellen könnte". Er nannte den Serienmörder ein „nekrophiles Monster" und sagte, dass sie gemeisnam einen „doppelgesichtigen Teufel" darstellten.

Vor Gericht gestand Fourniret, von Jungfrauen besessen zu sein. Er sagte: „Ich bin ein sehr gefährliches Individuum." Obwohl er für den Mord, die Vergewaltigung und die versuchte Vergewaltigung von neun Menschen im Zeitraum von 1987 bis 2001 schuldig gesprochen wurde, war seine tatsächliche Opferzahl wohl höher. Fourniret stand auch wegen des Verdachts vor Gericht, die Morde an drei weiteren jungen Frauen, inklusive der 20-jährigen Britin Joanna Parish, die als Aushilfslehrerin arbeitete, begangen zu haben.

Fournets Frau Monique war vor Gericht rätselhafter. Bevor sie den Killer kennenlernte – sie antwortete auf seine Anzeige, in der er eine Brieffreundin suchte, während er im Gefängnis saß – hatte sie keinerlei Vorstrafen. Ihre Anwälte versuchten die kleine, grauhaarige Frau als schwache und ängstliche Ehefrau eines übermächtigen, gewalttätigen Mannes, der sie und ihren Sohn getötet hätte, falls sie sich gewehrt hätte, darzustellen.

Staatsanwalt Xavier Lenoir beschrieb sie jedoch als willige Komplizin, „blutige Muse" und „verlogene Hexe", die still den Schreien der Mädchen lauschte, die von ihrem Mann vergewaltigt wurden. Sie wurde der Beihilfe zum Mord für schuldig befunden und zeigte am Schluss sogar ein wenig Reue: „Ich bedauere alles, was ich getan habe. Das ist alles."

OBEN: Fourniret verlässt im Juli 2003 nach einer Anhörung in Handschellen das Gerichtsgebäude von Dinant.

John Wayne Gacy

Es war ziemlich spät für ein Jobinterview, aber der 15-jährige Robert Piest freute sich. Als er am Abend des 11. Dezember 1978 sein Zuhause in Des Plaines, Illinois, verließ, dachte er nur an das Geld, das er für den Urlaub verdienen würde. Er hatte um 21 Uhr einen Termin in der örtlichen Apotheke, wo sein angehender Arbeitgeber, ein Bauunternehmer, Renovierungsarbeiten durchführte.

Stinkende Leichenhalle des „Killerclowns"

Als er aus der Tür trat, sagte ihm seine Mutter, er solle schnell wiederkommen. Sie hatte Geburtstag, und die ganze Familie war zum Feiern gekommen. Als um Mitternacht noch immer nichts von Robert zu sehen war, rief seine besorgte Mutter bei der Polizei an und sagte, dass er verschwunden sei. Er sollte nie wieder nach Hause zurückkehren.

Sobald die Polizei die Identität des Bauunternehmers, mit dem Robert sich treffen wollte, geklärt hatte, wussten die Beamten, dass es kein einfacher Vermisstenfall sein würde. John Wayne Gacy, 36, hatte ein langes Vorstrafenregister als Sexualverbrecher.

Nach Piests Verschwinden beschloss die örtliche Polizei, Gacy zu beschatten. Frech wie er war, lud er die Polizisten, die vor seinem Haus im Wagen saßen, zum Kaffee ein. Im Haus fiel ihnen der strenge Geruch auf, den Gacy auf ein Problem mit dem Abfluss schob. Sie erwirkten einen Durchsuchungsbefehl und nahmen Gacy in Gewahrsam, während sie sein Haus auf den Kopf stellten.

Was sie dort vorfanden, war eine der grauenhaftesten Szenen in der amerikanischen Kriminalgeschichte. Diverse Leichen lagen mit Kalk und Erde bedeckt in einem Zwischenraum unter seinem Haus. Die Opfer waren zwischen neun und 25 Jahre alt. Einige waren Homosexuelle, andere hatten für Gacy gearbeitet oder bei ihm Arbeit gesucht. Alle waren brutal sexuell gefoltert worden.

Gacy wurde 1942 in Chicago als Sohn einer Dänin und eines Polen geboren. Der junge Gacy litt immer wieder unter Schwindelanfällen, seit er mit elf Jahren von einer Schaukel am Kopf getroffen worden war. Dennoch machte er eine Ausbildung in einer Handelsschule, zog nach Iowa und wurde ein erfolgreicher Schuhverkäufer.

Nachdem er 1964 Marilyn Myers geheiratet hatte, nahm er eine Führungsposition im Schnellrestaurant seines Schwiegervaters an. Damals erschien Gacy als völlig normaler Familienvater. Er war eine Stütze der Gesellschaft in Waterloo und ein strahlendes Licht in der Junior Chamber of Commerce. Langsam machten sich jedoch erste zerstörerische Kräfte bemerkbar.

1968 verging er sich an einem jungen Mann, der in dem Schnellrestaurant für ihn arbeitete. Der entsetzte Junge wurde von dem beinahe 130 kg schweren Gacy überwältigt und mit Handschellen gefesselt. Verzweifelt wehrte er sich gegen dessen Versuche, ihn zu vergewaltigen und zum Oralsex zu zwingen, und ging hinterher zur Polizei.

Gacy wurde wegen sexueller Belästigung zu zehn Jahren Haft verurteilt, saß aber nur 18 Monate ab. Sein vorbildliches Verhalten überzeugte die Bewährungskommission davon, dass er keine weitere Gefahr für die Öffentlichkeit darstellte. Dennoch ließ sich seine Frau von ihm scheiden und nahm die beiden Kinder mit. Gacy zog daraufhin zurück nach Chicago.

1971 wurde er befragt, nachdem er versucht hatte, einen Teenager zum Sex zu zwingen. Die Anklage wurde aber fallen gelassen, als der Junge zur Voranhörung nicht erschien.

1972 scheiterte auch Gacys zweite Ehe mit Carole Hoff. Hoff verstand sein sein geringes Interesse an Sex nicht und fürchtete sich vor seinen Wutausbrüchen. Außerdem beschwerte sie sich über den üblen Geruch, der das Haus einzuhüllen schien.

Gacy versuchte, seine soziale Stellung wieder zu verbessern, machte sich selbstständig und engagierte sich in der Lokalpolitik. Außerdem war ein gefragter Unterhalter auf Kinderfesten, bei denen er meist als „Pogo der Clown" auftrat. Der pornografiesüchtige Gacy hatte aber nichts Komisches an sich – er war ein bösartiger Serienkiller.

Unglaublicherweise blieb ein Vorfall, der ihn hätte aufhalten können, nahezu ungeahndet. Im März 1978 teilte der 27-jährige Jeffrey Rignall der Polizei mit, dass ihn ein fetter Mann in einem markanten Oldsmobile eingeladen hatte, mit ihm Cannabis zu rauchen – und ihn anschließend mit einen chloroformgetränkten Taschentuch betäubt hatte.

Rignall kam im Haus seines Entführeres, wo er ausgepeitscht und wiederholt vergewaltigt wurde, wieder zu Bewusstsein. Er versprach Gacy, Chicago für immer zu verlassen, falls dieser ihn leben ließe. Und tatsächlich ließ Gacy den jungen Mann am nächsten Morgen im Chicagoer Lincoln Park gehen.

Als die Polizei darauf nicht reagierte, startete Rignall seine eigene Suche nach Gacy und zeigte ihn an. Gacy wies jede Schuld von sich, und da es keine Zeugen gab und somit Aussage gegen Aussage stand, wurde die Sache als Ordnungswidrigkeit abgetan.

Als die Polizei neun Monate später das Haus des Unternehmers durchsuchte, war der Gestank von verwesendem Fleisch unverkennbar.

In einem engen Zwischenraum unter dem Haus lagen sieben Leichen in unterschiedlichen Verwesungsstadien. Acht weitere lagen in Kalklöchern im Garten. Insgesamt wurden im Haus und auf dem Grundstück die Leichen von 29 Teenagern und jungen Männern gefunden. Fünf weitere Opfer, inklusive Robert Piest, hatte Gacy aus Platzmangel in den Des Plaines River geworfen.

Gacys erklärte seine Verbrechen mit einem Hass auf Homosexuelle. Er stritt ab, selbst homosexuell zu sein, und plädierte auf Unzurechnungsfähigkeit. Der Antrag wurde abgewiesen, und er wurde zum Tod verurteilt. Am 10. Mai 1994 wurde er in Chicago durch die Giftspritze hingerichtet. Seine letzten Worte zu einem Aufseher waren: „Leck mich am Arsch."

Gerald Gallego

Soziologen und Gerichtspsychiater würden vielleicht argumentieren, dass Gerald Armand Gallego von Anfang an keine Chance hatte. Er wurde 1946 geboren und lernte seinen Vater, der damals in San Quentin saß, nie kennen. Gallego Sr. war ein dreifacher Mörder, der mit 28 Jahren in einer Gaskammer in Mississippi starb.

Kranke Paarung von Genie und Sadismus

Gallego Jr. schien einen ähnlichen Weg einzuschlagen. Mit sechs war er Einbrecher, mit zwölf Sexualverbrecher. Mit 17 heiratete er – und bis er 32 war, hatte er siebenmal geheiratet. Mit 22 kam er für einen bewaffneten Raubüberfall ins Gefängnis. 1978 floh er, nachdem seine Tochter bei der Polizei angezeigt hatte, dass er sie seit ihrem sechsten Lebensjahr sexuell missbraucht hatte. Danach begann Gallego seine Mordserie mit einer seltsamen Komplizin, der 22-jährigen Charlene Williams, einer bisexuellen, drogenabhängigen Violinistin mit dem IQ eines Genies. Das Paar zog im Van durch Zentralkalifornien, Südoregon und Nevada und suchte Opfer, mit denen Gallego seine sexuellen Fantasien ausleben konnte. Sie lockten die Mädchen in den Van, woraufhin Gallego sie überfiel und im hinteren Teil des Wagen vergewaltigte und ermordete, während Charlene eiskalt auf dem Beifahrersitz wartete.

Ihre ersten bekannten Opfer waren zwei 16- und 17-jährige Mädchen aus Sacramento. Gallego vergewaltigte sie die ganze Nacht hindurch, bevor er sie erschlug, auf sie schoss und die Leichen in einen Graben warf.

Ihr vielleicht schrecklichstes Verbrechen war im Juni 1979 der Mord an der 21-jährigen Linda Aguilar, die im vierten Monat schwanger war, als Charlene ihr in Gold Beach, Oregon, anbot, sie mitzunehmen. Ihre Leiche wurde in einem flachen Grab gefunden. Man hatte sie gefesselt und ihr den Schädel eingeschlagen. Eine Autopsie ergab jedoch, dass sie noch lebte, als sie begraben wurde.

Im gleichen Monat lockte das Paar zwei 13- und 14-jährige Mädchen in Nevada in den Wagen. Während sie durch die Wüste fuhr, sah Charlene im Rückspiegel zu, wie Gallego die Kinder wiederholt vergewaltigte. Dann parkten sie, und er schaute zu, wie Charlene die Mädchen zwang, sich gegenseitig zu befriedigen. Anschließend erschlug er die beiden mit einem Spaten.

Das Paar, das inzwischen bigamistisch verheiratet war, tötete zehn Menschen, bevor es gefasst wurde. Im November 1980 verließen Craig Miller und Beth Sowers eine Tanzveranstaltung, als sie eine Frau mit vorgehaltener Pistole in einen Van zwang. Ein Freund versuchte, ihnen zu folgen, und notierte sich das Nummernschild. Das Pärchen wurde später tot aufgefunden; die Polizei holte die Killer jedoch ein. Charlene Gallego bot sich als Kronzeugin an, als ihr klar wurde, dass ihr die Todesstrafe drohte. Sie wurde zu 16 Jahren Haft verurteilt und kam 1997 frei.

Gallego stand 1983 und 1984 in Kalifornien und Nevada vor Gericht und wurde beide Male zum Tod verurteilt. Im Juli 2002 starb er im Gefängnis an Krebs.

OBEN: Gerald Gallego zündet sich gelassen eine Zigarette an, während er sich am 11. April 1983 die Urteilsverkündung anhört.

Luis Garavito

Der in Südamerika als „schlimmster Serienkiller der Welt" beschriebene Kolumbianer Luis Alfredo Garavito gestand, innerhalb von fünf Jahren 140 Jungen vergewaltigt und getötet zu haben. Die Opferzahl könnte anhand der Positionierung der Skelette, deren Lage er auf Karten markiert hatte, 300 noch übersteigen – und vielleicht sogar den grausigen Rekord seines Landsmanns Pedro Lopez (siehe S. 134) übertrumpfen.

Ist er der schlimmste Serienkiller der Welt?

Die **verstümmelten Leichen** der überwiegend männlichen Opfer zwischen acht und 16 Jahren wurden in der Nähe von 60 Städten in elf der 32 kolumbianischen Provinzen gefunden. Inzwischen wird auch in Ecuador, wo Garavito eine Zeit lang lebte, nach Opfern gesucht. Die meisten der Toten, die seit 1999 gefunden wurden, waren gefesselt, enthauptet und verstümmelt worden. Dieses Markenzeichen des Mörders bedeuteten für die Polizei, die einst glaubte, nach einer Reihe von Mördern zu suchen, dass sie tatsächlich nur hinter einem Mann her waren: Luis Alfredo Garavito, alias „Goofy" (wegen seiner vorstehenden

Schneidezähne), „der Irre", „der Priester" oder ganz einfach „La Bestia" (die Bestie).

Der im Dezember 1956 oder Januar 1957 im Westen Kolumbiens geborene Garavito wurde regelmäßig von seinem Vater verprügelt und behauptete, von zwei Nachbarn vergewaltigt worden zu sein. Er war ein ungebildeter Alkoholiker, der als Einfaltspinsel galt und nur Hilfsarbeiten ausführte.

Vermutlich beging er seinen ersten Mord 1992; seine Mordserie begann aber erst 1994. Seine Opfer waren arme, oft obdachlose Kinder, die sich mit Versprechen anlocken ließen. Einige waren aber auch Kinder von Straßenverkäufern, die auf der Straße bettelten.

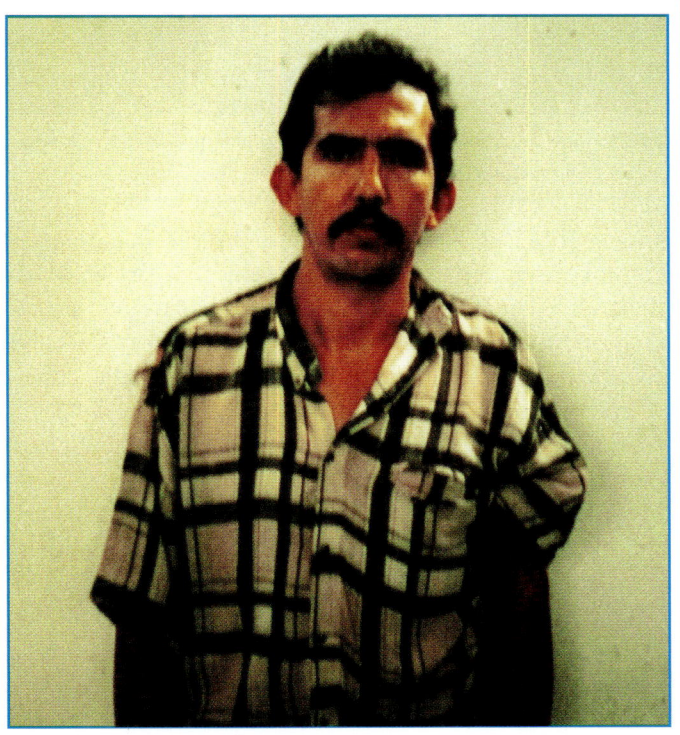

Um ihr Vertrauen zu gewinnen, gab sich Garavito als Bettler oder Straßenverkäufer aus. Manchmal posierte er auch als Krüppel oder Mönch (daher der Spitzname „Priester"). Er brachte seine Opfer an einen ruhigen Ort, folterte und vergewaltigte sie und schnitt ihnen die Kehle durch. Wenn möglich, enthauptete er sie.

Da Kolumbien eine der höchsten Mordraten der Welt hat, war die Entdeckung einer Kinderleiche kaum der Rede wert. Und da Garavito viel im Land herumreiste, erschienen die Morde zusammenhanglos. Bis 1997 ein Massengrab entdeckt wurde, waren sich die Behörden nicht einmal bewusst, womit sie es zu tun hatten. Die Leichen von 25 Jungen lagen in einer Schlucht neben einem zugewucherten Parkplatz in der Stadt Pereira. Allen war die Kehle durchgeschnitten worden, und viele wiesen Spuren von Folter und Vergewaltigung auf. Anfangs glaubte die Polizei, dass die Kinder bei schwarzen Messen geopfert worden waren. Die Behörden dachten auch an soziale Säuberungsaktionen, Organhandel oder einen Kinderschänderring. Als aber nur wenige Kilometer entfernt erneut 16 Leichen auftauchten sowie 27 weitere in einer benachbarten Provinz, erkannten sie endlich, dass sie einen der schlimmsten Serienkiller der Geschichte jagten.

Nach 18-monatigen Ermittlungen wurde Garavito im April 1999 in Villavicencio wegen versuchter Vergewaltigung eines Kindes festgenommen. Plötzlich gestand das 42-jährige Monster die Morde an 140 Kindern. Angeklagt wurde er schließlich für 189 Morde. Da die Todesstrafe in Kolumbien abgeschafft worden war, wurde Garavito zu 835 Jahren Gefängnis verurteilt.

LINKS: Luis Garavito wurde 1999 wegen Mordes an 189 Kindern angeklagt, die wahre Opferzahl könnte aber viel höher sein.

Donald Gaskins

Als Donald Henry Parrott Jr. im März 1933 geboren, bekam er nach der erneuten Hochzeit seiner Mutter aufgrund seiner kleinen Statur (1,62 m) den Spitznamen „Pee Wee" Gaskins. Sein gewalttätiger Stiefvater machte ihm das Leben zu Hause zur Hölle. Als Jugendlicher musste er in eine Besserungsanstalt, weil er einer Frau, die ihn geärgert hatte, ein Beil auf den Kopf geschlagen hatte, was sie zum Glück überlebte.

Perverser „Pee Wee" tötet über 100 Opfer

Pee Wee war vielleicht klein, aber er hatte ein explosives Temperament und war in Prospect, South Carolina, weit und breit gefürchtet. Er fuhr mit einem Leichenwagen herum und prahlte mit seinem „Privatfriedhof". Viele glaubten ihm – und hatten Recht damit. Gaskins führte eine Reihe von Brandstiftungen und Einbrüchen sowie einen Mordversuch durch, für den er eine Haftstrafe erhielt. In der Haft tötete er einen Mitgefangenen, der ihn angeblich sexuell missbraucht hatte, und wurde zu weiteren neun Jahren wegen Totschlags verurteilt.

1962, nach seiner Bewährung, machte er weiter und vergewaltigte u. a. ein zwölfjähriges Mädchen, was ihn erneut ins Gefängnis brachte. Im November 1968 wurde er erstaunlicherweise wieder auf Bewährung entlassen. Es dauerte noch bis 1975, bis das wahre Ausmaß seiner Bösartigkeit bekannt wurde. Die Polizei

OBEN Donald Gaskins führt Polizisten zu einem Gebiet in Florence County, South Carolina, in dem menschliche Überreste liegen.

untersuchte das Verschwinden mehrerer Personen in Florence County, darunter auch ein 13-jähriges Mädchen aus der Gegend. Durch sein Vorstrafenregister und einen Hinweis seines früheren Komplizen Walter Neeley fiel der Verdacht auf den offensichtlichen Kandidaten.

Gaskins wurde bei dem Versuch, über die Staatsgrenze zu fliehen, festgenommen und in acht Mordfällen angeklagt. Die meisten Opfer waren Nachbarn, die ihn auf irgendeine Weise geärgert hatten. Schließlich gestand er 13 Morde in den letzten fünf Jahren. Unter den Opfern waren auch seine 15-jährige Nichte, ihre 17-jährige Freundin und – furchtbarerweise – eine schwangere Frau und ihre kleine Tochter.

Gaskins führte die Polizei zu einem abgelegenen Waldstück östlich von Prospect, wo die Beamten die Leichen von drei Männern und drei Frauen fanden. Entweder hatte er ihnen die Kehle durchgeschnitten oder sie per Kopfschuss hingerichtet. Knapp zwei Kilometer entfernt fand man die Leichen der Schwangeren und ihrer winzigen Tochter, die trotz ihrer erst 20 Monate vergewaltigt worden war.

Zu der Tat befragt, meinte Gaskins: „Es war der beste Sex, den ich jemals hatte." Später sagte er zur Polizei: „Ich bin einer der wenigen, die wirklich ver-

OBEN: Unter den 13 Opfern Gaskins waren auch eine schwangere Frau und ihre kleine Tochter.

stehen, worum es bei Tod und Schmerz geht. Ich habe einen ganz besonderen Geist, der es mir erlaubt, mir selbst die Genehmigung zum Töten zu geben."

Im Mai 1976 wurde Gaskins der Morde für schuldig befunden. Sein Komplize Neeley, der bei drei Morden geholfen hatte, wurde ebenfalls schuldig gesprochen. Beide erhielten die Todesstrafe, die später jedoch zu lebenslanger Haft umgewandelt wurde.

Gaskins war aber noch nicht fertig. Während seiner Haft akzeptierte er den Auftrag, einen Insassen des Todestraktes, Randolph Tyner, zu ermorden. Den Auftrag führte er mit Sprengstoff aus. Dafür wurde Gaskins 1982 endgültig zum Tode verurteilt. Im September 1992 landete er auf dem elektrischen Stuhl.

Vor seinen Tod schrieb er seine Autobiografie, in der er seine 31 „ernsthaften" Morde und weitere 80 bis 90, die er nur „zum Spaß" begangen hatte, umriss. Den ersten davon beging er im September 1969, als er eine Anhalterin mitnahm, sie folterte und aufschlitzte, bevor er sie an der Küste Carolinas vergrub. Es war der erste der zahllosen „Lustmorde".

Obwohl seine genaue Opferzahl nie festgestellt wurde, ist „Pee Wee" Gaskins doch einer der „produktivsten" Serienkiller der amerikanischen Geschichte.

Edward Gein

Edward Gein wurde auf einzigartige Weise berühmt-berüchtigt. Seine gruseligen Taten waren so makaber, dass sie als Grundlage für gleich drei Hollywoodfilme dienten. Er war die Inspiration für den schizophrenen Transvestiten Norman Bates in Hitchcocks *Psycho*, den Leatherface in *The Texas Chainsaw Massacre* und – weil er gern menschliche Haut „anzog" – den James „Buffalo Bill" Gumb in *Das Schweigen der Lämmer*. Keine noch so morbide Dichtung konnte sich jedoch mit den Schrecken im Horrorhaus Ed Geins messen, der Leichen exhumierte und aus ihrer Haut und ihren Knochen Trophäen und Souvenirs machte.

Der Wahnsinnige, der drei Filme inspirierte

Edward Theodore Gein wurde 1906 als Sohn eines alkoholkranken Tischlers und einer strengen, lutherischen Mutter geboren. Sein Bruder Henry und er mussten viele Stunden auf der armseligen Farm der Familie bei Plainfield, Wisconsin, arbeiten. Nach dem Tod des Vaters 1940 wurde seine Witwe Augusta noch besitzergreifender. Vier Jahre später verschwand Henry bei einem Buschfeuer – Edward wurde beschuldigt, einen Unfall inszeniert zu haben –, und kurz darauf erlitt Augusta einen Schlaganfall. Edward pflegte sie, bis sie im Dezember 1945 starb.

Das große, baufällige Farmhaus wurde nun zu einer Art Zeitkapsel. Die mit Brettern zugenagelten Räume veränderten sich vom Zeitpunkt des Todes Augustas an nicht mehr – und ihre Leiche blieb im verschlossenen Schlafzimmer liegen.

Der 39-jährige Gein entwickelte eine Faszination für Leichen, fuhr nachts zu den drei örtlichen Friedhöfen und exhumierte frisch bestattete Tote. Dann untersuchte er ihre Geschlechtsorgane. Alle Leichen waren weiblich und meist so alt wie seine Mutter.

Seine krankhafte Faszination wuchs in dem Maß, dass er sich bald die Kopfhaut einer Frau auf den Kopf setzte, sich ihre Brüste und ihre Genitalien umschnallte und damit im Haus herumlief. Eine Schneiderpuppe bezog er mit der Haut einer Toten, fast als würde er versuchen, seine Mutter auferstehen zu lassen.

Schließlich wurde Gein zum Mörder. Obwohl seine zwei bekannten Opfer ihn nicht als Serienmörder qualifizieren, wurde er durch die Natur seiner Verbrechen und den Verdacht, dass einige Leichen vermutlich „geschaffen" und nicht exhumiert wurden, bekannt.

OBEN: Edward Gein (rechts) in Polizeigewahrsam. Gein war die Inspiration für Alfred Hitchcocks Norman Bates in *Psycho*.

Im Dezember 1954 erschoss er Mary Hogan, brachte ihre Leiche auf einem Schlitten nach Hause, häutete und sezierte sie. Im Lauf der nächsten drei Jahre tötete er eine unbekannte Anzahl Frauen, darunter wohl auch zwei vermisste Teenager, bevor er im November 1957 ein letztes Mal zuschlug. Er erschoss Bernice Worden, enthauptete sie, schlitzte ihr den Bauch auf und hängte sie wie einen Wildkadaver auf.

Als die Polizei das Farmhaus durchsuchte, fand sie eine Anzahl übelkeitserregender Artefakte, inklusive Lampenschirmen, Gürteln und Socken aus Menschenhaut, Schädel als Wandschmuck und Schädeldecken, die als Schüsseln benutzt wurden. Zudem entdeckte sie in dem abstoßenden, stinkenden Beinhaus die Überreste der beiden bekannten Mordopfer sowie Leichenteile zweier Teenager.

Nachdem er für verhandlungsunfähig erklärt wurde, sperrte man Gein zehn Jahre in eine geschlossene Anstalt, bevor er 1968 endlich vor Gericht gestellt werden konnte. Er wurde zwar schuldig gesprochen, aber für geistesgestört erklärt und kam zurück in die Anstalt, in der er im Juli 1984 an Krebs starb.

Harvey Glatman

Harvey Glatman war ein hässlicher, segelohriger Berufskrimineller, der sich als Fotograf ausgab, um schöne Frauen anzulocken, bei denen er sonst keine Chance gehabt hätte. Er tötete in den 1950er-Jahren drei Frauen und erlangte kurz als „Killer der einsamen Herzen" Berühmtheit.

Tod durch die Hand des segelohrigen Monsters

Der 1927 geborene und in Colorado und New York aufgewachsene Glatman zeigte schon früh sadomasochistische Tendenzen. Als Teenager brach er bei Frauen ein, fesselte sie, belästigte sie sexuell und machte Fotos davon. 1945 wurde er erwischt, nachdem er eine Frau mit vorgehaltener Spielzeugpistole befohlen hatte, sich auszuziehen. Er wurde wegen versuchtem Einbruchs angeklagt, kam aber auf Kaution frei und entführte und belästigte prompt eine weitere Frau. Dafür kam Glatman acht Monate ins Gefängnis.

Nach seiner Freilassung zog er nach New York, wo er nach einer Reihe von Überfällen und Einbrüchen fünf Jahre in Sing Sing inhaftiert wurde. 1951 ließ er sich in Los Angeles nieder und machte sich als Fernsehmonteur selbstständig. Der Anblick der sonnengebräunten kalifornischen Schönheiten verführte ihn aber doch wieder, und so gab er sich mit falschen Papieren als Fotograf aus, um an sie heranzukommen.

LINKS: Harvey Glatman gab sich als Fotgraf aus, ermordete drei junge Frauen und verscharrte sie in der kalifornischen Wüste.

Im August 1957 traf er sich mit dem blonden Model Judy Ann Van Horn Dull zu einer „Fotosession" für ein „Kriminalmagazin". Er holte sie ab und fuhr mit ihr in sein improvisiertes Studio nach Hollywood, wo er sie für ein paar Bondagefotos fesselte. Anstatt sie aber anschließend freizulassen, verging er sich an ihr, bevor er mit ihr in die Wüste fuhr und sie zwang, für obszöne Fotos zu posieren. Schließlich legte Glatman ihr eine Schlinge um den Hals und erwürgte sie langsam.

Die 24-jährige Shirley Bridgeford war im März 1958 das zweite Opfer. Nachdem er sie über eine Partnervermittlung kennengelernt hatte, fuhr er mit ihr ebenfalls in die Wüste, fesselte und knebelte sie und erwürgte sie. Diesen Prozess hielt er Schritt für Schritt auf Fotos fest.

Vier Monate später fand Glatman seinen Weg in die Wohnung des Models Ruth Mercado, 23, fesselte sie und fuhr mit ihr in die Wüste, wo sie das gleiche Schicksal ereilte.

Das letzte Opfer des Killers, die 27-jährige Lorraine Vigil, drehte den Spieß um, als ihr Angreifer versuchte, sie in seinem Auto in einer dunklen Seitenstraße in Los Angeles zu fesseln. Mutig entrang sie ihm die Pistole, obwohl sie dabei eine Schussverletzung im Bein erlitt. Als die beiden bei dem Kampf aus dem Auto fielen, entdeckte sie ein zufällig vorbeikommender Motorradpolizist und stürzte sich auf Glatman.

Eine Durchsuchung seiner Wohnung brachte die Fotos der drei toten Frauen zum Vorschein. Er gestand die drei Morde und führte die Polizei zu den Gräbern in der Wüste. Glatman wurde des vorsätzlichen Mordes für schuldig befunden und am 18. September 1859 in der Gaskammer von San Quentin hingerichtet.

John Glover

John Glovers Mordserie machte ihn zum unangefochten schlimmsten Serienkiller Australiens. Er war der „Oma-Mörder". Seine nachgewiesenen Morde – er erschlug sechs alte Frauen, wofür er zu lebenslanger Haft verurteilt wurde – waren schlimm genug. Die Polizei vermutet aber, dass es noch viel mehr Opfer gab.

Australiens schlimmster Serienkiller

Glover brachte sich 2005 mit 72 Jahren in seiner Zelle im Gefängnis von Lithgow, New South Wales, um. Er erhängte sich mit einer Schlinge, die er an der Dusche in seiner Zelle befestigt hatte.

John Wayne Glover wurde 1932 geboren. Mit 14 verließ er die Schule, und 1957 emigrierte er mit 30 Schilling in der Tasche und keiner Qualifikation außer dem Führerschein nach Australien. 1962 wurde er des Angriffs auf drei Frauen überführt und zu einer fünfjährigen Bewährungsstrafe verurteilt. Drei Jahre später wurde er wegen Hausfriedensbruchs verhaftet. Ein Polizist versah seine Akte mit dem Vermerk, dass er vermutlich „ein ernsthafter Sexualverbrecher" werden würde. 1968 heiratete Glover, und das Paar zog nach Sydney, um bei den Eltern der Braut im Vorort Mosman zu wohnen. Es gibt keinerlei Hinweise, dass Glover in den nächsten 20 Jahren einen Mord beging. Er war nun 57 Jahre alt und hatte zwei Kinder.

Anfang 1989, kurz nach dem Tod seiner Mutter, überfiel er eine 84-Jährige, die jedoch überlebte und der Polizei ihren Angreifer detailliert beschrieb. Am 1. März des Jahres beging er seinen ersten Mord an Gwendolin Mitchelhill, 82. Am 9. Mai tötete er Winifred Ashton, 82. Im Juni des Jahres schlug er dreimal zu und griff Bewohnerinnen eines Altenheims an. Im August attackierte er eine alte Frau auf der Straße, und im Oktober gab er sich als Arzt aus und missbrauchte eine blinde Bewohnerin eines Altenheims. Später im gleichen Monat attackierte er eine weitere Bewohnerin brutal und stieß sie mit dem Gesicht in eine Ziegelmauer. Das Opfer lieferte der Polizei ein Phantombild – das zeigte allerdings einen sehr jungen Mann.

Im November ermordete Glover Margaret Pahud, 85, und gleich am nächsten Tag Olive Cleveland, 81. Später im Monat folgte er Muriel Falconer, 93, zu ihrer Wohnung in Mosman und erschlug sie, hinterließ am Tatort aber einen eindeutigen Fußabdruck.

In Januar 1990 schlich er sich ins Greenwich Hospital in Sydney und missbrauchte eine alte Frau, die den Alarmknopf drücken konnte. Glover floh, trank eine Flasche Scotch und schrieb einen Abschiedsbrief, in dem er erklärte, dass es keine weiteren „toten Omas mehr geben würde". Dann nahm er ein heißes Bad, um sich zu ertränken. Glover überlebte, galt nun aber als Hauptverdächtiger und wurde beschattet.

Dennoch konnte er am 19. März 1990 ein letztes Mal zuschlagen. Das Opfer war Joan Sinclair, mit der er eine langjährige, aber platonische Beziehung hatte. Er fuhr zu ihr nach Hause, schlug ihr den Schädel mit einem Hammer ein, zog ihr die Strumpfhose aus und erwürgte sie damit. Dann ließ er sich ein Bad ein, nahm Schlaftabletten, trank eine Flasche Scotch und schlitzte sich ein Handgelenk auf. Als die Polizei ihn fand, war er komatös, überlebte jedoch.

Bei seinem Prozess plädierte Glover auf Unzurechnungsfähigkeit. Ein Psychiater sagte aus, sein aufgestauter Hass auf seine Mutter und auf seine Schwiegermutter wäre der Auslöser für seine Taten. Richter James Wood hatte aber kein Mitleid, verurteilte Glover zu mehreren lebenslangen Haftstrafen und ordnete an, dass er niemals entlassen werden dürfe. Glovers Frau stimmte dem zu. Sie besuchte ihn nie im Gefängnis, sondern zog mit ihren Töchtern nach Neuseeland. Ihr Ehemann, so sagte sie, „wäre besser tot". Die New South Wales Police sah das anders, denn sie wollte, dass er weitere Morde gestand.

Zu den ungelösten Mordfällen gehörte auch eine Frau, die Glover kannte: Florence Broadhurst wurde 1977 erschlagen in ihrer Wohnung aufgefunden. Noch sieben weitere Frauen wurden in Sydney auf ähnliche Weise getötet, genau wie zwei in Melbourne, in der Nähe des Ortes, wo Glover einst gelebt hatte.

Bis zu seinem Selbstmord im September 2005 ließ sich Glover aber nur noch zu vagen Hinweisen auf mögliche weitere Opfer hinreißen.

Belle Gunness

Es ist recht wahrscheinlich, dass Belle Gunness mit mindestens 18, vielleicht sogar mit 40 Morden durchkam. Denn obwohl die Polizei ihre Akte schloss, nachdem sie ihre „Leiche" fanden, hat sie ihren Tod vermutlich geschickt inszeniert und ihre Mordserie „aus dem Grab heraus" fortgesetzt.

Gerissene Witwe betört Opfer mit schönen Worten

OBEN: Belle Gunness lud reiche Verehrer zu sich nach Hause ein und tötete sie dann mit einem Hackebeil.

Belle wurde im November 1859 als Brynhilde Paulstadder in Trondheim, Norwegen, geboren. Mit 24 kam sie in die USA und heiratete Mads Sorenson, der unter mysteriösen Umständen verstarb. Eine spätere Autopsie ergab aber keine Anzeichen für einen Mord.

Sorenson war versichert, genau wie das Haus des Paares, das kurz danach niederbrannte. Danach investierte Belle in eine Bäckerei, die auch niederbrannte. Diesmal verweigerte die Versicherung allerdings die Zahlung.

Belle zog nach Indiana, wo sie Peter Gunness heiratete und sich mit ihm auf einer einsamen Farm bei La Porte niederließ. Er ließ sich dazu überreden, eine hohe Lebensversicherung abzuschließen und war kurze Zeit später tot – ein stumpfes Objekt hatte ihm den Schädel eingeschlagen. Laut Aussage seiner Frau war die Wurstmaschine aus dem Regal gefallen, unter dem er gerade saß, und hatte ihm den Schädel gespalten.

Das war jedoch nicht die Version, welche die 14-jährige Adoptivtochter des Paares der Polizei erzählte. Die Polizei glaubte Jennie nicht, und so kehrte sie nach Hause zurück, nur um dort selbst ermordet zu werden.

Als Witwe mit Mitte 50 fiel es Gunness schwer, die Raten für die Farm abzuzahlen, deshalb gab sie einige Heiratsanzeigen auf. In einer hieß es: „Reiche, gut aussehende Frau mit großer Farm sucht Korrespondenz mit kultiviertem, wohlhabenden Gentleman zwecks späterer Heirat. Antworten per Brief werden nicht beantwortet, es sei denn, der Absender ist zu einem persönlichen Besuch bereit. Bitte keine Müßiggänger.“

Gunness lud mögliche Kandidaten auf die Farm ein, verlangte aber, dass sie eine gewisse Summe mitbrachten, um zu beweisen, dass sie bereit waren, in die Farm zu investieren. Belle kochte für sie, schlief mit ihnen und betäubte sie dann. Sobald sie schliefen, erschlug sie die Herren mit einem Hackebeil, entsorgte die Leichen und machte sich mit dem Geld davon. Einem getäuschten Verehrer, Andrew Helgelein, schrieb sie: „Mein Andrew, ich liebe dich. PS: Denke daran, die $ 3.000 mitzubringen, die du in die Farm investieren willst. Bitte nähe das Geld aus Sicherheitsgründen in deine Kleidung ein, Liebster.“ Andrew reiste aus South Dakota an und wurde nie mehr gesehen.

Belles Mordserie endete 1908, obwohl die genauen Umstände ihres Untergangs unbekannt sind. Scheinbar hatte sie bei vielen ihrer Verbrechen einen Komplizen, den Farmarbeiter und wahrscheinlichen Geliebten Ray Lamphere. Sie hatten sich jedoch kurz zuvor zerstritten. Lamphere ging zur Polizei und erzählte eine unglaublich erscheinende Geschichte von 42 Morden, die in den letzten vier Jahren auf der Farm begangen worden sein sollten. Niemand glaubte ihm, denn er war gerade von seiner Arbeitgeberin entlassen worden.

In der Nacht des 28. April brannte das Farmhaus nieder. Lamphere wurde dabei beobachtete, wie er vom Tatort wegrannte, daher folgerte die Polizei, dass er den Brand aus Rache für seine Entlassung gelegt hatte. Er kam wegen Brandstiftung für ein Jahr hinter Gitter. Vermutlich hatte aber Gunness selbst den Brand gelegt. Angehörige des vermissten Andrew Helgelein hatten begonnen, Fragen zu stellen, und so wollte sie wohl ihre Spuren verwischen und untertauchen.

Das schien ihr auch gelungen zu sein. Als die Polizei das ausgebrannte Gebäude untersuchte, fand sie mehrere Leichen. 14 männliche Leichen wurden im Schweinestall entdeckt, und zwischen den Trümmern das ausgebrannten Hauses fand sie schließlich die Leichen von Gunness' vier Kindern. Neben ihnen lag der kopflose Körper einer Frau – anhand ihrer falschen Zähne, die man in der Nähe fand, wurde er als Belles Leichnam identifiziert. Die Leiche war aber viel kleiner und leichter als die kräftige Witwe, und bei der Autopsie fand man Spuren von Gift. Hatte Belle Gunness ein weiteres Opfer zur Farm gelockt – dieses Mal eine Frau – und sie dann eiskalt zusammen mit ihren eigenen Kindern umgebracht, um auf diese Weise ihre Flucht zu vertuschen?

RECHTS: Gunness mit drei ihrer vier Kinder. Ihre Leichen fand man später im Keller der Farm.

Fritz Haarmann

Werwölfe waren im Mittelalter nichts Ungewöhnliches, wie man anhand des Falles von Peter Stump (siehe S. 195) sehen kann. Dies war aber das 20. Jh. – und die Vorstellung von einem Wesen, halb Mensch, halb Wolf, das durch die Straßen einer deutschen Stadt streicht, war natürlich Unsinn.

Der „Werwolf", der Jungen totbeißt

Es war zu einer Zeit, in der ein besiegtes Land in eine Art hysterische Monsterjagd verfiel, als Dutzende Menschen spurlos verschwanden. Gleichzeitig beäugten Hausfrauen das Fleisch, das sie auf dem Schwarzmarkt gekauft hatten, misstrauisch – eventuell handelte es sich dabei ja um Menschenfleisch.

Bald wurde klar, dass tatsächlich ein Monster unterwegs war. Sein Name war Friedrich „Fritz" Haarmann, und er wurde unter den Spitznamen „Werwolf von Hannover" bzw. „Vampir von Hannover" oder „Schlächter von Hannover" bekannt. Seine Beute waren Jungen, von denen er mindestens 27, vielleicht sogar 50 umbrachte.

Haarmann fand seine Opfer am Hauptbahnhof von Hannover, von wo aus er junge männliche Prostituierte oder Ausreißer in seine Wohnung lockte. Dort vergewaltigte er sie und biss ihnen die Kehle durch. Er zerstückelte er die Leichen und verkaufte vermutlich einen Teil als Schweinefleisch auf dem Schwarzmarkt.

Der 1879 geborene Friedrich liebte seine Mutter, hasste aber seinen Vater, der ihn für schwachsinnig hielt. Anfangs war der Kleinkriminelle am Hauptbahnhof tätig. Die Angestellten der dortigen Suppenküche sahen ihn als Teil des Teams an, und für die Polizei war er ein nützlicher Informant.

Im September 1918 mussten sie ihn jedoch genauer befragen, als bekannt wurde, dass ein vermisster 17-Jähriger zuletzt in seiner Gesellschaft gesehen worden war. Haarmann wurde entlastet. Sechs Jahre später bei seinen Prozess prahlte Haarmann: „Als die Polizei meine Wohnung durchsuchte, lag der Kopf des Jungen in Zeitungspapier gewickelt hinter dem Ofen." Haarmann hielt sich nun für unbesiegbar. Im folgenden Jahr tat er sich mit einem homosexuellen Liebhaber, dem 20-jährigen Hans Grans, zusammen, der die Opfer für Haarmann auswählte. Grans machte ein Geschäft damit, die Kleidung der getöteten Jungen zu verkaufen, und gab seinem Partner Anweisungen, bestimmte Jungen zu töten, weil ihm deren Kleidung gefiel.

Während die Zeitungen hysterisch über den „Werwolf von Hannover" schrieben und behaupteten, dass innerhalb eines Jahres 600 Menschen verschwunden wären, erhärtete sich der Verdacht gegen Haarmann. Im Juni 1924 durchsuchte die Polizei seine Wohnung und entdeckte blutbespritzte Wände und Haufen von Kleidern in verschiedenen Größen. Haarman brach zusammen und gestand.

Bei ihrem Prozess im Dezember 1924 wurden Haarmann und Grans für den Mord an 27 Jungen schuldig gesprochen. Grans erhielt lebenslange Haft, saß zwölf Jahre seiner Strafe ab und starb Anfang der 1980er-Jahre in Hannover. Haarmann wurde zum Tod verurteilt und kurz darauf durch die Guillotine enthauptet.

OBEN: Der „Werwolf von Hannover", Fritz Haarmann, tötete mindestens 27, vielleicht sogar 50 Jungen und junge Männer.

John Haigh

John Haigh liebte den Titel, den ihm die Presse gegeben hatte: der „Säuremörder". Er verwendete Schwefelsäure, um die Beweise seiner Verbrechen loszuwerden, und hätte er nicht eine kleine Sache übersehen, hätte er vermutlich noch viele weitere Menschen getötet. Es war sein Irrglaube, dass man eine Leiche mithilfe von Chemikalien komplett loswerden konnte, der ihn 1949 an den Galgen brachte.

Der tödliche Charme des „Säuremörders"

John George Haigh war ein Charmeur. 1909 geboren, wuchs er in einem Dorf in Yorkshire bei Eltern auf, die der Brüderbewegung angehörten. Der kleine John war ein guter Schüler und Chorknabe. Als er mit 21 seinen Job verlor, weil er Geld gestohlen

OBEN: Dr. Archibald Henderson und seine Frau Rose 1944 im Urlaub. Beide fielen dem Säuremörder zum Opfer.

OBEN: Haigh wird am 1. April 1949 mit Handschellen an einen Polizisten gefesselt in das Amtsgericht von Horsham gebracht.

OBEN: Haighs brutale Verbrechen beherrschten am 3. März 1949 die Schlagzeilen des *Daily Express*.

hatte, wandte er sich der Fälscherei und dem Betrug zu und spezialisierte sich darauf, Autos zu verkaufen, die ihm nicht gehörten. Als das Geld hereinkam, leistete er sich einen Sportwagen und eine hübsche Frau. Beide verlor er, als er 1934 und 1938 wegen Betrugs ins Gefängnis kam. Im trostlosen Gefängnis von Dartmoor begann Haigh, Chemie zu studieren. Beim dortigen Spengler, für den er arbeitete, hatte er Zugriff auf Schwefelsäure, und so entstand die Idee, Leichen in Säure aufzulösen. Er experimentierte mit kleinen Tieren, die Mitgefangene von Arbeitseinsätzen mitbrachten. Sorgfältig notierte er, wie lange es dauerte, ihr Fleisch und ihre Knochen vollständig aufzulösen.

Nachdem er 1944 freikam, zog Haigh nach London, machte sich mit der Reparatur von Flipperautomaten

selbstständig und arbeitete von einem Keller aus. Sein erstes Opfer war der Wehrdienstverweigerer Donald McSwann, dem er im September 1944 den Schädel einschlug. Dann legte er die Leiche in ein 180-l-Fass, das mit Schwefelsäure gefüllt war. Das Bisschen, was von McSwann übrig blieb, goss er in den Abfluss.

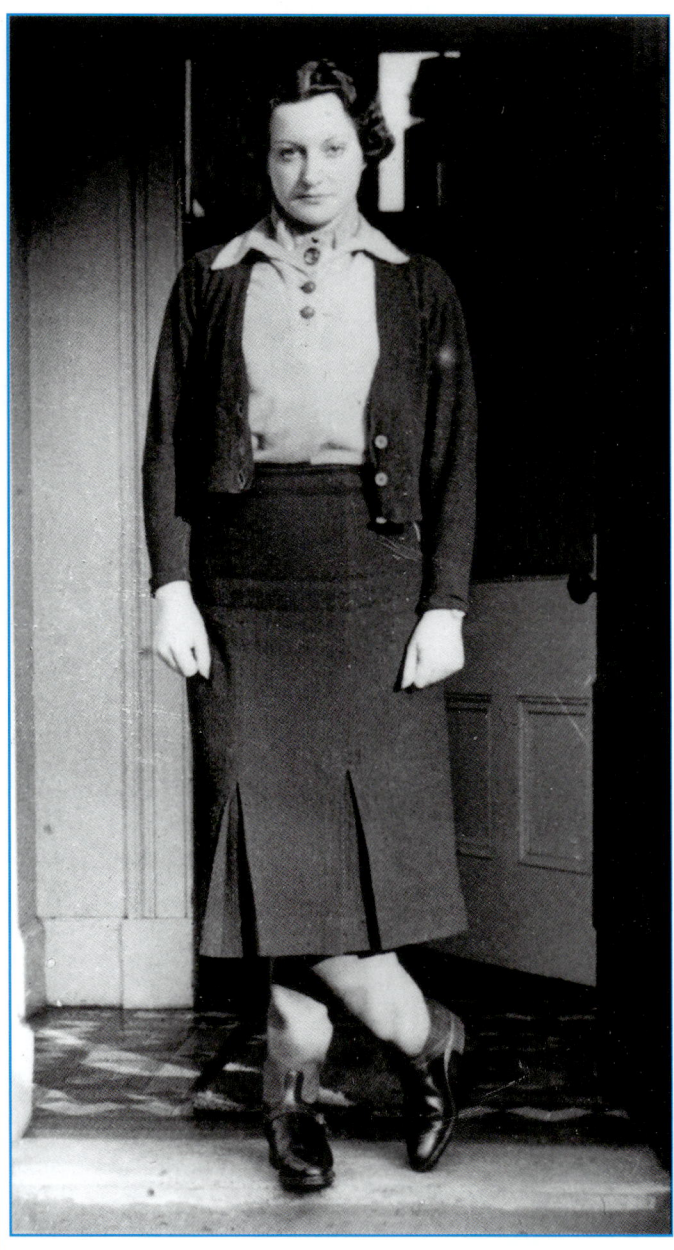

OBEN: Rose Henderson 1945. Nachdem er Rose und ihren Mann getötet hatte, veruntreute Haigh mit gefälschten Papieren 7.000 Pfund.

Haigh benachrichtigte die Eltern des jungen Mannes, den reichen Geschäftsmann William und seine Frau Amy, dass ihr Sohn sich versteckt hätte, um nicht in den Krieg zu müssen. Als sie bei ihm auftauchten, um mehr darüber zu erfahren, wurden sie getötet, aufgelöst und in den Abfluss gegossen. Mit gefälschten Papieren besorgte sich Haigh 4.000 Pfund ihres Vermögens und zog ins Onslow Court Hotel. Mit dem Geld kam die Spielsucht, und bald wuchsen Haighs Schulden. Er brauchte weitere Opfer.

Der Killer hatte seine Werkstatt inzwischen nach Crawley, Sussex, verlegt. Im Februar 1948 lockte er den Londoner Arzt Archibald Henderson und dessen Frau Rose hinein, tötete sie und übergab ihre Leichen dem Säurebad. Dann veruntreute er 7.000 Pfund.

Haighs letztes Opfer war eine Mitbewohnerin im Onslow Court Hotel, die 69-jährige Witwe Olive Durand-Deacon. Im Februar 1949 lockte er sie nach Crawley, erschoss sie und steckte sie ins Säurebad. Den Schleim goss er hinter der Werkstatt aus. Diesmal hatte Haigh jedoch übereilt gehandelt. Als die Polizei auf Hinweise eines Freundes der Witwe, der von ihrem Treffen mit Haigh wusste, dort suchte, fand sie Knochenteile und falsche Zähne, die sich nicht aufgelöst hatten.

Obwohl die Polizei Haigh in 15 Mordfällen verdächtigte, gestand er nur sechs. Die Jury sprach ihn in 17 Minuten schuldig, und am 10. August 1949 wurde der tödlich charmante Betrüger im Londoner Gefängnis Wandsworth gehängt.

OBEN: Eine Menschenmenge hat sich vor dem Gefängnis Wandsworth versammelt und wartet auf Neuigkeiten von der Hinrichtung.

Archibald Hall

Archibald Thompson Hall wurde mit 16 von einer älteren Frau verführt. Sie wohnten in den besten Hotels und speisten in den feinsten Restaurants. Da beschloss Hall, dass dieser Lebensstil von nun an seiner sein sollte.

Es war der Butler – grausam und elegant

Seine jugendlichen Missetaten waren noch harmlos. So sammelte er für das Rote Kreuz, behielt aber das meiste Geld für sich. Von da war es nur ein kleiner Schritt zu echtem Diebstahl. 1943, mit 19, begann er

OBEN: Hall beging seinen ersten Mord, nachdem er 1977 aus dem Gefängnis entlassen worden war.

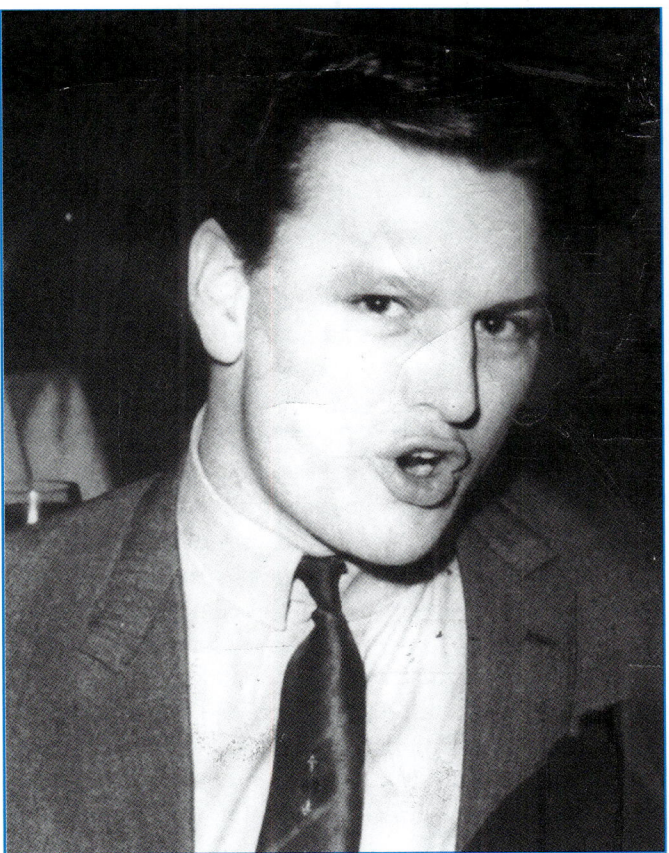

OBEN: Archibald Hall, aka Roy Fontaine, ein falscher Butler, dessen Sehnsucht nach dem süßen Leben ihn zum Mörder machte.

eine Verbrechensserie, die ihn mehrfach ins Gefängnis und zweimal in eine Heilanstalt brachte.

1951 erfand Hall sich als „Roy Fontaine" neu und wurde ein echter „Gentleman". Mit gefälschten Papieren besorgte er sich eine Stelle als Butler, die es ihm erlaubte, das schöne Leben zu leben, nach dem er sich sehnte. In den nächsten fünf Jahren fing er u. a. die Einladung zu einer königlichen Gartenparty ab, wo er die Königin kennenlernte, gab sich als reicher Araber aus und spielte die Rolle des reichen Amerikaners, um Zutritt zu exklusiven Veranstaltungen zu bekommen.

1956 holte ihn ein eine Reihe von Diebstählen bei Arbeitgebern ein, und er wurde zu 30 Jahren Haft verurteilt. 1963 kam Hall auf Bewährung frei, wurde im nächsten Jahr wieder inhaftiert, brach aus und war zwei Jahre auf der Flucht, bevor man ihn wieder fasste.

1977 war er wieder draußen und bekam durch seine üblichen Tricks eine Stelle als Butler bei der schottischen Lady Peggy Hudson. Auf seine Empfehlung hin wurde sein homoxeueller Liebhaber aus dem Gefängnis, David Wright, als Gärtner angestellt. Wright hatte die Stelle jedoch nicht lang, denn als die beiden sich stritten, erschoss ihn Hall und vergrub ihn.

Halls nächster Posten war in London bei dem ehemaligen Abgeordneten Walter Scott-Elliott und dessen Frau Dorothy. Da Scott-Elliott krank war, war er ein leichtes Opfer für Hall und seine zwei Komplizen Mary Coggle und Michael Kitto. Als Mrs. Scott-Elliott die beiden Männer in ihrem Schlafzimmer erwischte, erstickte Hall sie. Die Leiche wurde in den Kofferraum des Wagens verfrachtet, und den betäubten alten Mann legten sie auf den Rücksitz. Sie fuhren mit beiden nach Schottland, wo sie den alten Herrn töteten und beide vergruben.

Halls nächstes Opfer war seine Komplizin Coggle, die sich weigerte, Mrs. Scott-Elliots Schmuck wieder herzugeben. Sie wurde umgebracht und in einen Fluss geworfen. Die übrigen zwei Bösewichte kehrten nach England zurück. Auf dem Weg hielten sie bei Halls verhasstem Halbbruder Donald, einem Pädophilen, der gerade aus dem Gefängnis gekommen war. Hall betäubte ihn mit Chloroform und ertränkte ihn in der Badewanne. Mit einer neuen Leiche im Kofferraum fuhren Hall und Kitto nach Schottland zurück, wo bei einer Pause ein misstrauischer Hotelmanager die Polizei rief. Das Duo wurde verhaftet und in London und Edinburgh zu lebenslangen Haftstrafen verurteilt, Hall ohne Aussicht auf Bewährung.

In der Zelle schrieb Archibald Hall 1999 seine Biografie *A Perfect Gentleman*. Er starb 2002 im Alter von 78 Jahren im Gefängnis.

Donald Harvey

Wie Donald Harvey jemals eine Stelle in einem Krankenhaus bekam, ist für die Familien seiner Opfer ein Rätsel. 1987 gestand er, zwischen 85 und 100 Patienten getötet zu haben. Aufgrund seines Geisteszustands war es schwierig, Fakten von Fiktion zu trennen, und in drei Verfahren wurde er für 40 Morde verurteilt.

Der Fluch des „Todesengels"

Harvey, ein 1952 in Booneville in den Appalachen geborener Homosexueller, war vom Okkulten fasziniert. Außerdem interessierte er sich für alles, was mit Medizin zu tun hatte. Mit 18 nahm er eine Stelle als Hilfspfleger im Marymount Hospital von London in Kentucky an. Später gestand er, dass er dort innerhalb von zehn Monaten zwölf Patienten erstickte oder ihren Sauerstoff abstellte, um sie „zu erlösen".

1972 ging er zur US Air Force, wurde aber weniger als ein Jahr später wieder entlassen und in das Veterans' Administration Medical Center in Lexington eingewiesen, um ihn durch Elektroschocktherapie von seinen geistigen Störungen zu heilen. Unbeeindruckt von diesen Behandlungen vertuschte Harvey seine medizinische Vorgeschichte, nahm zwei Stellungen als Hilfspfleger in Krankenhäusern von Lexington an und arbeitete zudem als Büroangestellter in einer Klinik in Fort Thomas. Aus dieser Zeit gibt es keine Aufzeichnungen über von ihm verursachte Todesfälle, aber als er 1975 nach Ohio zog und im Cincinnati Veterans' Association Medical Center in verschiedenen Jobs arbeitete, ging das Morden wieder los.

OBEN: Donald Harvey vor Gericht. Der Ankläger in Cincinnati nannte ihn einen „zwanghaften" Mörder.

Zehn Jahre konnte Harvey ungestört morden. 1985 wurde er vom Wachpersonal durchsucht, das bei ihm Spritzen, Geräte zum Kokainschnupfen und eine Pistole Kaliber 38 fand. Er musste $ 50 Strafe bezahlen und wurde entlassen – was ihn nicht daran hinderte, in einem anderen Krankenhaus unterzukommen. Innerhalb weniger Monate trat er eine neue Stelle als Hilfspfleger im Drake Memorial Hospital an.

Nun starben regelmäßig Patienten durch Harveys Hand. Er spritzte ihnen Luft, streute Rattengift über ihr Essen, stellte lebenserhaltende Maschinen ab oder erstickte sie mit Plastiktüten oder nassen Handtüchern. Manchmal führte er einen aufgebogenen Kleiderbügel in Katheter ein, der Bauchhöhlenpunktionen verursachte und zu einer Bauchfellentzündung führte. Seine liebste Methode war jedoch das Vergiften mit Arsen, Zyanid, Insulin, Morphium oder Flüssigkeiten, die mit Hepatitis B oder HIV verseucht waren.

Harveys Kollegen nannten ihn den „Todesengel", weil in seinen Schichten so viele Patienten starben. Erst eine Autopsie an einem Opfer brachte die Behörden auf die Spur des Killers. Im April 1987 wurde Harvey verhaftet. Man entdeckte, dass er über seine Morde Protokoll geführt hatte. Daraus ließ sich erkennen, dass er in den zehn Jahren am Cincinnati Veterans' Association Medical Center 15 Patienten ermordet hatte. In den 13 Monaten am Drake fielen ihm weitere 23 zum Opfer. Zudem hatte er versucht, nach einem Streit seinen Liebhaber Carl Hoeweler zu töten. Hoeweler kam zwar ins Krankenhaus, überlebte jedoch, genau wie seine Mutter, der Harvey auch Gift gegeben hatte. Auch sein Vater kam mit ähnlichen Symptomen in die Klinik und starb nach einem Besuch Harveys.

Als der Prozessauftakt nahte, versuchte er durch Vereinbarungen mit der Staatsanwaltschaft die Todesstrafe zu vermeiden. Um seine Geisteskrankheit zu beweisen gestand er zuerst 33 Morde, dann 50 und schließlich gar mehr als 80. Die Sicht der Staatsanwaltschaft war jedoch eindeutig: „Er ist normal und verhandlungsfähig, aber ein zwanghafter Mörder."

Am 18. August 1987 erhielt Harvey für 25 Morde viermal 20 Jahre bis lebenslänglich. Bei einem weiteren Verfahren in Kentucky wurde er für zwölf Morde zu achtmal lebenslänglich verurteilt. Zurück in Ohio bekannte er sich für drei weitere Morde sowie drei Mordversuche schuldig und erhielt noch dreimal lebenslänglich. Insgesamt bekannte er sich zu 40 Morden, weit weniger als die 87, die er zuletzt gestanden hatte. Da Harvey seine Morde 17 Jahre lang verbergen konnte, wird ihr wahres Ausmaß wohl nie bekannt werden.

Javed Iqbal

Javed Iqbal vollendete seine 700-jährige Gefängnisstrafe natürlich nicht. Am Morgen des 8. Oktober 2001 wurde Pakistans schlimmster Serienmörder tot in seiner Zelle im Gefängnis von Kot Lakhpat aufgefunden. Iqbal und einer seiner Komplizen, Shahzad Sajid, hatten sich scheinbar mit Bettlaken erhängt, obwohl ihr Tod verdächtig wirkte. Die Autopsien ergaben, dass sie kurz zuvor verprügelt worden waren.

Brief an eine Zeitung: „Ich tötete 100 Kinder!"

Iqbal (Javed Iqbal Mughal) wurde 1956 in Lahore geboren und wuchs im Wohlstand auf, da sein Vater ein erfolgreicher Geschäftsmann war. Der Sohn trat in dessen Fußstapfen. Im Dezember 1999, mit 42 Jahren, schrieb er plötzlich einen völlig unerwarteten Brief an eine Zeitung in Lahore. Darin gestand er, 100 Kinder umgebracht zu haben, und verspottete die Polizei, weil sie ihn nicht gefasst hatten. Dann floh er.

Der Flüchtling wurde zum Ziel der größten Menschenjagd Pakistans. Nach einem Monat stellte er sich in einer Zeitungsredaktion, wo er den Journalisten erzählte, dass er fürchtete, die Polizei würde ihn umbringen. Angeblich sagte er auch: „Ich bereue nichts. Ich

RECHTS: Javed Iqbal war Pakistans schlimmster Serienkiller. „Ich tötete 100 Kinder", prahlte er. „Ich hätte 500 töten können."

habe 100 Kinder getötet. Ich hätte auch 500 umbringen können. Es war gar kein Problem. Ich schwor aber, 100 zu töten, und diesen Schwur wollte ich nicht brechen."

Obwohl er sein Geständnis zurückzog, waren die Beweise gegen ihn erdrückend. In einem irrsinnigen Amoklauf holte er sich Kinder von den Straßen Lahores, vergewaltigte, erwürgte und zerstückelte sie. Seine 100 Opfer waren zwischen acht und 16 Jahren alt. In seinem Brief behauptete er, die Leichen — meist Ausreißer oder Waisen — in Fässern mit Salzsäure aufgelöst und die Überreste in einen Fluss gekippt zu haben.

Die Polizei durchsuchte seine Dreizimmerwohnung und entdeckte Blutflecken an den Wänden und auf dem Fußboden sowie an einer Kette, mit der er viele seiner Opfer erwürgt hatte. Sie fand auch ein riesiges Säurefass und die Überreste von zwei Kindern. Iqbal hatte jedoch von vielen Kindern Fotos gemacht. Nur 25 der Opfer wurden durch ihre Eltern identifiziert, meist anhand ihrer Habseligkeiten, die der Mörder in fünf Säcken aufbewahrt hatte.

Vier Komplizen — Teenager, die bei Iqbal wohnten — wurden ebenfalls verhaftet. Einer von ihnen starb in Polizeigewahrsam — angeblich sprang er aus dem Fenster. Als die anderen drei im März 2000 mit Iqbal vor Gericht gestellt und wegen Entführung, Mord und Sodomie angeklagt wurden, bekannten sie sich nicht schuldig — so wie Iqbal erstaunlicherweise auch.

Beim Prozess sagte einer der Helfer, der 19-jährige Shahzad Sajid, aus, Schwefel- und Salzsäure besorgt zu haben, um die Fässer seines Herrn zu füllen. Am 16. März 2000 wurde Iqbal für 100 Morde und Sajid für 98 schuldig befunden. Der dritte Angeklagte, zum Zeitpunkt der Verhaftung 15 Jahre alt, wurde der Beihilfe zu 13 Morden und der Jüngste, erst 13 Jahre alt, der Beihilfe zu drei Morden für schuldig befunden. Sie erhielten Haftstrafen in Höhe von 162 und 42 Jahren.

Dann verurteilte der Richter die beiden Erwachsenen zu lebenslanger Haft. Iqbal erhielt ausdrücklich 700 Jahre, sieben Jahre für jeden Mord. Anschließend fügte der Richter hinzu, er wünschte, er könnte unter islamischem „Qisas"-Recht eine dem Verbrechen angemessene Strafe verhängen — bei der das Duo vor den Familien der Opfer in einem Park öffentlich erwürgt, in 100 bzw. 98 Stücke gehackt und dann in Säure aufgelöst woren wäre.

Colin Ireland

Colin Ireland machte den Schritt vom morbiden Tagträumer zum Serienmörder ganz bewusst. Der von Londons Regenbogenpresse als „Schwulenkiller" betitelte Ireland genoss seinen Ruf. Wenn über seine Verbrechen berichtet wurde, rief er bei der Polizei an und verspottete sie. „Ich habe das Buch", behauptete er einmal. „Ich weiß, wie viele man töten muss." Das „Buch" war das FBI-Handbuch, in dem es hieß, dass nur jemand mit mehr als vier Opfern als Serienmörder gilt. Diesen „Ruhm" wollte Colin Ireland unbedingt erlangen — weshalb er nach seinem fünften Opfer freudig angab: „Ich hab noch einen erledigt!"

Die kranke Rache des Schwulenmörders

Ireland war ein Einbrecher und Räuber, der sich für das Jahr 1993 vornahm, zum Serienmörder zu werden.

Mit seinen zwei gescheiterten Ehen behauptete er, ein ganz „normaler Typ" zu sein, aber sein krankhafter Hass auf Homosexuelle sagte etwas anderes aus. Als er Weihnachten 1992 nach einem Streit mit einem homosexuellen Mann seinen Job in einem Obdachlosenheim verlor, begann er seinen Rachefeldzug.

Auf Rache sinnend begann Ireland, den Coleherne-Pub in Londons Earls Court zu frequentieren, wo er am

9. März 1993 den 45-jährigen Theaterregisseur Peter Walker kennenlernte und zu einer sadomasochistischen Sexparty in dessen Wohnung eingeladen wurde. Dort fesselte Ireland ihn, peitschte ihn aus und erstickte ihn mit einer Plastiktüte. Zwei Tage später rief er eine Wohlfahrtsorganisation an und bat darum, dass jemand vorbeiginge, um Walkers zwei Hunde zu füttern.

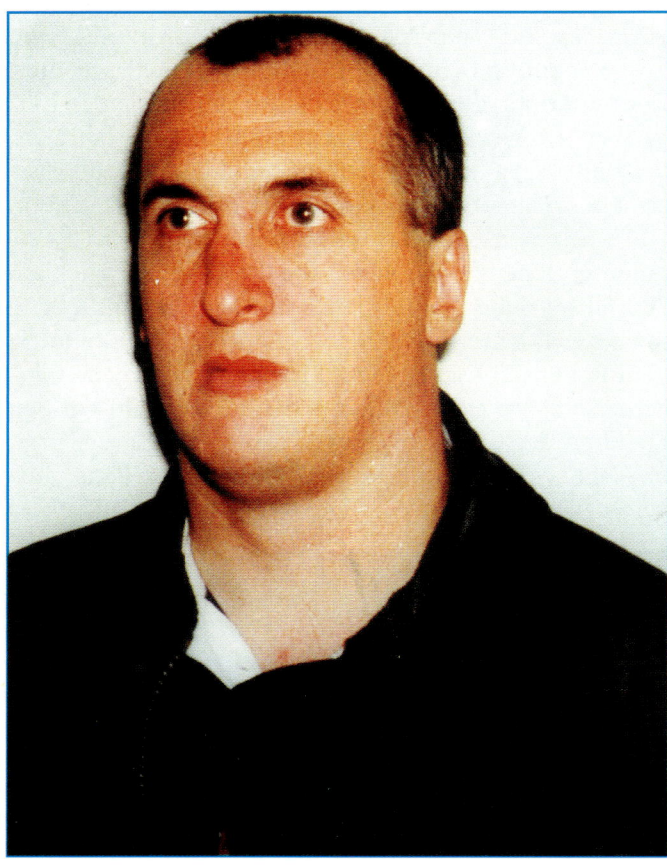

OBEN: Fahndungsfoto des „Schwulenmörders" Colin Ireland, der sich für das Jahr 1993 vornahm, zum Serienmörder zu werden.

Am 29. Mai schlug Ireland wieder zu, nachdem der 37-jährige Bibliothekar Chris Dunn ihn zu sich eingeladen hatte. Ireland fesselte ihn mit Handschellen ans Bett, schlug ihn mit einem Gürtel, hielt ein Feuerzeug an seine Hoden und erwürgte ihn dann.

Irelands nächste tödliche Attacke richtete sich gegen Perry Bradley III., den 35-jährigen Sohn eines amerikanischen Kongressabgeordneten, der den Mörder am am 4. Juni in sein Appartement in Kensington einlud. Bradley ließ sich bereitwillig fesseln – dann erwürgte ihn Ireland. Vier Tage später ging er ähnlich vor. Andrew Collier, ein 33-jähriger Aufseher in einem Altenheim, wurde mit gespreizten Armen und Beinen an sein eigenes Bett gefesselt, verprügelt und erwürgt.

Erfreut über die Art, wie über seine Verbrechen berichtet wurde, aber auch beleidigt, weil die Polizei seinen „Kreuzzug" anscheinend nicht wirklich ernst nahm, rief Ireland bei Scotland Yard und verspottete sie: „Interessiert euch der Tod eines Homosexuellen gar nicht? Ich werde noch einen erledigen. Ich habe immer davon geträumt, den perfekten Mord zu begehen."

Irelands letzter Mord war jedoch alles andere als perfekt. Am 13. Juni folterte und erwürgte er den 42-jährigen Koch Emmanuel Spiteri. Innerhalb von Tagen kannte die Polizei das Gesicht des Killers, da er von einer Überwachungskamera gefilmt worden war. Bei der Festnahme erkannte sie die Stimme von den anonymen Anrufen. Ein Fingerabdruck aus Colliers Wohnung diente als weiterer Beweis.

Im Dezember 1993 wurde Ireland zu fünfmal lebenslänglich verurteilt, nachdem Oberrichter Sachs zu ihm gesagt hatte: „Die Angst, Brutalität und Unwürde, der Sie Ihre Opfer ausgesetzt haben, ist unaussprechlich. Sie wollten als Serienkiller gesehen werden, und das muss sich in Ihrer Strafe widerspiegeln."

Jack The Ripper

Er ist einer der berüchtigsten Serienmörder, obwohl er nur kurze Zeit aktiv war und auch nur fünf Opfer hatte. Trotzdem fasziniert Jack the Ripper noch immer sowohl Experten als auch Hobbydetektive und gibt ihnen Rätsel auf. Über hundert Jahre später durchstöbern sie die alten Akten auf Hinweise, um dem brutalen Mörder aus dem Londoner East End endlich einen Namen zu geben.

Die Frage bleibt offen: Wer war „Jack The Ripper"?

Sicher ist, dass er (oder sie?) durch die Präzision, mit der die Opfer verstümmelt und ausgeweidet wurden, bewies, sich mit Anatomie auszukennen. Jedem Opfer war die Kehle durchgeschnitten worden. Außerdem war es ausgeweidet und die Därme entfernt worden.

Zum ersten Mal schlug Jack am 31. August 1888 zu. Opfer war die 42-jährige Prostituierte Mary Ann Nichols, genannt „Pretty Polly". Der Polizeiarzt berichtete, dass „nur ein Verrückter das getan haben konnte" und kommentierte die Kunstfertigkeit, mit der er das Skalpell benutzt hatte. Anwohner waren so entsetzt, dass sie die Umbenennung ihrer Straße forderten. Sie erhielt den Namen „Durward Street", existiert aber nicht mehr.

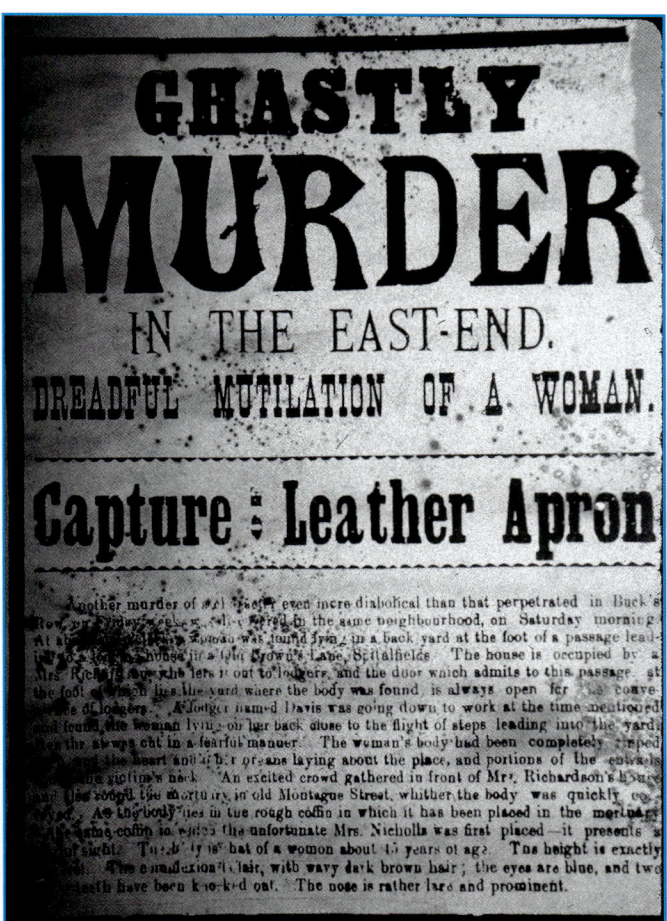

OBEN: Ein Zeitungsartikel vom 8. September 1888 über den Tod Annie Chapmans.

Oben: Bucks Row, in Durward Street umbenannt, wo die Leiche des ersten Ripper-Opfers, Mary Ann Nichols, gefunden wurde.

Nur eine Woche später holte sich Jack das nächste Opfer, die 47-jährige „Dark Annie" Chapman. Ihre ausgeweidete Leiche lag neben ihren Habseligkeiten und ihren noch dampfenden Eingeweiden. Danach erhielt eine Zeitung in der Fleet Street einen Brief, der angeblich von Jack stammte. Er schrieb, er hätte sich auf Prostituierte spezialisiert und würde nicht aufhören, bis man ihn fasste. Außerdem würde er dem nächsten Opfer die Ohren abschneiden, „nur aus Spaß".

Opfer Nummer drei war die 44-jährigen Elizabeth „Long Liz" Stride, die man am 30. September in Whitechapel fand. Obwohl ihre Kehle durchgeschnitten war, war der Körper intakt. Vermutlich war Jack gestört worden. Er schlug am gleichen Tag noch einmal zu. Catherine Eddowes, 46, eine Trinkerin, die

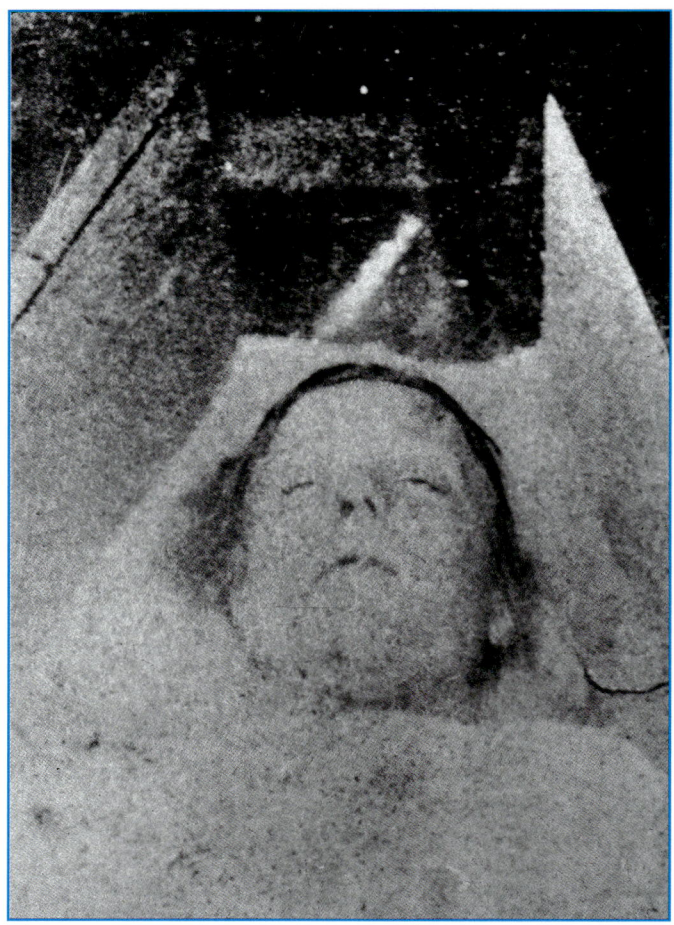

OBEN: Die 42-jährige Prostituierte Mary Ann Nichols – bekannt als „Pretty Polly" – im Leichenschauhaus.

nung, wodurch Jack Zeit hatte, sie in aller Ruhe zu verstümmeln. Ihre Überreste wurden am nächsten Tag von ihrem Vermieter entdeckt. Nun wartete London mit angehaltenem Atem, aber die Morde hatten aufgehört.

Die Faszination mit diesem Fall hält hingegen bis heute an. Es gibt zahllose Publikationen, Fernsehsendungen und Filme zu dem Thema, die alle darüber spekulieren, wer Jack wohl war. Mehrere Autoren favorisieren Montagu John Druitt, einen verarmten Anwalt mit medizinischem Wissen. Seine Leiche wurde einige Wochen nach dem Mord an Mary in der Themse gefunden. Nach einer anderen Theorie war Jack eine Jill, eine verrückte Hebamme und Engel-

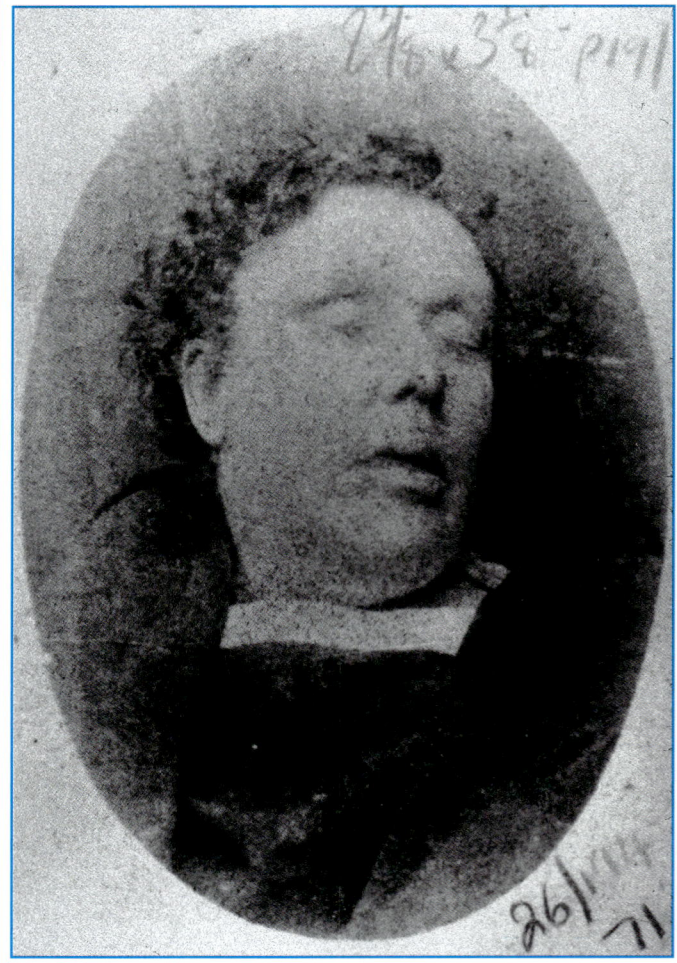

OBEN: Neben der Leiche Annie Chapmans lagen ihre noch dampfenden Eingewiede, d. h. sie war erst kurz zuvor getötet worden.

gerade aus Polizeigewahrsam entlassen worden war, wurde ausgeweidet gefunden. Ihre Gedärme hatte man ihr über die Schultern gelegt. Wie versprochen fehlten ihre Ohren. An einer Wand stand mit Kreide geschrieben: „Die Juden werden nicht umsonst beschuldigt". Das entzündete die Theorie, die Morde würden von einem jüdischen Schlachter begangen. Andere glaubten, der Killer müsse Chirurg oder Fleischer sein. Inspector Robert Sagar, ein führender Ermittler, bekannte später, dass einer der Hauptverdächtigen in der Butcher's Row in Aldgate lebte. Er wurde überwacht, aber seine Freunde ließen ihn in eine private Anstalt einweisen. Danach hörten die Morde auf.

Mary Kelly war mit 25 das jüngste und letzte Opfer des Rippers. Sie starb am 9. November in ihrer Woh-

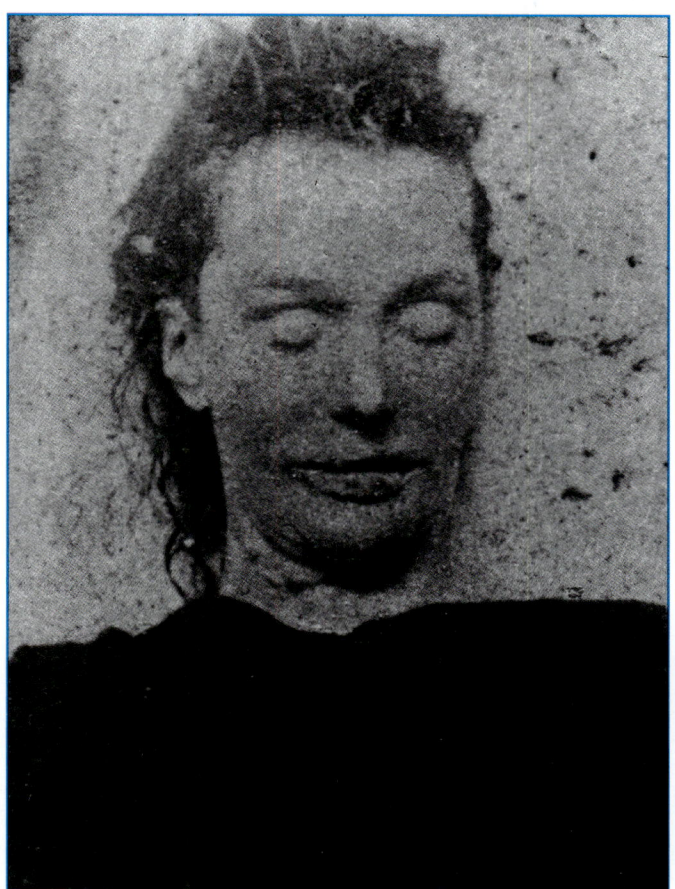

OBEN: Die Leiche Elizabeth Strides. Man hatte ihr nur die Kehle durchgeschnitten – vermutlich war der Täter gestört worden.

Morde und besaß alle Artikel, die zu diesem Thema veröffentlicht wurden.

Ein Tagebuch, das 1993 in Liverpool entdeckt wurde, sollte angeblich beweisen, dass James Maybrick, ein reicher Baumwollhändler, die Morde begangen hatte. Krimiautorin Patricia Cornwell verdächtigte Walter Sickert, einen Künstler, dessen Werke die Tatorte widerspiegelten. 1996 wurde der amerikanische Doktor Tumblety in einer Fernsehdokumentation verdächtigt. Angeblich hatte er angefangen zu töten, nachdem er entdeckte, dass seine Frau als Prostituierte arbeitete. In seinem Nachlass fand man u. a. eine Sammlung konservierter weiblicher Fortpflanzungsorgane.

Jedes Jahr unternehmen Tausende in London eine geführte Tour zu den Tatorten. Nach so langer Zeit und endlosen Spekulationen bleibt die wichtigste Frage trotzdem unbeantwortet: Wer war Jack the Ripper?

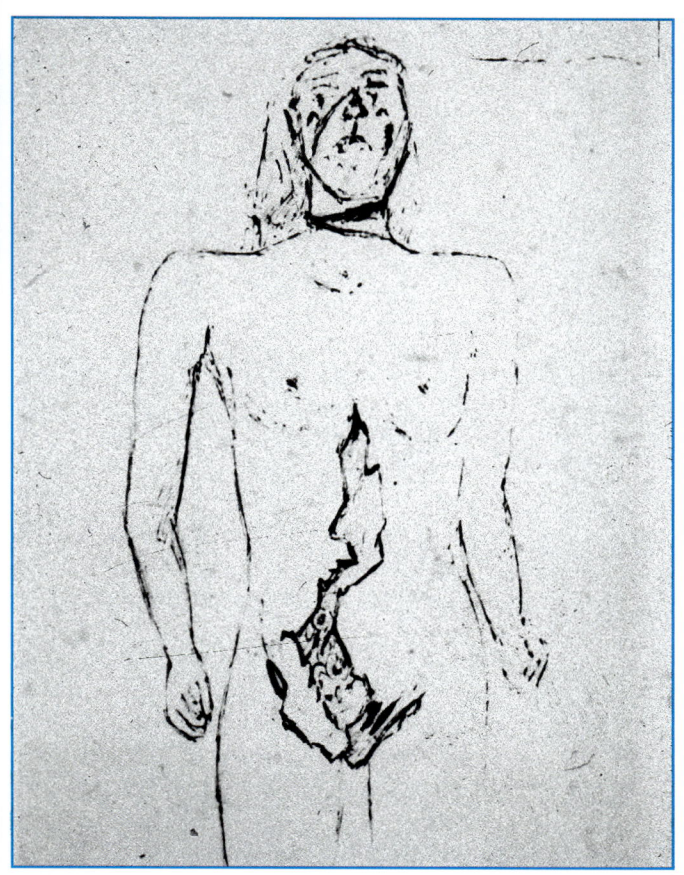

OBEN: Autopsiezeichnung des verstümmelten Körpers des vorletzten Ripper-Opfers Catherine Eddowes.

macherin. Weitere Kandidaten waren William Bury, der fünf Monate nach dem letzten Ripper-Mord wegen Mordes an einer Prostituierten gehängt wurde, und Aaron Kosminski, ein polnisch-jüdischer Friseur, der Prostituierte hasste. Sogar Prinz Albert, ein Enkel der Königin, geriet unter Verdacht. Man glaubte, er sei durch eine Geschlechtskrankheit verrückt geworden.

Autor Melvin Harris benannte Robert D'Onston Stephenson als Hauptverdächtigen in seinem anerkannten Buch *Jack the Ripper. Die blutige Wahrheit*. Stephenson war von schwarzer Magie besessen, hatte medizinische Erfahrung und damit geprahlt, in Westafrika eine Schwarze umgebracht zu haben. Harris glaubte, Stephenson tötete seine Frau, die 1887 verschwand, und kam so auf den Geschmack. Stephenson wurde zum selbsternannten Experte für die Ripper-

Jack the Stripper

Unter all dem Glanz und Gloria der Swinging Sixties war London eine Stadt voller Angst, denn 70 Jahre nach der Terrorherrschaft Jack the Rippers ging das Ganze von vorn los. Und wie sein mysteriöser Vorgänger wurde auch dieser Schlächter – „Jack the Stripper" genannt – niemals gefasst.

Starb "Jack The Stripper" vor Scham?

Das vermutlich erste Opfer war die Prostituierte Elizabeth Figg, die im Juni 1959 aus der Themse gefischt wurde. Sie war erwürgt worden. Ein weiteres wahrscheinliches Opfer war die 22-jährige Gwyneth Rees, die im November 1963 in einem flachen Grab am Themseufer gefunden wurde. Sie war vergewaltigt worden und außer einem Strumpf nackt.

Im Februar 1964 wurde die Leiche Hannah Tailfords, 30, aus dem Fluss gezogen. Sie war – abgesehen von ihren Strümpfen – nackt, und man hatte ihr ihren Schlüpfer in den Hals gestopft. Als im April die nackte Leiche einer weiteren Prostituierten, der 26-jährigen Irene Lockwood, in der Themse gefunden wurde, klingelten bei Scotland Yard die Alarmglocken. Allerdings

OBEN: Detective Superintendent William Marchant von Scotland Yard mit den Phantombildern der Hauptverdächtigen.

OBEN: Ein Polizist mit jungen Helfern in der Nähe des Fundorts von Gwyneth Rees auf dem Treidelpfad an der Themse.

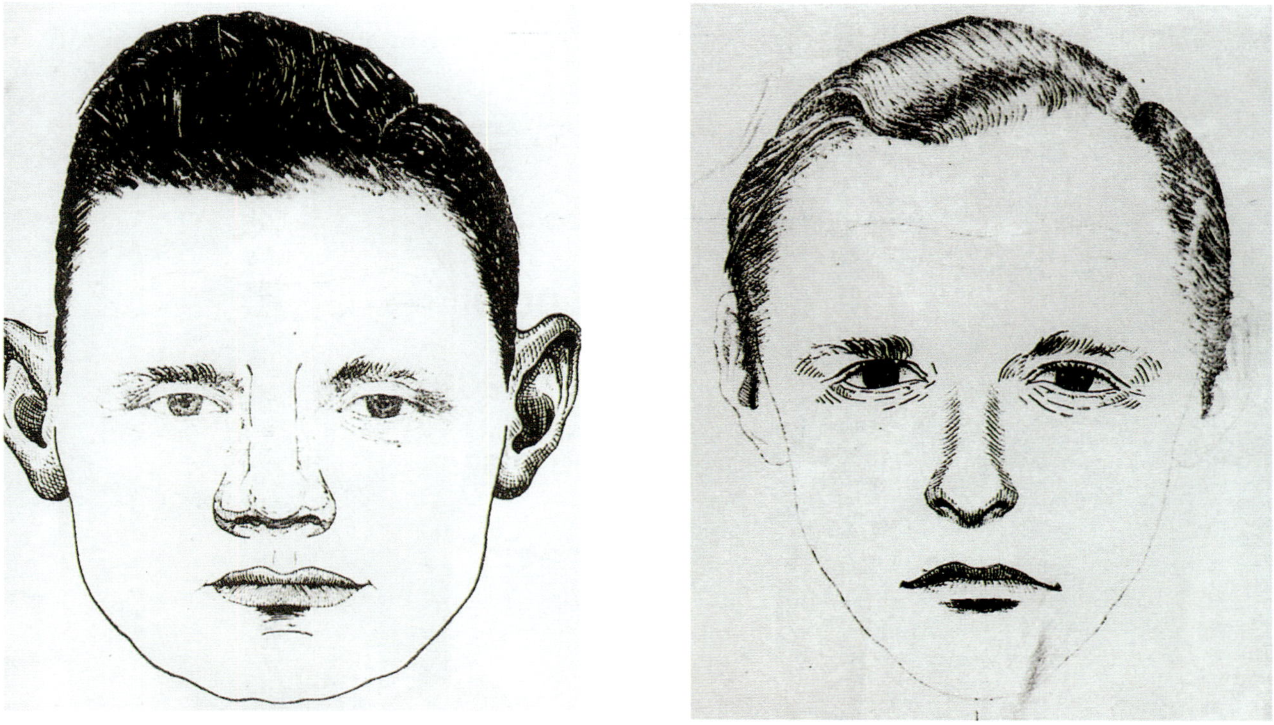

OBEN: Da der Stripper niemals gefasst wurde, ist nicht klar, ob diese Phantombilder akkurat waren.

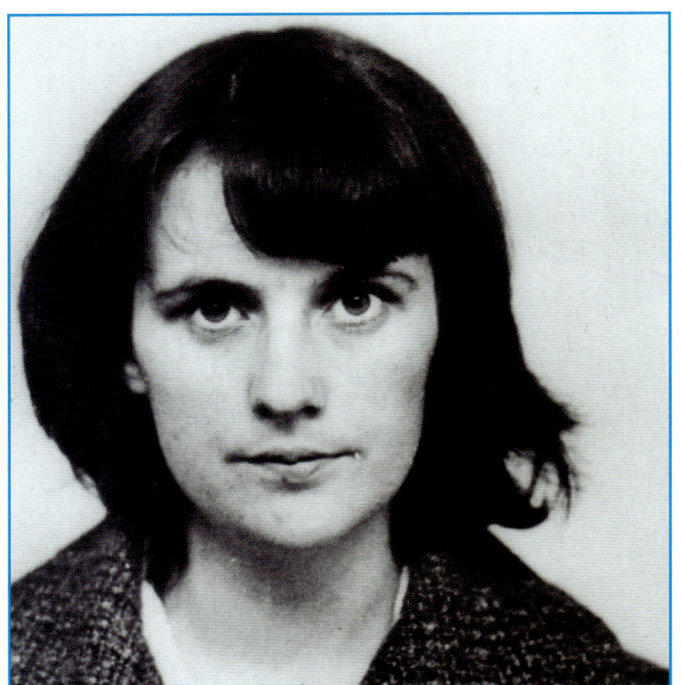
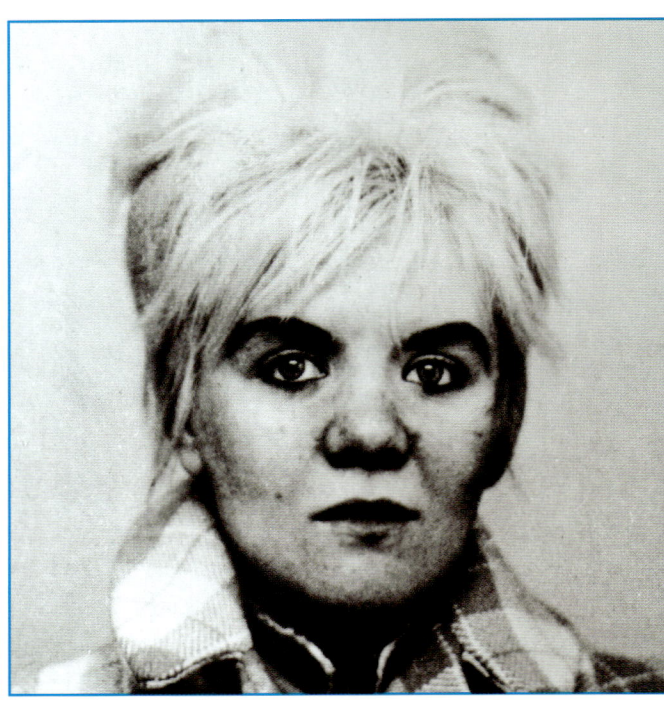

IM UHRZEIGERSINN VON OBEN LINKS: Gwyneth Rees, im November 1963 an der Themse entdeckt; Irene Lockwood, deren nackte Leiche im April 1964 in der Themse trieb; die 21-jährige Prostituierte Margaret McGowan sowie Bridget O´Hara, das letzte Opfer.

OBEN: Die Prostituierte Helen Barthelemy, deren nackte Leiche am 24. April 1964 auf einem Londoner Sportplatz gefunden wurde.

OBEN: Polizisten bewachen den Fundort der Leiche Bridget O´Haras auf einem Industriegelände in North Acton.

gab es an diesem Punkt – obwohl alle Fundorte nicht weit voneinander entfernt waren – keine konkrete Verbindung zwischen den Opfern.

Im gleichen Monat wurde Helene Barthelemy, 20, das erste Opfer, das nicht am Fluss gefunden wurde. Ihre nackte Leiche wies Spuren verschiedener Sprühfarben auf – vermutlich hatte der Täter sie in einem Malereigeschäft „zwischengelagert", bevor er sie an einem Sportplatz ablegte. Im Juli fand man die 21-jährige Mary Fleming nackt und leblos in einem Vorhof. Ihre Beine waren übereinandergeschlagen, ihr Oberkörper war vornüber gebeugt. Die Leiche Margaret McGowans, 21, wurde im November mit ähnlichen Farbspuren auf dem Körper entdeckt. Das letzte Opfer war Bridget O'Hara, 27, die im Gebüsch auf einem Industriegelände lag. Sie war teilweise mumifiziert, als wäre sie an einem warmen, trockenen Ort aufbewahrt worden.

Die Polizei hatte nun eine erste Spur. Der Heron Trading Estate, wo Bridgets Leiche abgelegt wurde, beherbergte eine Autowerkstatt, in der Lackierarbeiten vorgenommen wurden. Alle 7.000 Mitarbeiter des Industriegebiets wurden erfolglos befragt.

Wie bei „Jack the Ripper" schien auch die Mordserie des „Strippers" von selbst aufzuhören. Der führende Ermittler, Chief Superintendent John Du Rose, war jedoch sicher, dass einer der Wachmänner des Industrieglländes, die zu jedem Bereich Zugang hatten, für die Morde verantwortlich war. Und tatsächlich, im März 1965, einen Monat nach dem Mord an

Bridget, brachte sich einer von ihnen um. In seinem Abschiedsbrief schrieb er: „Ich halte den Druck nicht länger aus." In seinen Memoiren *Murder Was My Business* schrieb Rose dazu: „Der Mann, den ich verhaften wollte, nahm sich selbst das Leben ... aber da er nie verurteilt wurde, müssen wir davon ausgehen, dass er unschuldig war. Also wird sein Name nicht bekanntgegeben."

Das Ende der Morde ist jedoch kein Beweis, und es steht noch immer nicht fest, ob die Morde das Werk eines einzelnen Täters waren. Sicher ist, dass er mindestens fünf, vielleicht aber auch acht Frauen getötet hat, da das erste Opfer nicht seinem normalen Modus operandi – Erwürgen beim Sex – entsprach. Aus diesem Grund wurde die Akte „Jack the Stripper" bei Scotland Yard bis heute nicht geschlossen.

Hélène Jégado

Das analphabetische französische Bauernmädchen Hélène Jégado beschwerte sich einst: „Wo immer ich hingehe, sterben Menschen" – was wohl daran lag, dass sie sie vergiftete. Zu ihren Opfern gehörten ihre Herren, deren Ehefrauen, Verwandte, andere Bedienstete und ihre eigenen Schwestern. Bis zu 36 Menschen sind ihrer Angewohnheit, deren Essen und Trinken mit Arsen zu versetzen, zum Opfer gefallen.

„Wo immer ich hingehe, sterben Menschen."

Die 1803 in Lorient in der Bretagne geborene und schon früh verwaiste Hélène ging mit Anfang 20 als Novizin ins Kloster. Aus dem ersten Kloster wurde sie wegen Diebstahls ausgeschlossen, aus dem zweiten, weil die Nonnen vermuteten, sie würde sie vergiften. Allerdings wurden die Behörden nicht informiert, was vielen Unschuldigen das Leben hätte retten können.

Abgesehen von ihren Klosteraufenthalten arbeitete Jégado als Haushaltshilfe, meist bei Geistlichen. Die scheinbar fromme Bedienstete konnte sich aber nie beherrschen, ihre Herren zu bestehlen, und sie vertuschte

ihre Missetaten, indem sie potenzielle Zeugen vergiftete. Jégado mischte ihnen Arsen ins Essen und zeigte sich nach ihrem qualvollen Tod stets betroffen.

Ihr vermutlich erstes Opfer fand sie 1833, als sie für eine Familie in Guern in der Bretagne arbeitete. Innerhalb von drei Monaten starben sieben Angehörige des Haushalts oder Gäste, darunter ein Priester und ihre eigene Schwester, die zu Besuch gekommen war. Hélènes Trauer und Frömmigkeit waren so überzeugend, dass niemand sie verdächtigte. Da die Todesfälle kurz nach einer Choleraepidemie auftraten, glaubte man an natürliche Ursachen.

Nach der ersten Mordserie zwischen 1833 und 1841 schien Jégado acht Jahre Pause gemacht zu haben, bevor sie 1849 noch einmal anfing. In diesem Jahr arbeitete sie als Köchin für eine Familie in Rennes. Wieder stahl sie und wurde deshalb entlassen, nicht jedoch,

bevor sie den gesamten Haushalt vergiftet hatte. Alle Opfer erholten sich, aber bei ihrer nächsten Stelle in der Stadt bei einem Universitätsprofessor starben zwei Angestellte auf mysteriöse Weise. Bei der Autopsie wurde in einem Körper Arsen gefunden, und Jégado geriet unter Verdacht.

Ihr Fehler lag darin, ihre Unschuld zu wortreich zu beteuern – und dabei Details zu enthüllen, die nur der Mörder wissen konnte. Ursprünglich in 17 Fällen angeklagt, wurde sie schließlich im Dezember 1851 für drei Morde und drei Mordversuche vor Gericht gestellt. Vor Gericht verhielt sie sich äußerst bizarr. Am 26. Februar 1852 wurde Jégado vor einer großen Menschenmenge in Rennes mit der Guillotine enthauptet.

LINKS: Stich der Hinrichtung der Giftmörderin Hélène Jégado.

Genene Jones

Genene Jones war eine Kinderkrankenschwester, die in einem Zeitraum von vier Jahren in Kliniken in und um San Antonio, Texas, Anfang der 1980er-Jahre vermutlich bis zu 47 Babys und Kleinkinder in ihrer Obhut umgebracht hat. Jones liebte es – so scheint es –, ihre kleinen Patienten in tödliche Gefahr zu bringen, um dann als heroische Helferin dazustehen, wenn sie wieder gesund wurden. Leider taten das viele nicht.

Winzige Opfer sterben in der „Todesschicht"

Viele Kollegen hielten Jones schon immer für seltsam. Sie wurde 1950 geboren, und ihre Karriere als Krankenschwester stand anfangs unter keinem guten Stern. Sie verlor einige Posten, weil sie oft schwierig und aggressiv war. Trotzdem bekam sie einen Job auf der Kinderintensivstation des Bexar County Medical Center Hospitals. Dort fiel ihren Kollegen auf, wie merkwürdig sie war. Viele beschrieben sie als unsympathisch und unfähig, Anordnungen zu befolgen. Außerdem hielten einige sie für eine aufmerksamkeitssüchtige Angeberin. Dem Personal fiel auf, dass Jones immer, wenn ein Baby starb, so erschüttert war, als wäre es ihr eigenes. Sie saß stundenlang bei dem Leichnam und bestand darauf, ihn selbst in die Leichenhalle zu bringen. Trotz ihres seltsamen Verhaltens bekam sie Unterstützung von der Oberschwester, die sie mochte und beschützte. Das schien Jones das Gefühl zu geben, unantastbar zu sein.

1981 durfte Jones sich um die schwerkranken Kinder der Station kümmern, wodurch sie freien Zugriff auf den Medikamentenschrank erhielt. Es dauerte nicht lang, bis Babys während ihrer Schicht zu sterben begannen – bis zu sieben in zwei Wochen. Die Kinder hatten typische Symptome wie Erbrechen, Fieber oder

Durchfall, bekamen unter Jones' Obhut aber plötzlich unerklärliche Anfälle und Herzstillstände.

Eines dieser Babys war der vier Wochen alte Rolando Santos, der eine Lungenentzündung hatte. Sein

OBEN: Viele der Babys in der Obhut von Genene Jones erlitten einen Herzstillstand. 1981 tötete sie in zwei Wochen sieben Kinder.

unerklärlicher Herzstillstand, starke Blutungen und ein plötzliches Koma traten alle in Jones' Schicht auf. Das Baby erholte sich erst, als es rund um die Uhr beobachtet wurde.

Jones' Dienstzeiten wurden aufgrund der vielen Wiederbelebungen und Todesfälle als „Todesschicht" bekannt. Dr. James Robotham, der Leiter der Kinderstation, legte eine offizielle Beschwerde ein, nachdem bei der Autopsie eines Babys Spuren des Medikaments Herapin, das für einen Herzstillstand sorgt, gefunden wurden. Tragischerweise entschloss sich die Krankenhausbehörde, die Untersuchung, die negative Schlagzeilen hätte einbringen können, nicht zu verfolgen. Sie ordneten aber an, die Ausgabe des Medikaments sorgfältig überwachen zu lassen.

Weitere Babys starben, aber da Herapin kaum noch erreichbar war, begannen toxische Mengen eines anderen Medikaments, Dilantin, in Laboruntersuchungen aufzutauchen. Als es den Ermittlern nicht gelang, die Verwendung des Medikaments nur einer Schwester zuzuordnen, wurde die Personalbesetzung geändert und Jones von der Kinderstation abgezogen.

Sie reichte sofort ihre Kündigung ein und trat 1982 eine Stelle im Kinderkrankenhaus in Kerrville, Texas, an. Nachdem sie dort die Arbeit aufnahm, starben in zwei Monaten sieben Kinder an epileptischen Anfällen. Höhepunkt war der Tod der 15 Monate alten Chelsea Ann McClellan, die nur zur Nachsorge bei Jones war.

Wie die anderen sechs Babys wurde auch Chelsea sofort in das Sid Peterson Hospital von Kerr County überführt. Durch die große Anzahl eingelieferter Kinder wurde das Personal misstrauisch – vor allem, da die Kleinen sich in ihrer Obhut meist schnell erholten.

Ein Arzt am Sid Peterson Hospital untersuchte die Vorfälle und stieß auf eine ähnliche Serie im Bexar County Medical Center Hospital, wo Genene Jones zuvor gearbeitet hatte. Endlich kam man der Schwester aus der „Todeschicht" auf die Spur.

Chelseas Leichnam wurde im Oktober 1982 exhumiert, und man entdeckte, dass ihr das starke Muskelrelaxans Suxamethonium gespritzt worden war. Im Februar 1983 wurde in San Antonio eine Kommission aufgestellt, welche die schockierende Zahl von 57 verdächtigen Todesfällen bei Babys im Bexar County Medical Center Hospital untersuchen sollte.

Alle waren während Jonses' vierjähriger Tätigkeit dort aufgetreten.

Im Januar 1984 wurde Jones endlich des Mordes an Chelsea McClellan angeklagt. Sie wurde zu 99 Jahren Haft verurteilt. Im gleichen Jahr bekam sie weitere 60 Jahre für den versuchten Mord an Rolando Santos.

Jones' tatsächliche Opferzahl wird vielleicht nie bekannt werden, da die Offiziellen des Bexar County Medical Center Hospital die Unterlagen über ihre Aktivitäten zerschredderten und so entscheidende Bewei-se vernichtet hatten, die von der Untersuchungskommission angefordert worden waren. Es wird jedoch vermutet, dass Jones seit Beginn ihrer Karriere 1977 bis zu 50 hilflose Baby umgebracht hat.

Jones wird nur ein Drittel ihrer Strafe absitzen, da zum Zeitpunkt ihrer Verurteilung ein Gesetz wirksam war, dass sich mit der Überfüllung von Gefängnissen befasste. 2017 wird sie daher automatisch auf Bewährung entlassen werden. Alle bisherigen Anträge auf Bewährung wurden rigoros abgelehnt.

Patrick Kearney

Patrick Kearney wurde als „Müllsackkiller" und „Freeway Killer" bekannt, weil man seine Opfer an Straßenrändern in ganz Kalifornien fand. Vor allem der erste Spitzname blieb haften, da in den 1970er-Jahren so viele Killer auf den Highways und Freeways der Vereinigten Staaten unterwegs waren. Den Namen „Freeway Killer" musste Kearney sich mit zwei weiteren Serienmördern – William Bonin (siehe S. 23) und Randy Kraft (siehe S. 122) – teilen.

Zerstückelte Leichen waren Markenzeichen des „Müllsackkillers"

Der 1940 in Texas geborene Patrick Wayne Kearney war ein kränkliches Kind, das in der Schule viel geärgert wurde. Er gab später zu, dass er bereits als Teenager darüber fantasierte, Menschen zu töten. Nachdem seine kurze Ehe geschieden wurde, zog er nach Los Angeles und nahm einen Job als Elektroingenieur bei der Hughes Aircraft Co. an. Er war sehr zurückhaltend und sprach kaum mit seinen Kollegen.

1965 tötete er sein erstes Opfer. Die nächsten zwei Jahre fielen ihm weitere Menschen zum Opfer, bevor er mit seinem jüngeren Liebhaber David Hill in ein altes Haus in Redondo Beach zog.

Offiziell wurden die Ermittlungen in Fall des „Müllsackkillers" am 13. April 1975 aufgenommen, als die verstümmelte Leiche Albert Riveras, 21, bei San Juan Capistrano entdeckt wurde. Im Lauf der nächsten sieben Monate tauchten fünf weitere Leichen zwischen Los Angeles und San Diego auf. Alle Opfer waren junge Männer, die Schwulenbars frequentierten, und alle fanden ein ähnliches Ende: Sie wurden ausgezogen, mit einer Kleinkaliberpistole erschossen und zerstückelt. Anschließend steckte der Mörder die Körperteile in Müllsäcke und ließ sie am Straßenrand liegen.

Als sich die Leichen häuften, erkannten die Ermittler, dass die Entführung homosexueller Männer mit dem Auftauchen zweier mysteriöser Herumtreiber zusammentraf – aber niemand kannte die Männer. Das letzte bekannte Opfer Kearneys und Hills war der 17-jährige John LaMay, der sich im März 1977 mit einem Bekannten treffen wollte, den er seinen Eltern gegenüber nur „Dave" nannte. Fünf Tage später wurde die Leiche des Teenagers an einem Highway in der Nähe von Corona gefunden. Die Polizei befrage LaMays homosexuelle Freunde, von denen einer David Hill identifizieren konnte. Die Schlinge um das Paar zog sich zu, woraufhin die beiden in Mexiko untertauchten.

Letztendlich wurde das Duo doch gefasst, und zwar weil Kearney, 37, und Hill, 34, am 13. Juli 1977 in das Büro des Sheriffs von Riverside County marschierten, auf ein Fahndungsposter zeigten und sagten: „Das sind wir!" Auf Druck ihrer Familien hatten sie beschlossen, sich zu stellen.

Zu den Beweisen gegen Kearney und Hill gehörten Fasern, Klebeband und eine blutverschmierte Säge, die man in ihrem Haus in Redondo Beach fand. Als der ältere Mann die volle Verantwortung für die Morde übernahm, weigerte sich die Riverside County Grand Jury, Hill anzuklagen, und aus Mangel an Beweisen wurde das Verfahren gegen ihn fallen gelassen, sehr zum Ärger der Ermittler. Hill floh aus Kalifornien und kehrte in seine Heimatstadt Lubbock, Texas, zurück.

Kearney, der erklärte, dass das Morden ihn sehr erregte und ihm ein Gefühl der Dominanz gab, gestand 28 Morde, wurde anfangs aber nur für drei angeklagt, darunter auch John LaMay, dessen Blut sich auf der Säge befunden hatte. Im Dezember wurde er zu lebenslanger Haft verurteilt; die Todesstrafe blieb ihm erspart, weil er zur Aufklärung anderer Fälle beigetragen hatte. Der Richter sagte: „Der Angeklagte hat eine Reihe grauenhafter Verbrechen begangen. Ich kann nur hoffen, dass er niemals freigelassen wird. Er ist eine Beleidigung für die Menschheit."

1978 stand Kearney wieder vor Gericht, bekannte sich des Mordes an 18 jungen Männern schuldig und lieferte Informationen über elf weitere homosexuelle Opfer, sodass seine Opferzahl nun bei 32 lag. Darunter waren auch zwei fünf und acht Jahre alte Kinder. Kearney verbrachte seine Tage im Gefängnis mit dem Schreiben von Essays und der Korrespondenz mit seinen vielen ebenso kranken Brieffreunden.

Edmund Kemper

Edmund Emil Kemper – aufgrund seiner bevorzugten Opfer, Collegestudentinnen, auch bekannt als „Studentenkiller" – war alles andere als ein normales Kind. Er wurde im Dezember 1949 geboren, und seine Eltern trennten sich, als er neun war. Der kleine Edmund lebte überwiegend auf der Farm seiner Großeltern in North Fork, Kalifornien. Er hatte eine schlechte Beziehung zu seiner Mutter, die ihn ständig herunterputzte und demütigte. Kemper, der kaum Freunde hatte, lebte in einer Fantasiewelt, in der es um das Foltern und Töten hilfloser Tiere ging. Die Enthauptung seiner Katze war ein Anzeichen dessen, was noch kommen sollte.

Er übte das Töten, indem er die Katze der Familie enthauptete

Mit 15 erschoss Kemper seine Großmutter und erledigte seinen Großvater mit einem Schuss in den Hinterkopf. Er wurde als paranoid und psychotisch diagnostiziert und in das Atascadero State Hospital eingewiesen, wo er die Zeit nutzte, sich seine Fantasien genau auszumalen. Bei seiner Freilassung 1969 war er bereit, mit seiner Serie von perversen Morden und Verstümmelungen zu beginnen.

Enttäuscht, weil die Polizei ihn als zu groß (2,03 m) abgelehnt hatte, hing Kemper in den Bars herum, die oft von Polizisten nach Dienstschluss besucht wurden, und unterhielt sich mit ihnen über Waffen. Er baute sogar seinen Wagen um, sodass er einem Zivilfahrzeug der Polizei ähnelte. In dieser Zeit nahm er oft junge Anhalterinnen mit und gab sich seinen bizarren sexuellen Fantasien von Mord und Nekrophilie hin.

Im Mai 1972 begann er, seine Fantasien in die Tat umzusetzen, und startete seine Mordserie. Er nahm Anhalterinnen mit, tötete sie, schlief mit den Leichen und sezierte sie. Zwei Studentinnen, die per Anhalter unterwegs waren, Mary Ann Pesce und Anita Luchese, kamen an ihrem Ziel nie an. Sein nächstes Opfer war die 15-jährige Koreanerin, Aiko Koo. Er erwürgte sie, verging sich an der Leiche, ging dann ein paar Bier trinken und schnitt ihr anschließend die Hände und den Kopf ab.

1973, als er wieder bei seiner Mutter in Santa Cruz lebte, schlug Kemper erneut zu. Das erste seiner nächsten drei Opfer, Cindy Schall, erschoss er, bevor er Sex mit der Leiche hatte. Ihren Kopf vergrub er im Garten, den Rest warf er von den Klippen. Auf Cindy folgten Rosalind Thorpe und Alice Lui. Er schändete Alices kopflosen Leichnam in der Wohnung seiner Mutter, die nichts von der Abartigkeit ihres Sohnes ahnte.

OBEN: Kempers perverse Fantasien ließen ihn den Kopf und die Hände einer hilflosen 15-jährigen Anhalterin abschneiden.

Einen Monat später erschlug Kemper seine Mutter, während sie schlief. Er enthauptete sie und benutzte ihren Kopf als Dartboard. In einigen Berichten heißt es, dass er zuvor Oralsex damit hatte. Ihren Kehlkopf warf er in einen Müllschlucker „damit sie endlich Ruhe gab". Seine Serie endete mit dem Mord an Sally Hallet, einer Freundin seiner Mutter.

Kemper floh vom Tatort und fuhr mit den Köpfen der zwei Frauen im Auto ziellos durch die Gegend, bis er nach 18 Stunden in Pueblo, Colorado, ankam, wo er von einem öffentlichen Telefon aus die Polizei in Santa Cruz anrief und ein volles Geständnis ablegte. Er musste mehrmals anrufen, bevor sie ihm glaubten.

Bei seinem Prozess im Oktober 1973 plädierte er auf Unzurechnungsfähigkeit, wurde jedoch des achtfachen Mordes für schuldig befunden. Er bat um die Todesstrafe, wurde aber zu lebenslanger Haft im Hochsicherheitsgefängnis Folsom verurteilt.

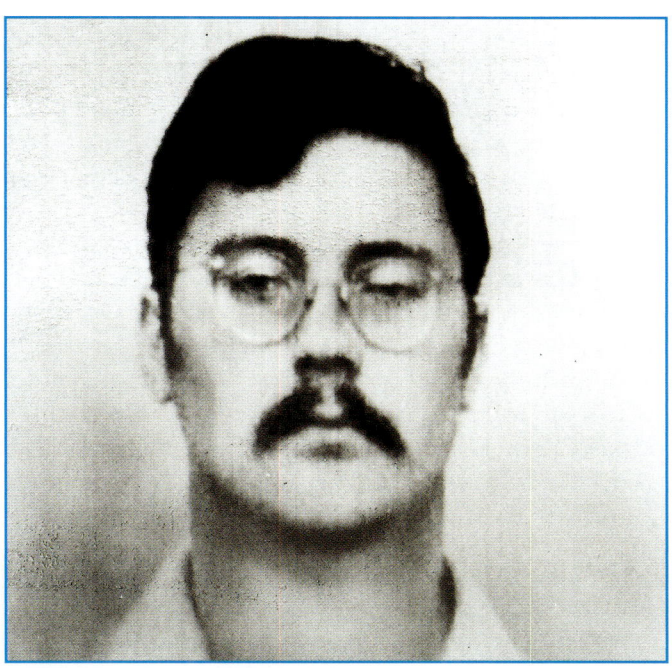

OBEN: Mit 15 wurde Edmund Kemper für den Mord an seinen Großeltern inhaftiert, kam aber wieder frei und tötete erneut.

Bela Kiss

Vielleicht war es die Untreue seiner Frau, die Bela Kiss zum Morden trieb. Zumindest hatte er das Mitgefühl seiner Nachbarn in der ungarischen Stadt Czinkota, als er ihnen 1912 erzählte, die einige Jahre jüngere Marie Kiss hätte sich einen Liebhaber genommen und wäre mit ihm durchgebrannt.

Ein „Todeskuss" für einsame Witwen

Kiss nutzte seinen Singlestatus sofort aus, ersetzte seine Frau durch eine Haushälterin und brachte immer wieder Frauen in sein Haus bei Budapest mit.

Diese scheinbar romantische Phase endete im November 1914, als er mit 34 Jahren in die Armee eingezogen und zum Kämpfen nach Serbien geschickt wurde. Im Frühjahr 1916 erreichte seine Heimatstadt Czinkota die Nachricht, dass Kiss gefallen und an der Front bestattet worden war.

Man sollte davon ausgehen, dass es das Letzte war, was man von Bela Kiss hören würde. Im Juni des Jahres kam eine Einheit Soldaten auf der Suche nach illegalen Benzinvorräten nach Czinkota. Im Lauf ihrer Suche gingen sie auch zu Kiss' ehemaligem Zuhause und entdeckten in seiner Werkstatt eine Reihe verdächtig aussehender Fässer.

Sie öffneten eines davon und entdeckten die perfekt konservierte, nackte Leiche einer Frau. Sechs weitere Fässer hatten den gleichen Inhalt. Jede Frau war erwürgt und in Alkohol eingelegt worden. Eine Suche in der Umgebung brachte weitere 17 Fässer mit eingelegten Leichen zum Vorschein. Ein Fass enthielt Marie Kiss, ein anderes ihren Liebhaber Paul Bikari, der das einzige männliche der 24 Opfer war.

Kiss' Motive waren sowohl Sex als auch Raub. Aus Briefen und Zeitungen, die im Haus gefunden wurden, ergab sich, dass Kiss unter dem Namen „Hoffmann" als einsamer Witwer, der weibliche Begleitung suchte, annonciert hatte. In Anbetracht der Opferzahl war er wohl recht erfolgreich gewesen.

Sehr erfolgreich war er auch den Konsequenzen seiner Verbrechen entgangen. Kiss war nämlich nicht tot, sondern hatte auf dem Schlachtfeld lediglich sein Namensschild mit dem eines toten Kameraden getauscht und war nun irgendwo da draußen.

Im Frühling 1919 wurde Bela Kiss von jemandem, der ihn als „Hoffmann" kannte, auf der Margaretenbrücke in Budapest entdeckt. Es war der Ort, wo mindestens zwei der einsamen Frauen zuletzt gesehen worden waren – an der Seite von Kiss. Es gab aber noch drei weitere Berichte über Kiss. 1924 erzählte ein desertierter französischer Fremdenlegionär der Polizei von einem weiteren Deserteur, der mit seiner Geschicklichkeit mit der Garotte angegeben hatte. Sein Name war Hoffmann.

1932 verfolgte der amerikanischer Kriminalbeamte Henry Oswald, der aufgrund seines fotografischen Gedächtnisses den Spitznamen „Kameraauge" trug, einen Mann über den Times Square, den er für Kiss hielt, bevor er ihn in der U-Bahn verlor. 1936 entging er der Polizei ein weiteres Mal, bevor sie „Mr. Hoffmann", den ältlichen Hausmeister eines Appartmentgebäudes an der Sixth Avenue genauer unter die Lupe nehmen konnten. Bela Kiss wurde nie gefasst.

Randy Kraft

Die Spitznamen, die Randy Steven Kraft bei seiner Verhaftung 1983 bekam, waren „Wertungslistenkiller" und „Freeway Killer". Ein weiterer war „schlimmster Serienmörder Kaliforniens", da Kraft sich von den anderen Mordserien jener Zeit abhob – war er doch vermutlich für 67 Morde verantwortlich.

Kranke „Wertungsliste" des sadistischen Killers

Der 1945 geborene Kraft war ein hervorragender Schüler, sowohl an der Highschool als auch auf dem Claremont College, wo er sich dem Reserve Officer Training Corps anschloss. 1964 war er Wahlhelfer für

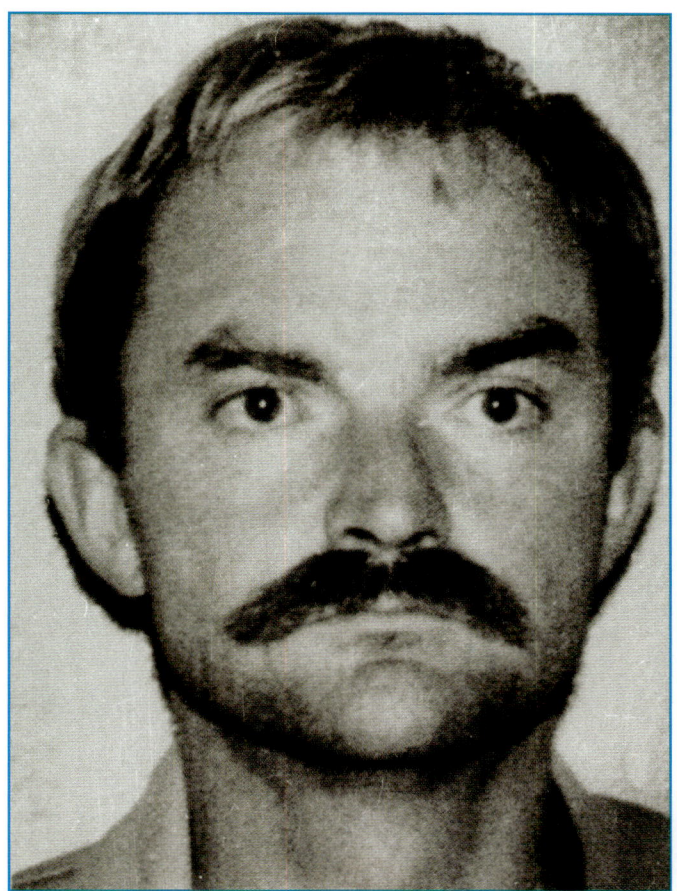

OBEN: Das Gesicht des Bösen. Randy Kraft gilt als schlimmster Serienkiller Kaliforniens. Seine Opferzahl könnte bei 67 liegen.

den rechten Präsidentschaftskandidaten Barry Goldwater. Im folgenden Jahr begann er, als Barkeeper in einem örtlichen Schwulenclub zu arbeiten.

1968 ging Kraft zur US Air Force, wurde aber ein Jahr später aus unbekannten medizinischen Gründen entlassen. Er arbeitete wieder eine Weile als Barkeeper, bevor er seinen hohen IQ von 129 endlich einsetzte und zu einem erfolgreichen Geschäftsmann wurde. Als Computerexperte wurde er zum begehrten „Feuerwehrmann", wenn eine Firma technische Probleme hatte, und verdiente viel Geld. Auf diesen Geschäftsreisen entlang der Pazifikküste begann Kraft, homosexuelle Partner aufzulesen und diese nach dem Sex brutal zu ermorden.

Sein wohl erstes Opfer war der 30-jährige Barkeeper Wayne Dukette, der seit September 1971 vermisst

wurde, und dessen verwesende Leiche an einem Highway bei San Juan Capistrano entdeckt wurde. Krafts erstes bestätigtes Opfer war Edward Moore, 20, ein Marine, dessen Leiche in Seal Beach lag. Er war erwürgt und sexuell missbraucht worden.

In den nächsten zwei Jahrzehnten tauchten Dutzende Leichen, die Kraft zugerechnet werden, entlang der Freeways von Kalifornien und Oregon auf. Die Opfer waren stets junge Männer und Teenager. Viele waren beim Militär und trampten zwischen ihrem Zuhause und ihrer Basis hin und her. Einige waren jugendliche Ausreißer, andere riss der Mörder in Schwulenbars auf.

Kraft erledigte seine Opfer auf unterschiedliche Weise. Er erwürgte sie, schoss ihnen in den Kopf oder folterte sie zu Tode. Die meisten Leichen wiesen Anzeichen sexueller Folter durch einen sadistischen Killer auf. Einige seiner Opfer waren noch bei Bewusstsein, als Kraft ihnen die Genitalien verstümmelte.

Im Mai 1983 hielt die Highwaypolizei Kraft bei San Diego wegen Trunkenheit am Steuer an und bemerkte, dass dessen Beifahrer tot war. Terry Gambrel, ein 25-jähriger Marine, war entweder erwürgt worden oder an einer Überdosis gestorben. Im Wagen fand die Polizei ein Notizbuch mit detaillierten Aufzeichnungen über die Morde – Krafts „Wertungsliste". Darin standen Namen, Orte, wie die Opfer getötet und wie sie verstümmelt worden waren.

In einem Aktenkoffer lagen die Fotos von 47 jungen Männern, einige nackt, einige tot. Unter ihnen waren auch Fotos von Männern, die bei der Polizei als ungelöste Fälle geführt wurden. Einer von ihnen lag auf dem Foto tot auf der Couch in Krafts Haus in Huntington Beach, wo die Polizei Besitztümer und Fasern fand, anhand derer sie weitere Opfer identifizieren konnte: drei in Oregon und eines in Michigan, beide Male aus Orten, in denen Kraft sich beruflich aufgehalten hatte war. Vermutlich hat er auch auf Geschäftsreisen nach New York, Washington und Ohio getötet.

Kraft gestand keinen der Morde und schaffte es, durch geschickte Manipulation des Rechtssystems den Prozessbeginn fünf Jahre hinauszuzögern. Die Anhörungen allein zogen sich 13 Monate hin und kosteten Orange County $ 10 Millionen.

Im Mai 1989 war seine Zeit jedoch abgelaufen: Er wurde für 16 Morde zum Tod verurteilt. Dank einer

OBEN: Kraft (rechts) während seines ständig verzögerten, $ 10 Millionen teuren Prozesses. Im Mai 1989 wurde er für 16 Morde verurteilt.

Reihe von Berufungen sitzt Kraft noch heute in der Todeszelle in San Quentin. 22 seiner 67 vermuteten Opfer wurden noch nicht gefunden oder identifiziert.

Auch eine Frage ist weiterhin ungeklärt: Hat Randy Kraft immer allein gehandelt? In zwei Fällen deuten die Beweise auf einen Komplizen hin: ein zweites Paar Fußabdrücke und Spermaspuren, die nicht Krafts DNS entsprachen. Die Ankläger vermuteten, dass Krafts Mitbewohner Jeff Graves ihm gelegentlich bei den Morden oder deren Vertuschung half. Graves starb jedoch an AIDS, bevor die Polizei ihn befragen konnte, sodass die Sache vor Gericht nie zur Sprache kam.

Joachim Kroll

Als die Polizei den deutschen „Menschenfresser" Joachim Kroll endlich fasste, sahen sie sich einem armseligen, geistig zurückgebliebenen 43-jährigen Toilettenputzer – klein, mit beginnender Glatze und Brille – gegenüber, der gestand, so viele Menschen getötet zu haben, dass er sich an die Details nicht erinnerte.

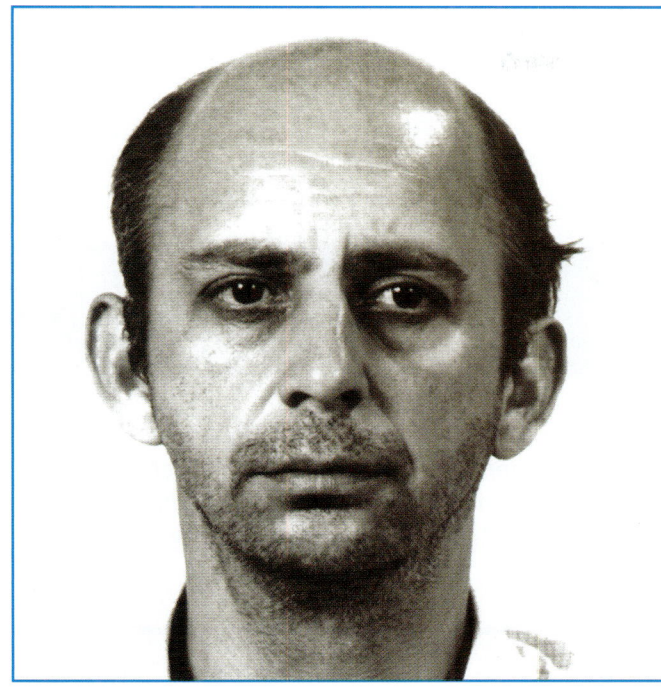

Menschenfresser tötet für den Kochtopf

Bei der Durchsuchung seiner Wohnung in Duisburg fand die Polizei Plastiktüten voller Menschenfleisch. Fleischstücke lagen auf Tellern im Kühlschrank. Und auf dem Herd stand ein Eintopf aus Karotten und Kartoffeln ... und einer winzigen menschlichen Hand.

Kroll gestand, zwischen 1955 und 1976 ungefähr 14 Frauen und Kinder zwischen vier und 19 Jahren ermordet zu haben. Die meisten von ihnen waren vergewaltigt worden, und er hatte Fleischstücke aus den Körpern herausgeschnitten. Kroll erzählte, er hätte 1955, mit 22 Jahren, begonnen, Frauen zu vergewaltigen, aber rasch festgestellt, dass er nur mit ihnen Sex haben konnte, wenn sie nicht bei Bewusstsein waren.

Kurz darauf beging er seinen ersten Mord an einem 19-jährigen Mädchen, das er in eine Scheune lockte und erwürgte. Vier Jahre und vier Opfer später begann er, Menschenfleisch zu essen. Nachdem er eine 16-Jährige erwürgt und vergewaltigt hatte, schnitt ihr Kroll

Scheiben aus dem Gesäß, weil das „Fleisch in den Läden so teuer war".

Später erzählte Kroll den Polizisten, dass er nur von denjenigen aß, die er für jung und zart hielt. Die dünneren Opfer hatte er ebenfalls nie angerührt.

Kroll überrumpelte seine Opfer und erwürgte sie rasch. Danach zog er die Leichen aus und verging sich an ihnen. Zu Krolls jüngeren Opfern gehörten auch zwei 13-Jährige, aus deren Gesäßen, Oberschenkeln und Unterarmen er sich Steaks schnitt. Es waren aber die Morde an zwei kleinen Kindern, welche die Presse nach dem Kopf des „Menschenfressers von Duisburg" schreien ließ.

1966 erwürgte er die fünfjährige Ilona Harke in einem Park, vergewaltigte ihre Leiche und schnitt Fleischstücke aus ihrem Gesäß und ihren Schultern. 1976 schnappte er sich die vierjährige Marion Ketter, brachte sie in seine Wohnung und zerstückelte sie.

Kroll wurde nur gefasst, weil er einen Mitbewohner in seinem Wohnhaus warnte, das eine Etagenklo nicht

OBEN: Der bebrillte Vergewaltiger, Mörder und Kannibale konnte erst mit seinen Opfern schlafen, wenn sie tot waren.

zu benutzen, weil es mit Eingeweiden eines Kaninchens verstopft sei. Tatsächlich waren es die Gedärme Marion Ketters, welche die Toilette verstopften.

Kroll versuchte, seine furchtbaren Taten zu erklären, indem er sich über den Preis für Fleisch beschwerte. Zudem glaubte der Einfaltspinsel, nach einer Operation, die ihn „heilen" sollte, bald wieder freizukommen. Stattdessen wurde er wegen acht Morden und eines Mordversuchs angeklagt.

Im April 1982 wurde Kroll zu neunmal lebenslänglich verurteilt und in eine geschlossene Anstalt eingewiesen. Dort starb er 1991 an einem Herzinfarkt.

Peter Kürten

Als eines von 13 Kindern war das Leben für Peter Kürten zu Hause hart. Sein Vater war Alkoholiker, der seine Kinder häufig verprügelte – und seine Frau und Töchter regelmäßig vergewaltigte. Mit neun Jahren stiftete ihn ein örtlicher Hundefänger zur Bestialität an. Damals entwickelte Kürten eine unheilbare Faszination mit spritzendem Blut – und mit Mord. 1893, mit gerade zehn Jahren, ertränkte er zwei seiner Freunde, als sie zusammen mit einem Floß auf dem Rhein unterwegs waren.

Der Blutdurst des „Vampirs von Düsseldorf"

Als Teenager auf den Straßen Düsseldorfs beging Kürten eine Reihe kleinerer Verbrechen, inklusive Brandstiftung und Einbruch, für die er eine zweijährige Haftstrafe erhielt. Nach seiner Freilassung ging er vom Foltern von Tieren zur Attacke auf Frauen über. Brutal verprügelte und vergewaltigte er ein Mädchen in einem Waldstück bei Grafenburg und ließ es liegen. Das traumatisierte Opfer meldete den Angriff nie. Im Mai 1913 folgte der Mord an der achtjährigen Christine Klein. Kürten entdeckte sie bei einem Einbruch. Er schnitt ihr die Kehle durch und vergewaltigte sie. Dabei genoß er den Anblick ihres spritzenden Blutes.

Durch den Ersten Weltkrieg wurde dem Morden Einhalt geboten, da Kürten die ganze Zeit über wegen kleinerer Vergehen und Desertation im Gefängnis saß. Nach seiner Freilassung 1921 nahm er einen Job in einer Fabrik an und heiratete. Seine Frau war eine Ex-Prostituierte, aber sie konnte Kürten nicht befriedigen, denn im Lauf der nächsten Jahre nahm er sich eine Reihe von Geliebten, die alle seine Lust an sadistischer Folter zu teilen schienen. Kürten kam nur zum Orgasmus, wenn er sie verletzte und ihr Blut tropfen sah. Es dauerte nicht lang, bis er seine kranken Gewohnheiten auf Fremde ausweitete und Blut aus den furchtbaren Wunden seiner Opfer zu trinken begann. Dafür erhielt er den Spitznamen „Vampir von Düsseldorf".

Die Bewohner der Stadt lebten in Angst und glaubten, ein Vampir zöge durch die Straßen. Das nächste Mal schlug Kürten 1929 zu, als er zwei fünf- und 14-jährige Schwestern erstach, gefolgt von einem Angriff auf ein 26-jähriges Hausmädchen, das trotz seiner Verletzungen überlebte. An einem anderen Tag brachte er drei Menschen innerhalb von 30 Minuten um.

Bei seinen nächsten Angriffen erschlug Kürten seine Opfer mit dem Hammer, bevor er auf sie einstach. Je mehr Wunden sie hatten, desto länger dauerte es, bis er zum Orgasmus kam. Die kleine Gertrud Albermann, 5, wies 36 Stichwunden auf. Sie war sein letztes Mordopfer, obwohl er seine brutalen Überfälle fortsetzte.

Im Mai 1930 freundete er sich mit Maria Budlick, 21, an. Er nahm sie zuerst mit in seine Wohnung und ging dann mit ihr im Wald bei Grafenburg spazieren, wo er sie vergewaltigte und dabei fast erwürgte. Sie überlebte, ging aber nicht sofort zur Polizei. Trotzdem konnte sie zu einem späteren Zeitpunkt seine Adresse als Beweis angeben.

Als er merkte, dass ihm die Polizei auf der Spur war, gestand Kürten seiner Frau sein Geheimnis. Sie zeigte ihn an. Während seiner Verhandlung und seines Pro-zesses blieb Kürten vollkommen ruhig. Er wurde des neunfachen Mordes für schuldig befunden und am 1. Juli 1932 mit dem Fallbeil hingerichtet.

OBEN: Zwei Fotos von Peter Kürten kurz nach seiner Verhaftung im Mai 1929.

Ilshat Kusikow

Aus irgendeinem Grund brachte die Sowjetunion eine überproportional hohe Anzahl von Serienmördern mit kannibalistischen Neigungen hervor. Einer der enthusiastischsten war Ilshat Kusikow, ein Straßenfeger aus St. Petersburg. Seine Nachbarn kannten ihn als freundlichen, sympatischen Mann, der den Älteren immer gern aushalf. Er liebte seine Katze Dasha, schien aber wenig Freunde zu haben. Außerdem war er in der örtlichen psychiatrischen Klinik registriert.

Spezialzutaten der Killerspieße

Im November 1992 tauchte ein Teil eines menschlichen Torsos in einem Keller in der Nähe von Kusikows Zuhause auf. Die Polizei brachte ihn aber nicht mit dem Verbrechen in Verbindung, genau wie sie es auch zwei Jahre später versäumte, als der abgetrennte Kopf eines Landstreichers in den Gemeinschaftmülltonnen lag. Im August 1995 wurde der Kopf des Psychiatriepatienten Edik Vassilevski gefunden. Als die Polizei erfuhr, dass die beiden Männer befreundet waren, wurde Kusikow zum Hauptverdächtigen.

Bei der Durchsuchung des schäbigen Wohnhauses fand sie eine Plastiktüte, die aus dem Fenster in die Kälte gehängt worden war. Darin befand sich mit Zwiebeln eingelegtes Menschenfleisch, das wohl für Kusikows Abendessen gedacht war. Im Flur vor seiner Wohnung lagen zwei Arme und Beine. Die Einzimmerwohnung selbst war ein Schlachthaus. Auf dem Ofen stand eine Auflaufform mit Menschenknochen, daneben eine Tüte mit Ohren und anderen Körperteilen. Überall im Zimmer standen Einmachgläser mit Menschenfleisch. Auf einem Regal befand sich eine Brauseflasche mit Blut und daneben ein altes Gurkenglas mit getrockneter Haut und Ohren. Zuletzt fanden die Ermittler noch einen Kochtopf mit den letzten Überresten Edik Vassilevskis. Er war für Fleischspieße in mundgerechte Stücke geschnitten worden.

Als man ihn lebenslang in eine Heilanstalt steckte, sagten Psychologen aus, dass Kusikow ein sexueller Sadist war, für den Kannibalismus die ultimative Form der Kontrolle war. Er selbst drückte es so aus: „Ich wollte immer Chirurg werden, aber Kannibale zu sein, ist noch besser. Als Chirurg muss man den Körper ja wieder zusammensetzen und verliert die Kontrolle darüber. Ein Kannibale tötet und kann dann mit dem Körper tun, was er will. Nachdem er einen Menschen getötet hat, besitzt er ihn für immer."

Leonard Lake und Charles Ng

Für Außenstehende und sogar nahe Verwandte war Leonard Lake ein vorbildlicher Bürger. Er war bei der freiwilligen Feuerwehr und arbeitete mit Senioren. Hinter der Fassade steckte aber ein sadistischer Mörder, der seine Opfer entführte, sie dann grauenhaften Folterungen und Verstümmelungen unterzog und das Ganze auf Filmen festhielt, die er anschließend in seinem perversen Versandhandel verkaufte.

Tödliche Partnerschaft kranker Killer

Leonards Interesse an Fotos und Filmen begann in seiner Kindheit, als ihn seine Mutter ermutigte, Fotos von nackten kleinen Mädchen zu machen und stolz auf den menschlichen Körper zu sein. Sie hätte wohl niemals gedacht, dass seine ersten Filmchen nur Übungen für seine späteren „Snuff-Filme" waren.

1966 ging Lake zum Marine Corps. Während seines Dienstes verbrachte er zwei Jahre in psychiatrischer Behandlung, bevor er 1971 entlassen wurde. Dann zog er nach San Jose, Kalifornien, und war dort kurz verheiratet. Lake war damals dafür bekannt, Pornofilme mit seiner Ehefrau und anderen Frauen zu drehen.

1981 zog er wieder um, dieses Mal ins ländliche Ukiah, Kalifornien, wo er sich einer Kommune anschloss. Dort heiratete er Cricket Balazs, die ein weiterer „Star" in seinen sadomasochistischen Sexfilmchen wurde. Damals lernte er auch Charles Chitat Ng, den Sohn eines reichen Geschäftmanns aus Hong Kong, kennen, der nach einem Ladendiebstahl mit 15 nach England ins Internat geschickt wurde. Ng flog wegen Diebstahls von der Schule und setzte seine Ausbildung in San Francisco fort. 1981 ging auch er zu den Marines. Dort wurde er beim Diebstahl von Waffen erwischt und zu 27 Monaten Haft im Militärgefängnis verurteilt. Er konnte fliehen und kehrte nach San Francisco zurück, wo er sich auf eine Anzeige in einem Magazin für Überlebenskünstler meldete, in der ein „Söldner" gesucht wurde.

Die Anzeige war von Lake geschaltet worden, der sich kranken Fantasien hingab – seiner „Operation Miranda" –, in denen er sich als Herrscher der Welt sah, umgeben von seinen Sexsklaven. Mit Ng verstand er sich auf Anhieb. Man schrieb das Jahr 1982. Lake war 37, Ng war 21, und ihre dreijährige Mordserie begann.

Es war Ngs ungeschickten Diebstahlskünsten zu verdanken, dass die grauenhaften Morde, die er mit Lake in den bewaldeten Hügeln von Wisleyville, Calaveras County, beging, aufgedeckt wurden. Im Juni 1985 reagierte der Polizist David Wright auf eine Meldung, dass ein asiatisch aussehender Mann versucht hatte, eine Schraubzwinge im Wert von $ 75 aus einem Laden im Süden San Franciscos zu stehlen. Als Wright eintraf, war der junge Dieb bereits geflohen. Sein älterer Freund versuchte aber, das Gerät zu bezahlen. Der Polizist wurde misstrauisch und überprüfte das Fahrzeug. Wie sich herausstellte, war es auf den als vermisst gemeldeten Geschäftsmann Paul Cosner zugelassen. Lake gab seinen Namen als Robin Scott Stapeley an, aber eine Überprüfung ergab, dass Stapeley erst 26 Jahre alt war – und ebenfalls vermisst wurde.

OBEN: Ein lachender Leonard Lake bei einer seiner Hochzeiten. Es ist nicht bekannt, ob alle Ehefrauen von seinen Aktivitäten wussten.

Lake wurde verhaftet und zur Wache gebracht, wo man ihm Papier und Bleistift gab, um seine Aussage aufzuschreiben, und ihn kurz allein ließ. Ruhig schrieb er eine Nachricht, in der er seine Frau und seine Familie um Verzeihung bat, und nahm dann die Zyanidkapsel, die er stets bei sich trug. Lake brach zusammen und starb vier Tage später, ohne noch einmal das Bewusstsein erlangt zu haben.

Die Polizei fand bei Lake eine Stromrechnung und kontaktierte den Sheriff von Calaveras County, der bestätigte, dass ein junger Asiat zusammen mit einem „Charles Gunnar" auf einer Ranch in Wisleyville lebte. Er hatte die beiden unter Beobachtung, weil sie ständig Second-Hand-Möbel zum Verkauf anboten, und er vermutete, dass die Sachen gestohlen waren.

Als die Ermittler bei der Hütte im Wald ankamen, machten sie eine entsetzliche Entdeckung. In flachen Gräbern lagen verkohlte menschliche Knochen und verwesenden Leichenteile. Im Haus fanden sie blutige Frauenkleidung, eine Kiste mit Fußfesseln und eine Sammlung Ketten, Haken und Handfesseln, die an den Wänden und von der Decke des Schlafzimmers hingen. In einem Anbau lag eine blutverschmierte Kettensäge.

Das Schlimmste kam aber noch. Einige Tage später fand die Polizei einen unterirdischen Bunker, in dem

weitere Beweise für Lakes und Ngs grausame Aktivitäten lagen. Lake hatte seine verängstigten Opfer dabei fotografiert und gefilmt, wie sie an Betten oder Stühle gekettet gefoltert, vergewaltigt und sexuell missbraucht wurden. In einigen Filmen waren die entsetzlichen letzten Augenblicke im Leben der Opfer zu sehen. Für Ng und Lake war der Handel mit „Snuff-Filmen" ein äußerst lukratives Zubrot zu ihrem florierenden Drogenhandel. Bei der Überprüfung der Fingerabdrücke ergab sich, dass Lake unter einem anderen Namen in Humboldt County wegen Einbruchs gesucht wurde. Dort hatte er einen weiteren Bunker gebaut, in dem die Leiche seines Bruders Donald lag, der umgebracht wurde, als er um ein Darlehen bat. Die Fahnder fanden auch das Grab Charles Gunnars, eines Armeekameraden von Lake, den er getötet hatte, um dessen Identität anzunehmen.

Unter den bekannten Opfern Lakes und Ngs waren zwei Babys, die sie ihren Müttern geraubt hatten, um diese dazu zu zwingen, abartige sexuelle Handlungen mitzumachen, in der Hoffnung, ihre Kinder wiederzusehen. Alles war von Lake für seine Videosammlung sorgfältig aufgezeichnet worden. Damit es nicht so langweilig wurde, hatten Lake und Ng einige ihrer Opfer auch im Wald freigelassen und dann wie wilde Tiere gejagt und erschossen oder mit Benzin übergossen und bei lebendigem Leib verbrannt.

Da einer der Mörer tot war, konzentrierte man sich nun auf die Suche nach Ng. Wieder war es ein missglückter Ladendiebstahl, der sie auf seine Spur brachte. Im Juli 1985 wurde er in Calgary, Kanada, beim Stehlen erwischt und verletzte bei seiner Festnahme einen Polizisten. Anfangs stritt er jede Beteiligung an den Morden ab, obwohl er zugab, davon gewusst zu haben. Er wurde wegen bewaffneten Raubüberfalls in Kanada zu vier Jahren Haft verurteilt, währenddessen er mit allen Mitteln gegen seine Auslieferung in die USA ankämpfte, wo er wegen Mordes vor Gericht sollte.

Schließlich wurde Ng doch in die USA überstellt, und des Mordes an sechs Männern, drei Frauen und zwei Babys für schuldig befunden. Es war einer der längsten und teuersten Prozesse in der Geschichte Kaliforniens.

Am 30. Juni 1999 wurde Ng zum Tod verurteilt und sitzt seitdem in San Quentin in der Todeszelle.

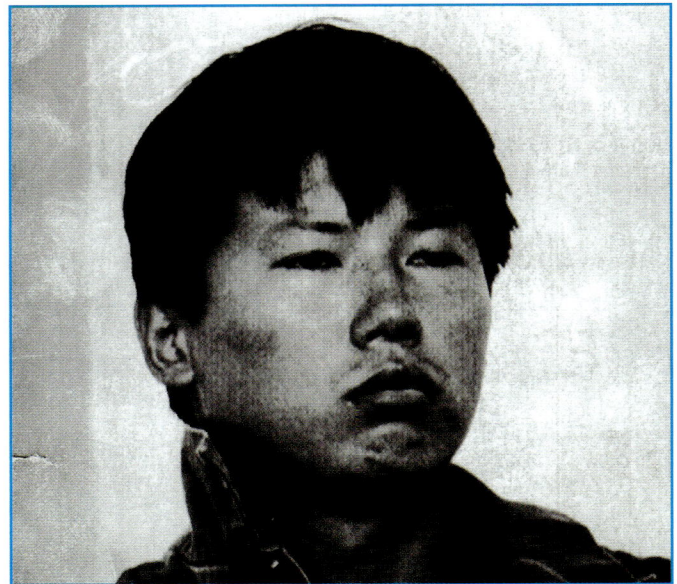

OBEN: Charles Ngs zwanghafte Diebstähle führten zur Verhaftung des tödlichen Duos und beendeten die Mordserie.

Henri Landru

Henri Landru wurde 1869 als Sohn eines armen, aber ehrlichen Paares geboren. Sie gaben ihm den zweiten Vornamen „Desiré" – ersehnt. Und tatsächlich hatte Landru trotz seiner kleinen Statur eine magische Anziehungskraft auf die Damen. Im Ersten Weltkrieg stellte „Blaubart", wie er genannt wurde, in Paris Frauen nach, deren Ehemänner im Krieg waren – und das kostete mindestens elf von ihnen das Leben.

Französischer „Blaubart" war ein Ladykiller

Landru heiratete 1893 und zeugte drei Kinder, gab dann aber seine Stelle bei einem Architekten auf, um sich als Kleinkrimineller durchzuschlagen. Auf der Flucht vor dem Gesetz suchte er per Anzeige eine neue Frau, obwohl er noch verheiratet war. Die Witwe Jeanne Cuchet, 39, antwortete ihm und war sehr beeindruckt von dem Witwer „Monsieur Diard", wie Landru sich nannte. Im Dezember 1914 zog sie mit ihrem Sohn zu „Diard" in dessen gemietete Villa außerhalb von Paris.

Danach verschwanden beide spurlos und hinterließen Landru Schmuck, Möbel und Wertpapiere im Wert von 15.000 Franc. Im Lauf der nächsten fünf Jahre traf sich Landru mit einer Reihe weiterer Frauen – von der 19-jährigen Kellnerin bis zur 44-jährigen Witwe –, von denen mindestens zehn nicht mehr nach Hause kamen. Die besorgten Angehörigen meldeten sich beim Bürgermeister und baten um Hilfe bei der

OBEN: Henri Landru beteuert während seines Prozesses im November 1921 vom Zeugenstand aus seine Unschuld.

OBEN: Zwei Polizisten bewachen den Ofen, in dem Landru die Leichen verbrannte.

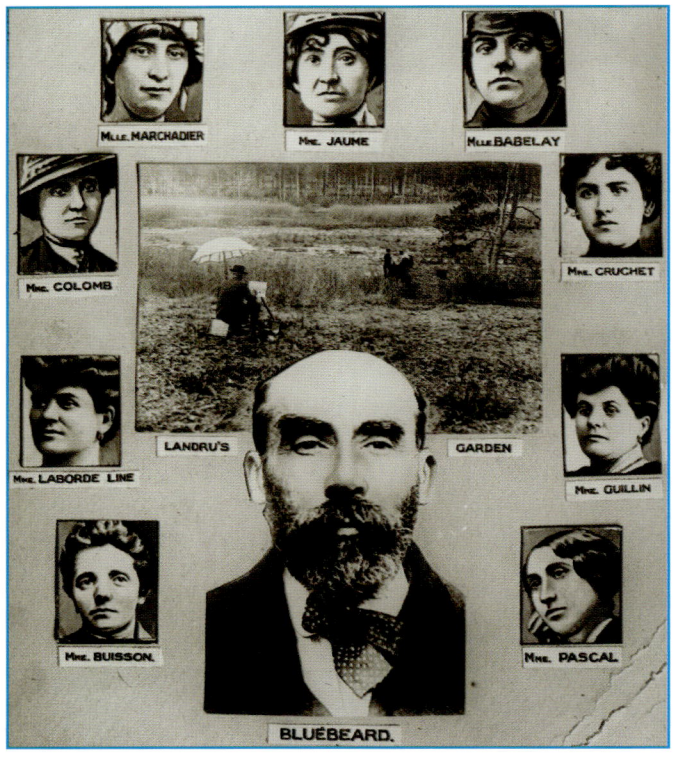

OBEN: „Blaubart" , der mörderische Frauenheld, mit neun der Frauen, die er des Geldes wegen umbrachte.

Suche nach den Vermissten. Als er den Kontakt zwischen den Familien herstellte, realisierten sie, dass die Verbindung aller Fälle miteinander in dem bärtigen Charmeur bestand, der sich „Fremyet", „Cuchet", „Guillet", „Dupont" und „Diard" nannte.

OBEN: Der Gerichtssaal in Seine-et-Oise bei Landrus Prozess. Im November 1921 wurde er zum Tod verurteilt.

Ein Haftbefehl wurde herausgegeben, und im April 1919 wurde Landru dabei gesehen, wie er Arm in Arm mit seinem womöglich nächsten Opfer eine Straße in Paris entlangging. Die Polizei untersuchte seine Unterkunft in der Stadt und fand ein Notizbuch, in dem er alle Frauen, die er durch seine Anzeigen kennengelernt hatte, sowie eine Aufstellung ihres Vermögens sorgfältig aufgelistet hatte. Eine Durchsuchung seiner Villa enthüllte die Quelle des dicken, schwarzen Rauchs, der häufig aus seinem Schornstein kam. In einem Ofen wurde fast 300 Knochensplitter und Zähne gefunden –

OBEN: Landru verbrannte die Leichen in einem Ofen in seinem Haus, das man auf diesem Bild von 1921 sieht.

Landru hatte darin die zerstückelten Leichen verbrannt. Er bestritt jede Schuld vehement, sodass die Frage nach der genauen Opferzahl niemals geklärt werden konnte. Vermutlich waren es viel mehr als die elf bekannten Opfer. Bei seinem Prozess im November 1921 wurde er für schuldig befunden und zum Tod verurteilt.

Im Februar 1922 trat er im Gefängnis von Versailles dem Tod wie der Gentleman, als der er sich gern ausgegeben hatte, entgegen. Er lehnte eine letzte Beichte ab und schrieb stattdessen eine Nachricht an den Chefankläger: „Auf Wiedersehen, Monsieur. Morgen endet unsere gemeinsame Geschichte. Ich werde unschuldig und gelassen sterben. Ich hoffe respektvoll, dass Sie das Gleiche tun."

Am nächsten Morgen trat er, nachdem er die Wärter davon überzeugt hatte, ihm nicht den Bart abzurasieren, an die Guillotine. Seine letzten Worte waren: „Ich werde tapfer sein."

OBEN: Ein Künstler skizziert 1921 den Tatort eines der Landru-Morde.

Bobby Joe Long

Wer weiß schon, was in einem so schwer traumatisierten Hirn wie dem Bobby Joe Longs vorgeht? Er verstand die Kräfte nicht, die ihn dazu trieben, über 50 Frauen zu vergewaltigen, aber er konnte sie auch nicht kontrollieren. Long war entsetzt von dem, was er tat, konnte aber nicht aufhören. Als aus seiner sexuellen Besessenheit Mord wurde, wusste er, dass er unbedingt gestoppt werden musste.

Der Vergewaltiger, der gefasst werden wollte

Robert Joe Long, 1953 in Kenova, West Virginia, geboren, wurde von seiner Mutter, die auf der Suche nach neuen Partnern und Jobs ständig mit ihm umzog, unterdrückt. Mit elf Jahren begannen ihm durch eine Erbkrankheit Brüste zu wachsen, die chirurgisch entfernt werden mussten. Obwohl körperlich alles wieder normal war, behielt er mentale Narben zurück.

Mit 19 ging er zur Armee und heiratete seine Sandkastenliebe, die so dominant war wie seine Mutter. Mit 20 erlitt er bei einem Motorradunfall einen Schädelbruch und lag wochenlang im Koma. Als er wieder zu sich kam, stellte er fest, dass er plötzlich beim kleinsten Ärgernis zu Gewaltausbrüchen neigte. Damals begann auch seine Besessenheit mit Sex. Er verlangte, mindestens zweimal pro Tag mit seiner Frau zu schlafen, und masturbierte zwanghaft. Daraufhin ließ sie sich scheiden und verließ ihn mit den beiden Kindern. Sex bestimmte auch seinen Arbeitstag. Long war Röntgenassistent, verlor aber mehrere Stellen, weil er sich weiblichen Patienten unsittlich näherte, jungen Mädchen Pornofotos zeigte und Frauen unnötigerweise dazu aufforderte, sich auszuziehen.

1976 begann er, regelmäßig Frauen zu vergewaltigen. Er operierte vor allem in Miami, Fort Lauderdale und Ocala, Florida, wo er den Spitzname „Anzeigen-vergewaltiger" bekam, weil er seine Opfer durch Zeitungsanzeigen fand. Kaum war er bei einer Frau zu Hause, zog er sein Messer, fesselte und vergewaltigte sie.

1983 begann Long, die Frauen zu töten. Zuerst fuhr er in Jacksonville und dann in Tampa Bay herum und suchte sich Prostituierte oder las seine Opfer in schäbigen Bars auf. Anschließend brachte er sie in seine Wohnung und erwürgte oder erschlug sie oder schnitt ihnen die Kehle durch. Anschließend ließ er sie irgendwo in obszönen Posen zurück. Innerhalb von acht Monaten tötete er allein in Tampa Bay neun Frauen.

Schließlich ließ Long sich von der Polizei fassen, indem er ein Opfer – eine 17-Jährige, die er sich im November 1984 geschnappt hatte, als sie von der Nachtschicht nach Hause radelte – freiließ. Er verband ihr die Augen und fuhr 26 Stunden mit ihr in der Gegend herum. Obwohl er sie vergewaltigte, brachte er sie nicht um. „Ich wusste, dass es nur eine Frage der Zeit sein würde, wenn ich sie gehen ließ", sagte er. „Es war mir egal. Ich wollte aufhören. Das war alles krank."

Dennoch schlug er zwei Tage später noch ein letztes Mal zu, erwürgte sein Opfer, das er diesmal nicht vergewaltigte, und fuhr mit der nackten Leiche herum.

Vier Tage später identifizierte ihn die Polizei anhand der Beschreibung der 17-Jährigen. Im folgenden Jahr wurde er des neunfachen Mordes für schuldig befunden und erhielt 32 lebenslange Haftstrafen sowie zwei Todesurteile.

Es gelang Long jedoch, seine Hinrichtung auf dem elektrischen Stuhl immer wieder aufzuschieben und in zwei Fällen neue Verhandlungen zu erwirken. Beide Male wurden aber die Schuldsprüche und die damit verbundenen Todesurteile bestätigt. Über zwei Jahrzehnte nach seine Verurteilung sitzt er noch immer im Todestrakt. Einen Hinweis, was ihn zu den Taten veranlasste, gab Bobby Joe Long in einem Interview. Er erzählte von einer Stripperin, die ihn in einer Bar aufzureißen versuchte, und sagte, er hätte sie getötet, weil sie ihn anekelte. „Sie machte mich an", sagte er. „Ich war nicht hinter ihr her. Sie war eine Nutte. Sie manipulierte Männer, und das versuchte sie auch bei mir. Als sie im Auto saß, habe ich sie gefesselt und vergewaltigt. Dann habe ich sie auf dem Highway aus dem Auto geworfen. Am nächsten Morgen konnte ich nicht glauben, was ich getan hatte. Ich war krank. Dann traf ich ein anderes Mädchen, und alles ging von vorn los."

Pedro Lopez

Pedro Lopez erklärte der Polizei sein Verhalten wie folgt: „Mit acht Jahren verlor ich meine Unschuld – deshalb beschloss ich, so vielen kleinen Mädchen wie möglich das Gleiche anzutun." Pedro wurde 1949 als eines von 13 Kindern einer bettelarmen Prostituierten in Tolmia, Kolumbien, geboren. Als er acht war, erwischte ihn seine Mutter dabei, wie er eine seiner Schwestern missbrauchte, und warf ihn hinaus.

Tötete das „Monster der Anden" 300?

Als Straßenkind wurde Lopez seinerseits von einem Mann missbraucht. Mit 18 kam er wegen Autodiebstahls ins Gefängnis, wo er am zweiten Tag von

Mitgefangenen vergewaltigt wurde. Er rächte sich, indem er drei von ihnen erstach – aber die Rache kostete ihn weitere zwei Jahre hinter Gittern, nachdem er auf Selbstverteidigung plädiert hatte.

Als er wieder freikam, war aus Lopez ein knallharter Verbrecher geworden, und er sollte zu einem Killer werden, wie ihn die südamerikanische Kriminalgeschichte noch nicht gesehen hatte. Er bekam den Titel „Monster der Anden", gestand schließlich den Mord

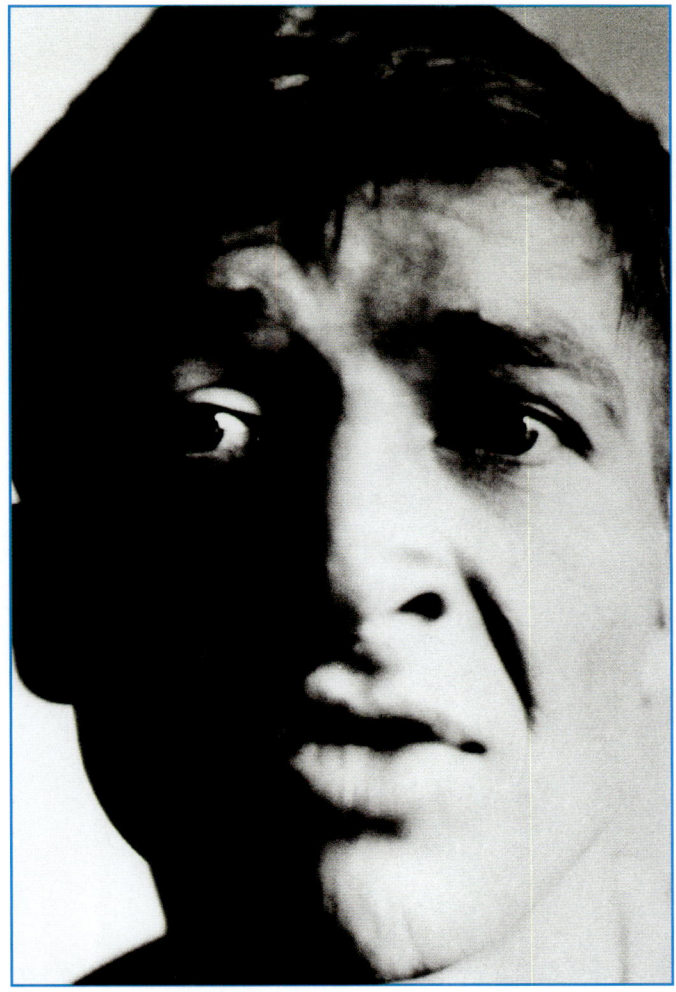

OBEN: Der widerliche Pedro Lopez sah seinen Opfern gern in die Augen, wenn er sie tötete, deshalb schlug er stets am Tag zu.

an 300 Mädchen und erlangte damit traurige Berühmtheit als damals schlimmster Serienkiller der Welt.

Lopez zog durch das Land und suchte sich seine ersten Opfer unter den Eingeborenen, die auf beiden Seiten der Grenzen zu den Nachbarländern Peru und Ecuador lebten. Lopez verfolgte seine kleinen Opfer manchmal tagelang, bevor er sie ansprach. Dann führte er die Mädchen an den Dorfrand, vergewaltigte und tötete sie. Er schlug nie nachts zu, weil er, wie er später erklärte, ihnen ins Gesicht sehen wollte, während sie starben.

Im April 1980, als eine Springflut bei Ambato, Ecuador, einige seiner Opfer freilegte, begann die Jagd auf den Massenmörder ernsthaft. Tage später wurde Lopez von Dorfbewohnern dabei ertappt, als er ein zwölfjähriges Mädchen entführen wollte. In Haft verweigerte er jede Aussage, und so wendete man einen alten Trick an. Man steckte einen Priester in seine Zelle, der sich als Häftling ausgab. Die Täuschung funktionierte zu gut, denn Lopez berichtete ihm von so widerwärtigen Gewaltakten, dass der Priester darum bat, gehen zu dürfen. Mit den Beweisen konfrontiert gab Lopez schließlich auf. Er erzählte den Fahndern von seinen fünf Jahren als „Monster der Anden", den Entführungen, Vergewaltigungen und Morden, bei denen er den Opfern stets in die Augen sah. Er sagte, sie sterben zu sehen, verstärkte seinen Lustgewinn.

Lopez gestand die Morde an 110 Mädchen in Ecuador, 100 in Kolumbien und „weit mehr als 100" in Peru. Man schenkte seinen Erzählungen erst wirklich Glauben, als er die Polizei zu einem Massengrab bei Ambato führte, in dem die Leichen von 53 Mädchen zwischen acht und zwölf Jahren lagen. Die Polizei entdeckte 28 weitere Friedhöfe, von denen viele bereits von wilden Tieren zerstört worden waren.

Lopez wurde zu lebenslanger Haft verurteilt und separat eingesperrt, nachdem er Drohungen erhalten hatte, ihn zu kastrieren und zu verbrennen. Gefängnisdirektor Major Victor Lascano sagte: „Wir werden wohl nie erfahren, wie viele Mädchen Lopez tatsächlich tötete. Die geschätzte Zahl von 300 mag viel zu niedrig sein."

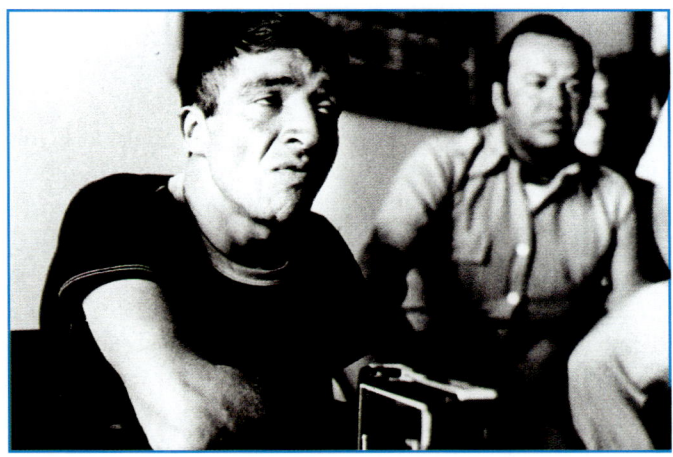

OBEN: Lopez 1980 während eines Verhörs. Er gestand seine Verbrechen schließlich einem Priester, der sich als Häftling ausgab.

Henry Lee Lucas

War Henry Lee Lucas der schlimmste Serienkiller in der amerikanischen Geschichte? In Anbetracht der eklatanten Differenzen in seinen Geständnissen lässt sich das nicht mit Sicherheit sagen. So gab er unter anderem zu, ein Kannibale, Satanist, Auftragskiller und wiedergeborener Christ zu sein. Er beanspruchte 500 Morde für sich. Vielleicht war er für 100 verantwortlich. Verurteilt wurde er für elf. Am Ende konnte wohl selbst Lucas in seinem verdrehten, verrückten Hirn nicht mehr zwischen Wahrheit und Fiktion unterscheiden.

Amerikas schlimmster Serienmörder?

Lucas wurde 1936 als jüngstes von neun Kindern in einer Blockhütte in Blacksburg, Virginia, geboren. Sein Vater war Alkoholiker und betrieb eine illegale Whiskeybrennerei. Lucas Sr., der beide Beine verloren hatte, als er volltrunken von einem Güterzug überfahren wurde, erfror, als ihn seine Frau mitten im Winter aus der Hütte aussperrte. Sie ließ ihren jüngsten Sohn hungern, missbrauchte und schlug ihn brutal, was vermutlich zu einem Hirnschaden führte. Einmal lag er drei Tage im Koma. Ihren Lebensunterhalt verdiente sie als Prostituierte, und der kleine Henry sah oft zu.

Henry sagte später über seine Mutter: „Ich bin aufgewachsen wie ein Hund. Niemand sollte so etwas durchmachen müssen." 1960, mit 23, rächte er sich an ihr und erstach sie. Eventuell vergewaltigte er sie zuvor. Lucas wurde in die Psychiatrie eingewiesen und trotz eigener Bedenken 1970 freigelassen. „Ich sagte ihnen, sie sollten mich besser nicht laufen lassen. Ich sagte ihnen, ich würde es wieder tun, aber sie wollten nicht auf mich hören." Bald saß er eine neue vierjährige Strafe wegen Entführung und versuchter Vergewaltigung ab.

1975 kam er wieder frei. Lucas durchstreifte die Südstaaten und nahm immer wieder Hilfsjobs an. 1976 tat er sich in Florida mit dem Transvestiten Ottis Toole zusammen. Sie wurden Freunde und, gemäß Toole, Liebhaber. Das Duo zog weiter durch die Gegend und nahm dabei Tooles zwölfjährige Nichte Becky Powell, die aus einer Jugendstrafanstalt ausgerissen war, mit.

OBEN: Henry Lee Lucas war ein selbsternannter Kannibale, Satanist und Auftragskiller – aber wie viele Opfer gab es tatsächlich?

OBEN: Ein Sheriff zeigt in Stoneburg, Texas, auf die Stelle, an der ein 80-jähriges Opfer vergraben war.

Der völlig reizlose Lucas – schlecht gekleidet, unrasiert, mit strähnigem Haar und Glasauge – und die leicht zurückgebliebene Becky schienen eine tiefe, echte Bindung zueinander zu haben. Vielleicht war es die einzige derartige Beziehung, die Lucas jemals hatte, und sie endete 1982, als Becky in Texas plötzlich verschwand.

Toole und Lucas hatten sich inzwischen getrennt – Ersterer kehrte zurück nach Florida und landete später wegen Brandstiftung im Gefängnis.

Im Oktober 1982 untersuchten Texas Ranger das Verschwinden einer 80-jährigen Witwe in Stoneburg, als die Spuren sie zu einer schäbigen Hütte führten, die von Anwohnern die „Hühnerbude" genannt wurde. Darin fanden sie den Dolch, mit dem die alte Dame getötet worden war.

Beim Verhör gestand Lucas nicht nur den Mord und die Vergewaltigung, sondern auch eine Reihe von weiteren Sexmorden im tiefen Süden und Südwesten. Er erzählte von Vergewaltigungen und Folter, von Entführungen und Verstümmelungen, vom Tod durch Erschießen, Erhängen und Kreuzigen. Einige hatte er allein getötet, andere zusammen mit Ottis Toole. Unter seinen Einzelopfern war auch Becky.

Anfangs glaubten die Ermittler, die Geständnisse wären die Ausgeburt einer kranken Fantasie, um auf Unzurechnungsfähigkeit plädieren zu können. Oft genug konnte Lucas jedoch unwiderlegbare Beweise liefern.

OBEN: Lucas wird von Texas Rangern zum Tatort eines der vielen ungelösten Morde gebracht, in der Hoffnung, er würde gestehen.

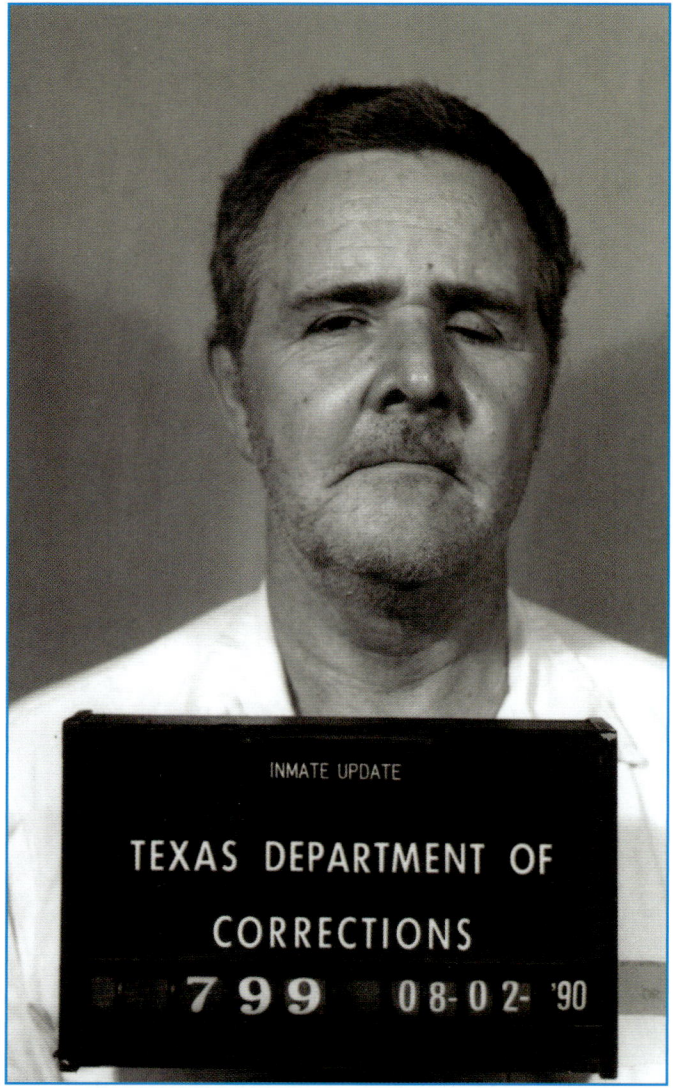

OBEN: Foto von Lucas im Gefängnis in Texas. Während seiner Haft schätzte er selbst seine Opferzahl immer höher ein.

der Frauen tötete Lucas selbst. Einige erschoss er, andere erwürgte er, und wieder andere erschlug er."

In Texas stieg die Zahl der Fälle, die Lucas gestanden hatte, inzwischen auf 360, obwohl er andeutete, dass es 500 oder mehr gewesen sein konnten, was ihn zum schlimmsten Serienmörder Amerikas gemacht hätte. Einige dieser Geständnisse zog er später zurück, aber in vielen Fällen ermöglichte er das Auffinden der Leichen vermisster Personen – die meisten waren vergewaltigt worden, manchmal post mortem.

Lucas musste für immer weggeschlossen werden. 1983, bei seinem Prozess für den Mord an einer Witwe aus Texas, schockierte er den Richter, indem er diesem sagte, er solle „100 weitere Morde mitbedenken". Er erhielt 75 Jahre Haft. Dann kam der Prozess wegen Becky. Er weinte vor Gericht und sagte, dass er sie liebte und nicht wollte, dass sie tot war.

Es half seinem Fall aber nicht, dass er in einem aufgezeichneten Geständnis ausgesagt hatte: „Ich habe mit ihr geschlafen. Sex mit Toten zu haben, scheint einfach Teil meines Lebens zu sein." Dafür erhielt er eine weitere lebenslange Haftstrafe. Nach dem Urteil schüttelte er dem Ankläger lächelnd die Hand und sagte: „Gute Arbeit."

Im Gefängnis erinnerte sich Lucas immer wieder an Morde, die er in den ganzen USA begangen haben wollte. Aufgrund einer Liste von Opfern aus 19 Staaten wurden von anderen Behörden zahllose Blut- und Speichelproben angefordert. Im Lauf der Monate wurden Lucas' Informationen aber immer bizarrer. Bald schätzte er seine Opferzahl auf gut 600.

1983 trafen sich die genervten Vertreter der Strafverfolgungsbehörden aus 19 Staaten in Louisiana, um Informationen über Lucas und Toole auszutauschen. Sie kamen überein, dass es zwischen den beiden und 81 Morden Verbindungen gab, woraufhin viele dieser ungeklärten Fälle abgeschlossen wurden.

Lucas saß zunächst für elf seiner zahllosen Morde in der Todeszelle; 20 weitere Mordanklagen waren noch in der Schwebe. Im Juni 1999, als sich sein Hinrichtungsdatum näherte, kamen plötzlich Zweifel an seiner Schuld in einem der Fälle auf.

Der damalige Gouverneur von Texas, George Bush Jr., wandelte die Todesstrafe in lebenslange Haft um. Lucas starb im März 2001 eines natürlichen Todes.

Er erinnerte sich, wie er die Federn aus einem Kissen über einer 76-Jährigen, die er erschlagen hatte, ausgestreut hatte – eine Tatsache, die von der Polizei nie veröffentlicht worden war.

Die Polizei erhielt für viele der Verbrechen auch eine Bestätigung von Toole, der daraufhin zu seinen 20 Jahren, die er für Brandstiftung absaß, noch eine Todesstrafe bekam.

Toole, der 1996 in Haft an Leberzirrhose starb, erzählte: „Wir nahmen viele Anhalter mit. Die meisten

Michael Lupo

Michael Lupo war ein sehr aktiver Homosexueller, der behauptete, 4.000 Sexualpartner gehabt zu haben. Er gab sich sadomasochistischen Aktivitäten hin. Bei einer davon schlitzte er den Hodensack seines Partners auf, um dessen Hoden besser massieren zu können. Als er begann, einige Sexpartner zu töten, erhielt er den Spitznamen „Wolfsmensch von London".

Verrückter „Wolfsmensch" von London

Bevor er 1975 mit 22 nach Großbritannien kam, hatte Lupo in einer italienischen Eliteeinheit gedient. Er nahm eine Stelle als Friseur in London an und arbeitete sich zum Besitzer einer „Styling Boutique", wie er es nannte, hoch. Zu seinen Kunden gehörten auch Mitglieder der Londoner High Society, die ihre Homosexualität geheim halten wollten.

Lupo kaufte sich ein Haus und verwandelte ein Zimmer in eine Folterkammer. Seine Promiskuität sollte ihn – und vier andere – schließlich das Leben kosten. Nachdem bei ihm AIDS diagnostiziert wurde, begann er einen Amoklauf, im Zuge dessen er vier Männer, die er aus Bars mitgenommen hatte, abschlachtete. Sein Markenzeichen war es, die nackten Leichen aufzuschlitzen und mit Exkrementen zu beschmieren.

Im März 1986, nach dem Fund der Leiche eines 37-Jährigen in einem verlassenen Appartment in Kensington, nahm die Polizei die Ermittlungen auf. Sie machte jedoch keine Fortschritte, weil es keine Verbindung zwischen Opfer und Täter gab. Lupo hatte aber schon zuvor gemordet. Er war für den Tod eines jungen Mannes, der erwürgt in West London gefunden wurde, sowie für den eines unidentifizierten Mannes, der an der Hungerford Bridge getötet wurde, verantwortlich. Scotland Yard teilte die Akten mit Behörden in Deutschland und den USA, da es ähnliche Mordfälle in Berlin, Hamburg, Los Angeles und New York gegeben hatte – und sie trafen mit Lupos Reisen zusammen.

Im April 1986 wurde ein 24-jähriger erwürgt an einer Eisenbahnlinie in Brixton gefunden. Die Entdeckung des letzten Opfers überzeugte die Polizei, dass ein Serienmörder unterwegs war, und die Erkenntnis versetzte die Londoner Schwulenszene in Aufruhr.

Lupo wurde am 20. Mai verhaftet, nachdem zwei verängstigte Männer, die seinen Fängen entkommen waren, zur Polizei gingen. Im Juli wurde er unter seinem vollen Namen Michele de Marco Lupo des vierfachen Mordes und zweifachen Mordversuchs für schuldig befunden und zu lebenslanger Haft verurteilt. Im Februar 1995 starb er an den Folgen von AIDS.

OBEN: Der ehemalige Chorknabe und Friseur Michael Lupo tötete in den 1980er-Jahren in London vier homosexuelle Liebhaber.

Charles Manson

Mit 32 war Charles Manson so sehr an das Leben hinter Gittern gewöhnt, wo er den Großteil seiner Zeit verbracht hatte, dass er darum bat, in Haft bleiben zu dürfen. Hätten die Behörden ihm nur seinen Wunsch gewährt! Zwei Jahre später scharte er die „Familie" um sich, die alles dafür tat, bei ihm bleiben zu dürfen.

Blutiges Massaker von Manson und seinen „Todesengeln"

UNTEN: In seiner Verwirrtheit sah Manson einen Aufstand zwischen Schwarz und Weiß voraus, den seine „Familie" überleben würde.

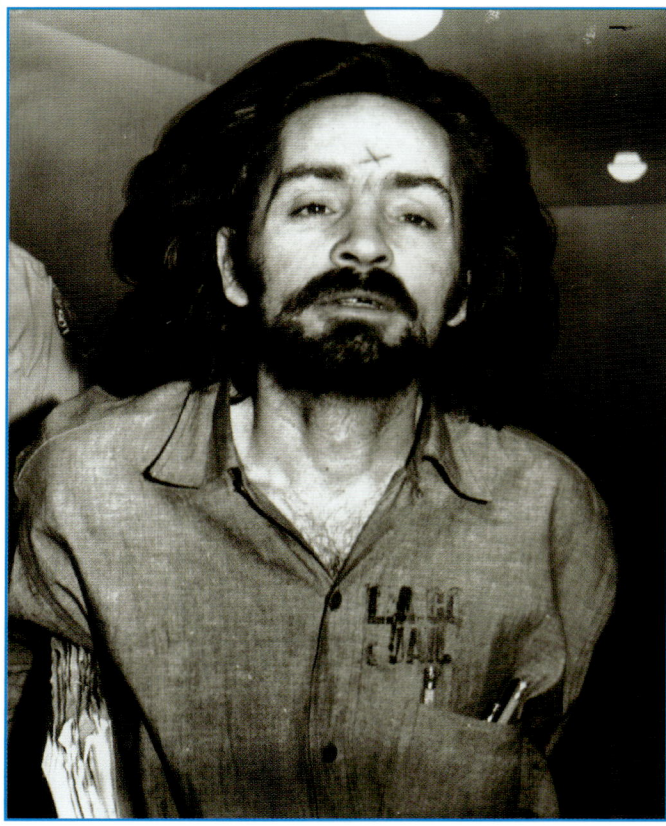

Manson wurde 1934 in Cincinnati als Sohn der 16-jährigen Prostituierten Kathleen Maddox geboren. Er lernte seinen Vater nie kennen und wuchs umgeben von Drogen und Gewalt auf. Einen Großteil seiner Jugend verbrachte er in Einrichtungen. In einer Strafanstalt hielt Manson einem Mitgefangenen ein Messer an die Kehle und vergewaltigte ihn brutal.

Trotz seiner homosexuellen Neigungen heiratete Manson 1954 die 17-jährige Rosalie Jean Willis. Als er das nächste Mal zu drei Jahren Haft verurteilt wurde, war sie schwanger. Zunächst besuchte sie ihn regelmäßig und brachte auch Charles jr. mit, aber dann lernte sie jemand anderen kennen, und die Besuche hörten auf. Manson sah seinen Sohn nie wieder. Zwischen Haftstrafen heiratete er erneut und bekam einen zweiten Sohn, aber auch diese Ehe scheiterte.

1967 landete Manson in San Francisco. Er hatte eine Anziehungskraft, die Aussteiger und Frauen aus dem Mittelstand gleichermaßen anlockte. So gründete er eine Sekte und ließ sich auf der Spahn Ranch in den Santa-Susana-Bergen Kaliforniens nieder.

Manson war davon überzeugt, dass ein Aufstand zwischen schwarzen und weißen Amerikanern bevorstand. Er hörte versteckte Botschaften in Songs der Beatles und prophezeite, dass nur seine Anhänger und die „erwählten Schwarzen" überleben und anschließend die Weltherrschaft übernehmen würden. Seine Anhänger müssten aufstehen und sich gegen die weiße Gesellschaft wehren.

Er nannte seinen furchtbaren Plan „Helter Skelter" und schickte in der Nacht vom 9. August 1969 vier seiner Jünger – Susan Atkins, Patricia Krenwinkel, Linda Kasabian und Charles Watson – zum 10050 Cielo Drive, Benedict Canyon, Los Angeles, um mit dem grausamen Gemetzel zu beginnen. Das Anwesen war von Filmregisseur Roman Polanski und seiner schwangeren Frau Sharon Tate gemietet worden. Polanski war zu Dreharbeiten unterwegs, aber Sharon und einige

OBEN: Der polnische Regisseur Roman Polanski und die amerikanische Schauspielerin Sharon Tate bei ihrer Hochzeit 1968.

Freunde feierten eine Party, als die selbsternannten „Todesengel" einfielen. Sie zeigten keine Gnade. Watson soll gemurmelt haben: „Ich bin der Teufel – gekommen, um meine Arbeit zu tun", während er auf Voytek Frykowski einschlug, der dann von Atkins erstochen wurde. Jay Sebring wurde erstochen und erschossen.

Der schockierendste Mord war aber der an der hochschwangeren Tate und ihrem ungeborenen Sohn, auf die sie 16-mal einstachen. Dann legten sie ihr eine Schlinge um den Hals, warfen das andere Ende über einen Deckenbalken und banden es Sebring um den Hals. Der 18-jährige Steven Parent wurde erschossen, als er wegzufahren versuchte. Abigail Folger, eine Kaffeeerbin, wurde in Stücke gehackt. Mit Blut schrieben die Wahnsinnigen „Schweine" an die Eingangstür.

Es gibt eine Theorie, nach der Mansons Bande die falschen Menschen umgebracht hat. Das Haus im Cielo Drive war zuvor von Plattenboss Terry Melcher gemietet worden. Er hatte scheinbar Mansons Versuche, ins Musikgeschäft einzusteigen, unterbunden. Es ist aber auch möglich, dass Frykowski und Sebring Drogendealer waren, auf deren Geschäfte Manson aus war.

Verärgert über die chaotischen Ereignisse des Vortages führte Manson den nächsten Angriff am 10. August selbst an. Wieder wurden die vier Tate-Mörder aufgerufen, zusammen mit Steve Grogan und Leslie van Houten, dem jüngsten Kultmitglied. Auf der Suche nach möglichen Opfern fuhren sie durch die besseren Wohngegenden von Los Angeles und entschieden sich schließlich für das Haus von Leno und Rosemary LaBianca, denen eine kleine Supermarktkette gehörte. Manson stürzte auf das Anwesen, fesselte sie und überließ sie seinen drei „Sklaven" Watson, Krenwinkel und van Houten.

Diese fügten den LaBiancas mit Schwertern, Messern und Gabeln schreckliche Verletzungen zu. In Lenos Bauch ritzten sie das Wort „Krieg". Sie stachen 26-mal auf ihn ein, zogen ihm einen Kissenbezug über den Kopf und hängten ihn symbolisch. Mit Rosemary, die etliche Stichwunden in Rücken und Gesäß hatte, verfuhren sie ähnlich. Die Wände waren mit in Blut geschriebenen Slogans bedeckt, und auf dem Kühlschrank stand – falsch geschrieben – „Healter Skelter".

Die Polizei brachte die beiden Überfälle anfangs gar nicht miteinander in Verbindung, und erst durch die Verhaftung von Susan Atkins im Zuge einer anderen

OBEN: Manson 1970 mit Polizeibeamten. Die Anziehungskraft, die er auf seine Anhänger ausübte, war unglaublich.

(LA5)LOS ANGELES, Dec.2--CULT
LEADER?--Charles Manson, above,
34, was described today by the
Los Angeles Times and attorney
Richard Caballero as the leader of a quasireligious cult of
hippies, three of whom have
been arrested on murder warrants
issued in the slayings of act-
ress Sharon Tate and four others
at her home. Manson is in jail

OBEN: Polizeifoto Mansons mit irrem Blick nach seiner Verhaftung 1969.

Ermittlung wurde dem grausamen Kult das Handwerk gelegt. Sie wurde in Verbindung mit dem Mord an dem Drogendealer Gary Hinman, der zehn Tage vor dem Massaker in seinem Haus im Topanga Canyon getötet worden war, verhaftet. Atkins prahlte mit ihrer Rolle beim Angriff auf Tate und der sexuellen Befriedigung, die sie verspürt hatte. Sie wollte sogar Tates Blut getrunken haben.

Die Polizei verhaftete die Manson-Familie, und nach einem 38-wöchigen sensationellen Prozess wurden alle

am 29. März 1971 zum Tod verurteilt. Die Urteile wurden im folgenden Jahr zu lebenslanger Haft umgewandelt, als Kalifornien die Todesstrafe abschaffte.

Leslie van Houten erwirkte zwei Neuverhandlungen, da ihr Anwalt mitten im ersten Prozess verschwunden war. Seine Überreste wurden später in den Bergen ge-

CALIFORNIA
STATE PRISON
MANSON, C
B-33920
3/18/09

OBEN: Manson, wie er heute aussieht. Das Hakenkreuztattoo auf seiner Stirn ist ein Souvenir aus seiner kranken Vergangenheit.

funden, und Mitglieder des Kults wurden dafür verantwortlich gemacht. Van Houtens lebenslange Haftstrafe wurde bestätigt.

Im Jahr 1994 wurde eine „Lasst Susan Atkins frei"-Kampagne gestartet. Ihre Unterstützer waren der Ansicht, sie wäre nach den Jahren im Gefängnis nun rehabilitiert. Nachdem das Gericht aber eine Aussage von Sharon Tates Schwester Patti, die zum Tatzeitpunkt erst elf war, anhörte, lehnte man Atkins' Antrag ab. Patti erzählte von dem Kummer ihrer Mutter, jedesmal wenn eines der Bandenmitglieder Antrag auf Bewährung stellte, und von der Gleichgültigkeit, mit der Atkins von der grauenhaften Szene im Cielo Drive zu dem Schlachtfest im Zuhause der LaBiancas übergegangen war.

Atkins befindet sich – genau wie Manson, der frei zugibt, wieder zu töten, sollte er jemals freikommen – weiter in Haft.

OBEN: Manson 1970 bei seinem Prozess. Er schwor, wieder zu töten, sollte er jemals freigelassen werden.

Peter Manuel

Peter Manuel wandte sich schon früh dem Verbrechen zu. Mit elf wurde er dabei erwischt, in Geschäfte einzubrechen. Mit 15 griff er eine Frau mit einem Hammer an. Als Ergebnis verbrachte er einen Großteil seiner Jugend in einer Besserungsanstalt und in Borstal, was ihn erst recht zu einem abgehärteten Verbrecher machte, der sich nicht scheute, für Geld oder sexuelle Befriedigung Gewalt anzuwenden.

Familien kaltblütig von Einbrecher erschossen

Nach seiner Entlassung 1946 zog der 19-Jährige nach Glasgow, wo sich seine Eltern, nachdem ihr Haus in Coventry bei einem Fliegerangriff zerstört worden war, niedergelassen hatten. Innerhalb von Wochen wurde er wegen Einbruchs verhaftet. Während er auf den Prozess wartete, vergewaltigte er eine Schwangere und belästigte zwei weitere Frauen. Er wurde zu acht Jahren Haft verurteilt und kam 1953 frei. Drei Jahre später folgte der erste Mord. Manuels erstes Opfer war die 17-jährige Annie Knielands, die er im Januar 1956 tötete und auf dem Golfkurs East Kilbride bei Glasgow ablegte. Manuel wurde befragt, aus Mangel an Beweisen aber wieder entlassen. Im September 1956, als er nach einem Einbruch auf Kaution frei war, brach er in ein Haus in Burnside ein und erschoss Marion Watt, ihre Schwester Margaret und Marions 16-jährige Tochter Vivienne. Wieder wurde Manuel verhört. Er bekam 18 Monate Haft für den ersten Einbruch, es gab aber nicht genug Beweise, um ihm die Morde anzuhängen.

Nach seiner Freilassung fuhr Manuel Anfang Dezember 1957 für ein Bewerbungsgespräch nach Newcastle, wo er den Taxifahrer Sydney Dunn erschoss. Zurück in Glasgow schlug er am 27. Dezember wieder zu.

OBEN: Der schottische Serienmörder Peter Manuel lächelt während seiner Verhandlung in Glasgow am 29. Mai 1958.

Vater wurde beschuldigt, gestohlene Gegenstände aufbewahrt zu haben, von denen er behauptete, sie gekauft zu haben, um seinen Sohn zu schützen. Manuel bot ein volles Geständnis an – im Austausch gegen die Freilassung seines Vaters. Er führte die Polizei zu der Stelle, an der er zwei Pistolen in den Fluss geworfen hatte, und brachte sie zum Grab von Isabelle Cooke.

Bei seiner Verhandlung 1958 wurde Manuel des siebenfachen Mordes für schuldig befunden, obwohl die Polizei vermutete, dass er bis zu 15 Menschen getötet hatte. Der Richter sagte, dass „ein Mann sehr böse sein kann, ohne verrückt zu sein", und verurteilte ihn zum Tod. Am 11. Juli 1958 durfte Peter Manuel noch eine Messe hören und am Abendmahl teilnehmen, bevor er im Glasgower Gefängnis Barlinnie zum Galgen geführt wurde.

OBEN: Manuel wird am 17. Januar 1958 nach seiner Verhaftung wegen Mordes von der Polizei abgeführt.

Isabelle Cooke, 17, ging zu einer Tanzveranstaltung und kam nicht mehr zurück. Während die Polizei nach ihr suchte, wurden drei Leichen in einem Haus zehn Minuten von Manuels Zuhause entfernt entdeckt. Peter und Doris Smart sowie der elfjährige Michael waren mit Kopfschüssen hingerichtet worden.

Am 14. Januar 1958 wurde Peter Manuel verhaftet und wegen der Morde an den Smarts angeklagt. Sein

Robert Maudsley

Robert Maudsley ist nicht Großbritanniens „produktivster" Serienmörder, er gilt aber in jedem Fall als gefährlichster. Er beging nur vier Morde – drei davon, während er sich in Haft befand. Berüchtigt ist er aber dafür, wie er die Gefängnisaufseher verspottete, indem er das Gehirn eines seiner Opfer aß.

Kannibalenkiller isst Gehirn eines Opfers

Robert John Maudsley wurde 1953 in Liverpool geboren. Er verbrachte seine ersten Jahre in einem Waisenhaus. Als Teenager zog er nach London und arbeitete als Callboy, um seine Drogensucht zu finanzieren. 1974 griff er einen Arbeiter an, der ihn gemietet hatte, stach auf ihn ein, schlug ihm mit einem Hammer den Schädel ein und erwürgte ihn schließlich. Er erklärte, er sei wütend geworden, als der Mann ihm kinderpornografische Fotos gezeigt hatte.

Maudsley erhielt eine lebenslange Haftstrafe und wurde in die geschlossene Anstalt von Broadmoor eingewiesen. Dort zerrte er im Februar 1977 zusammen mit einem anderen Gefangenen, David Cheeseman, den Pädophilen David Francis in ein Zimmer und verbarrikadierte die Tür. Dann fesselten sie den Mann. Zehn Stunden lang musste sich das Personal die Schreie des Gefolterten anhören. Schließlich kam das Duo heraus, den erwürgten Leichnam wie eine Trophäe über ihre Köpfe haltend.

Daraufhin wurde Maudsley in das Gefängnis von Wakefield in Yorkshire überstellt, wo er trotz strenger Sicherheitsmaßnahmen seine Mordserie fortsetzte. Im Juli 1978 schliff Maudsley einen Suppenlöffel als Messer zurecht und wartete darauf, dass der Sexualstraftäter Salney Darwood seine Zelle betrat. Maudsley stieß ihm das Messer in Rücken und Kopf und garottierte ihn professionell. Er schob die Leiche unter eine Pritsche und suchte sich sein nächstes Opfer.

Als Nächster starb William Roberts, der bäuchlings auf seiner Pritsche lag. Maudsley erstach ihn und schmetterte seinen Schädel gegen die Wand. Dann soll er den Schädel mit dem selbstgemachten Messer aufgehebelt und das Gehirn herausgelöffelt haben. Anschließend ging er zu einem der Wärter und sagte: „Beim Appell werden zwei fehlen."

Dieser Vorfall brachte Maudsley in den Medien den Spitznamen „Hannibal der Kannibale" ein, aber unter seinen Mitgefangenen hieß er einfach nur „Löffel". Da er als zu gefährlich für eine normale Zelle galt, wurde er in einem eigens gebauten Perspex-Käfig mit Pappmöbeln und einem Bett aus Beton in strikter Einzelhaft gehalten. Im Lauf der nächsten 25 Jahre ließ er sein Haar und seine Fingernägel wachsen, bis diese laut einer Zeitung „wie die Klauen eines Geiers aussahen".

Maudsley, der Poesie, klassische Musik und Kunst liebt und den IQ eines Genies hat, beschrieb sein Leben als „lebendig begraben". Er schrieb: „Ich sitze hier und vegetiere vor mich hin, [...], völlig mir selbst überlassen, mit Menschen, die Augen haben, aber nicht sehen, Ohren haben, aber nicht hören, Münder haben, aber nicht sprechen. So kann ich mich nur nach innen wenden."

Ivan Milat

Im September 1992 entdeckten Wanderer im Belanglo State Forest, New South Wales, Australien, eine Leiche. Am folgenden Tag entdeckte die Polizei ganz in der Nähe einen zweiten Toten. Es waren zwei vermisste britische Mädchen, Caroline Clarke, 21, und Joanne Walters, 22, die beim Trampen in Sydney verschwunden waren.

Anhalter vom "Rucksackkiller" getötet

Caroline war erstochen worden, und man hatte ihr mehrfach in den Kopf geschossen. Aufgrund des Einschusswinkels gingen Experten davon aus, dass der Täter sie als Zielscheibe benutzte. Joanne hatte Stichwunden in Herz und Lunge, und ein Stich war in ihr

Rückgrat gedrungen und hatte sie vermutlich gelähmt, bevor sie an ihren Wunden starb.

Die Entdeckungen lösten die Suche nach Australiens berüchtigtstem Serienmörder aus: Ivan Robert Marko Milat. 1945 als Kind eines kroatischen Immigranten geboren, wurde er als der „Rucksackkiller" berühmt, da er vorzugsweise junge Wanderer tötete und der Belanglo State Forest sein beliebtes Operationsgebiet war.

Nach und nach tauchten weitere Leichen auf. Im Oktober 1993 entdeckten Wanderer die Leichen von James Gibsons und seiner Freundin Deborah Everist, beide 19, die im Dezember 1989 beim Trampen verschwunden waren. Gerichtsmediziner bestätigten später, dass James das Markenzeichen des Killers aufwies – die Wunde im Rückgrat, die ihn vor dem Tod lähmte.

Das gleiche Schicksal ereilte auch Simone Schmidl, 21, deren Leiche im nächsten Monat auftauchte. Die Deutsche, die seit Janaur 1991 vermisst wurde, war sexuell missbraucht worden. Die am Tatort gefundene Kleidung gehörte jedoch nicht Schmidl, sondern einer weiteren vermissten Touristin, Anja Habschied, 20. Ihre sterblichen Überreste wurden mit denjenigen ihres Freundes Gabor Neugebauer einige Tage später gefunden. Ihr Kopf und zwei ihrer Wirbel fehlten. Anja war bei lebendigem Leib mit einem Schwert geköpft worden. Gabor war geknebelt und erwürgt worden. In seinem Kopf befanden sich sechs Kugeln.

Nun stand fest, dass ein sadistischer Serienmörder unterwegs war. Die Polizei erhielt Anrufe Hunderter besorgter Eltern aus der ganzen Welt, die wissen woll-

OBEN: Szene vor dem Campbelltown Local Court im Mai 1994, als Ivan Milat wegen des Paul-Onions-Falles angeklagt wurde.

ten, ob ihre Kinder in Sicherheit waren. Die Nachricht über die Mordserie erbrachte aber auch erste Hinweise auf die Identität des Mörders.

Der britische Student Paul Onions, 20, war im Januar 1990 im Süden von New South Wales von einem Mann mitgenommen worden. Der Mann hatte sich seltsam verhalten, und als Paul die Flucht ergriff, verfolgte er ihn mit einer Pistole in der Hand. Paul konnte einen anderen Wagen anhalten und entkommen. Er meldete den Angriff bei der Polizei, die aber sagte, dass sie ohne Nummernschild wenig Chancen hätte, den Mann zu fassen. Für die anderen Opfer stimmte das unglücklicherweise. Als Paul Onions seine Geschichte vier Jahre später noch einmal wiederholte, hatte die Polizei plötzlich eine Beschreibung des „Rucksackmörders". Als Ivan Milat später gefasst wurde, zeigten sie Paul ein Foto, der ihn darauf sofort wiedererkannte.

Der endgültige Durchbruch kam, als eine Frau anrief, die erzählte, ihr Freund arbeite mit einem Mann mit Namen Ivan Milat zusammen, der in der Nähe des Belanglo State Forest lebte und ein Waffenfanatiker sei. Die Ermittler fanden heraus, dass Milat zu den Tatzeitpunkten nicht bei der Arbeit war, und verhafteten ihn, als er zu Hause mit seiner Freundin im Bett lag.

Milat stritt die Verbrechen vehement ab, aber bei der Durchsuchung seines Hauses fand die Polizei Gegenstände, die den Opfern gehört hatten, zusammen mit Patronenhülsen, die denen bei den Leichen glichen.

Im Juni 1995 wurde Milat wegen siebenfachen Mordes zu lebenslanger Haft verurteilt. Er wurde in das Hochsicherheitsgefängnis von Maitland bei Sydney ge-

OBEN: Das Haus des „Rucksackmörders" Ivan Milat 1994 bei der Durchsuchung durch die Polizei.

bracht und gab damit an, eines Tages zu fliehen. Er unternahm einen gescheiterten Versuch im Juli 1995.

Sechs Jahre später wurde ein streng bewachter Milat erneut vor Gericht gestellt, als drei Fälle von Mädchen, die 1978 und 1979 unter ähnlichen Umständen verschwunden waren, erneut untersucht wurden. Der Killer verweigerte jede Kooperation, und so ist bis heute nicht klar, was aus den 20, 17 und 14 Jahre alten Mädchen wurde.

Milat legte immer wieder Berufung gegen das Urteil ein. Mehrmals verletzte er sich in der Haft selbst. Er schluckte Rasierklingen, Reißzwecken und anderes. Im Januar 2009 schnitt er sich den kleinen Finger ab, um ihn dem hohen Gericht zu schicken.

OBEN: Mit einem Gefängnistransporter wird Milat im Mai 1994 zu seiner Anhörung gebracht.

Herman Mudgett

Herman Webster Mudgett kam 1886 mit zwei Ehefrauen, kaum Geld, einem gefälschten Universitätsdiplom und einem Ziel nach Chicago: sehr schnell sehr reich zu werden. Er hatte Charme, Stil, Witz und eine Art, die Frauen unwiderstehlich fanden – zu oft auf ihre Kosten. Mudgett wurde schnell klar, das die Atmosphäre in der boomenden, aber auch verbrechensreichen Stadt, die sich auf die Weltausstellung vorbereitete, ideal war, um seine Pläne umzusetzen. So wurde er zu Amerikas erstem echten Serienmörder.

Geheime Gaskammer im Folterschloss

Der 1860 in eine bekannte Familie in Gilmanton, New Hampshire, geborene Mudgett war intelligent, gut aussehend und charmant. Er flog von der medizinischen Fakultät, weil er Leichen stahl, mit denen er Versicherungsbetrug begehen wollte. Sein medizinisches Wissen reichte aber aus, um sich in Chicago als „Dr. Henry Howard Holmes" niederzulassen.

Sein erster Job in der Stadt war bescheidener gewesen. Er hatte als Angestellter in einer Apotheke in Englewood gearbeitet. Nach einigen Monaten verschwanden seine Arbeitgeberin, eine Witwe, und ihre Tochter. Neugierigen Kunden erzählte Mudgett, sie hätte ihm das Geschäft verkauft und sei nach Kalifornien gezogen. Tatsächlich hatte er sie umgebracht.

Von dieser Basis aus startete Mudgett eine Reihe zwielichtiger Unternehmungen. Er füllte Leitungswasser als wundersames Allheilmittel ab. Er verkaufte ein unschlagbares Mittel gegen Alkoholismus für $ 50 die Flasche. Und er behauptete, er hätte eine Möglichkeit gefunden, Wasser in Erdgas zu verwandeln, was ihm einen Forschungsvertrag mit einem Energieversorger einbrachte. Als das Geld zu fließen begann, kaufte er ein großes Grundstück, auf dem er später „Holmes Castle" baute, ein dreistöckiges, verworrenes Gebäude mit über 100 Zimmern, Geheimgängen, falschen Wänden und mysteriösen Falltüren.

1888 vollendete Mudgett mit gerade 28 Jahren sein Anwesen. Im Lauf der Jahre lockte er Dutzende junger

Frauen mit dem Versprechen nicht existierender Anstellungen nach Holmes Castle. Einmal dort, ermordete er seine Besucher, indem er sie in einem von mehreren Zimmer zurückließ, die versiegelt waren und in die merkwürdige Rohre führten – seine Gaskammern. Anschließend entsorgte er seine Opfer in seinem zwei Meter breiten Ofen oder in Säurefässern.

Bis September 1894, als er einen Kleinkriminellen tötete, um dessen Lebensversicherung einzulösen, kam Mudgett mit den Morden davon. Einem cleveren Versicherungsdetektiv kam die Sache merkwürdig vor, und so schickte er die Polizei zu der Adresse, an die das

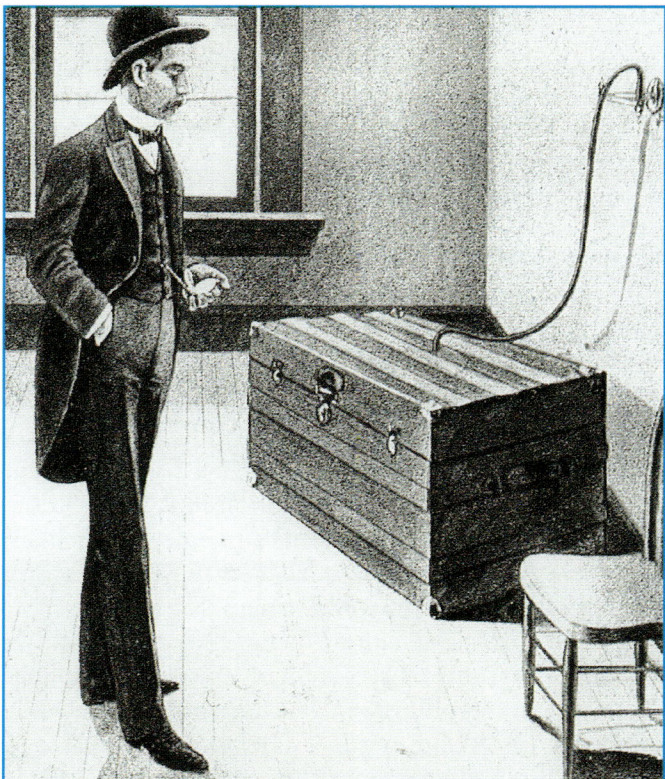

OBEN: Zeitgenössischer Druck eines Polizisten, der eine Kiste betrachtet, in die ein Gasrohr führt.

OBEN: Eine Skizze, die zu seiner Verhaftung veröffentlicht wurde und zeigt, wie Mudgett seine jüngeren Opfer entsorgte.

Geld geschickt werden sollte: Holmes Castle. Was sie dort entdeckten, wird in mehreren Berichten beschrieben. Neben normalen Schlafzimmern fanden die Ermittler fensterlose Räume, in die Gasrohre führten. Bei einem mit Asbest ausgekleideten Zimmer vermutete man, dass Mudgett eine Möglichkeit gefunden hatte, das Gas zu entzünden, sodass aus dem Gasrohr ein Flammenwerfer wurde. Der Keller enthielt eine mittelalterliche Folterbank und die Skelette mehrerer Frauen, deren Fleisch sorgsam abgelöst worden war.

Mudgett floh, wurde aber im November 1894 in Boston verhaftet, als er das Land verlassen wollte. Er wurde in Philadelphia nur für den Mord an dem Kleinkriminellen vor Gericht gestellt, obwohl bereits bekannt war, dass er auch dessen drei Kinder getötet hatte.

Nach seinem Schuldspruch verkaufte er seine Geschichte für $ 7.500 an eine Zeitung. Darin gestand er 27 Morde in Chicago, Indianapolis und Toronto.

Obwohl seine Opferzahl auf bis zu 200 geschätzt wurde, wird man die wahre Zahl niemals erfahren. Herman Mudgett wurde am 7. Mai 1896 in Philadelphias Moyamensing Prison gehängt. Sein Todeskampf dauerte fast 15 Minuten.

Dennis Nilsen

Dennis Nilsen war ein Serienmörder, der in den 1970er- und 1980er-Jahren in London Jagd auf Männer machte. Er behauptete, er hätte keine Kontrolle über seine Taten, wäre die ganze Zeit in einer Art Trance und würde schließlich aufwachen und einen Toten in seiner Wohnung vorfinden. Obwohl er argumentierte, dass eine Persönlichkeitsstörung schuld an den Morden sei, bewies die Rücksichtslosigkeit seiner Verbrechen einen tödlichen Instinkt. Nilsens eigene Versuche, seinen Amoklauf zu stoppen, führten zu seinem Untergang.

Killer kochte menschlichen Kopf

Nilsen beging 1978 seinen ersten Mord. Er nahm einen Fremden aus einem Pub mit und schlief mit ihm. Bei Tagesanbruch merkte er, dass er sich nicht von seinem Bettgenossen trennen wollte. Er würgte den schlafenden Mann mit einer Krawatte und ertränkte ihn dann in einem Wassereimer.

Zuerst war Nilsen schockiert, aber rasch überwand er alle Bedenken. Bald stapelten sich die Leichen unter den Dielen seiner Wohnung in der Melrose Avenue in Willesden. Eines der namenlosen Opfer gefiel Nilsen so gut, dass er eine Woche mit der Leiche verbrachte, bevor er sie zu den anderem unter die Dielen verfrachtete. Er hatte den Toten in seinem Zimmer, „unterhielt" sich nach der Arbeit mit ihm und schlief mit ihm.

OBEN: Dennis Nilsen entwickelte mit fünf Jahren nach dem Tod seines Großvaters eine Faszination für Leichen.

OBEN: Nilsen während seines Prozesses am Highgate Magistrates Court, London.

Eines seiner vielen Opfer erlitt vor Nilsens Wohnung einen epileptischen Anfall. Nilsen half ihm, und als der Mann zurückkehrte, um sich zu bedanken, wurde er umgebracht. Schließlich entsorgte Nilsen sein Leichenlager, indem er die Körper zerhackte und im Garten verbrannte.

Als Nilsen in eine Wohnung in Cranley Gardens zog, hatte er keinen Garten mehr, sodass er die Leichen in noch kleinere Teile zerlegen musste und die Haut und die Knochen die Toilette hinunterspülte. Schließlich verstopfte die Toilette. Nette Nachbarn klebten ihm einen Warnhinweis an die Tür. Nilsen wusste, dass er schnell handeln musste. Falls Klempner seine Wohnung betraten, würden sie womöglich die stinkende Leiche finden, die seit einer Woche in seinem Schrank lag. Nilsen legte sein Wohnzimmer mit Plastikplanen aus und zerstückelte den Körper mit einem Küchenmesser. Den Kopf kochte er in einem großen

Topf. Die Körperteile, inklusive des gekochten Kopfes, steckte er in schwarze Plastiksäcke. Nilsen hatte jedoch keine Zeit mehr, diese loszuwerden, da die Nachbarn eine Rohrreinigungsfirma gerufen hatten.

Als ein Ingenieur die Abdeckung eines Gullys entfernte, entdeckte er verwesendes Fleisch. Forensiker bestätigten, dass es sich um Menschenfleisch handelte.

Als Nilsen am 9. Februar 1983 von der Arbeit kam, wartete die Polizei bereits auf ihn. Er gestand alles und zeigte ihnen die Säcke mit den Leichenteilen, die in seinem Schrank lagen. Dann berichtete er von der makabren Mordserie, die sie kaum glauben konnten.

Nilsen sah einfach nicht wie ein Serienkiller aus. Er wirkte viel zu „gewöhnlich". Dennoch schien es, als habe seine Faszination mit Leichen früh begonnen ...

Dennis Andrew Nilsen wurde im November 1945 in Fraserburgh, Schottland, als zweiter Sohn Olav Nilsens

OBEN: Nilsens Wohnung in der Melrose Avenue, in der er seine Opfer unter den Dielen aufbewahrte.

geboren. Dennis wuchs ohne Vater auf, bekam aber viel Liebe und Aufmerksamkeit von seinem Großvater, Andrew Whyte, bei dem er gemeinsam mit seiner Mutter lebte. Als dieser mit 62 an einem Herzinfarkt starb, wurde er zu Hause aufgebahrt. Der erst fünfjährige Dennis war von dem Leichnam fasziniert. Er gab später zu, dass sich das Bild des Toten viele Jahre in seinen Geist gebrannt hatte.

Mit 16 meldete sich Nilsen zur Armee und arbeitete als Fleischer in einer Versorgungseinheit. Dort erwarb er die Kenntnisse, die ihm später gute Dienste leisten sollten. Als er 1972 die Armee verließ, begann er eine Ausbildung bei der Polizei, gab diese aber wieder auf. 1975 zog er mit einem anderen Mann in die Wohnung an der Melrose Road. Letzterer behauptete aber, es hätte sich nicht um eine homosexuelle Beziehung gehandelt. Die Freundschaft hielt zwei Jahre, und als der

OBEN: Da Nilsens Wohnung in Cranley Gardens keinen Garten hatte, spülte er seine Opfer die Toilette hinunter.

OBEN: Nilsen während seiner Zeit in der Armee in den 1960er-Jahren. Er arbeitete als Fleischer in der Versorgungseinheit.

Mann ging, begann Nilsens Abstieg in Einsamkeit und Alkoholismus, der 18 Monate später in seinem ersten Mord gipfelte. Nilsen schwor sich, dass ihn niemand mehr verlassen würde – und für viele Besucher bewahrheitete sich das auch.

Einer, der seinen Besuch überlebte, war ein männliches Model, das nach der Welle von Publicity, die Nilsens Verhaftung im Februar 1983 umgab, zur Polizei ging und erzählte, wie er nur knapp dem Tod durch die Hand des Serienmörders entgangen war. Sie hatten sich in einer Bar kennengelernt und waren zu Nilsen nach Hause gegangen. Irgendwann später erwachte das Model nach Luft schnappend und mit geschwollener Zunge. Am Hals hatte er Schürfwunden. Nilsen hatte nicht nur versucht, ihn zu erwürgen, sondern auch seinen Kopf in einen Eimer Wasser getaucht. Das Opfer ließ sich im Krankenhaus behandeln, ging aber nicht zur Polizei.

Vor Gericht versuchten Nilsens Anwälte, die Jury zu überzeugen, dass ihr Mandant verrückt sei. Teilweise war es der Aussage des Models zu verdanken, dass die die Geschworenen am Old Bailey das nicht glaubten. Nilsen wurde des sechsfachen Mordes und des zweifachen Mordversuchs für schuldig befunden. Vermutlich gab es aber bis zu 15 Opfer. Am 4. November 1983 wurde Dennis Nilsen, der keinerlei Reue zeigte, zu lebenslanger Haft verurteilt.

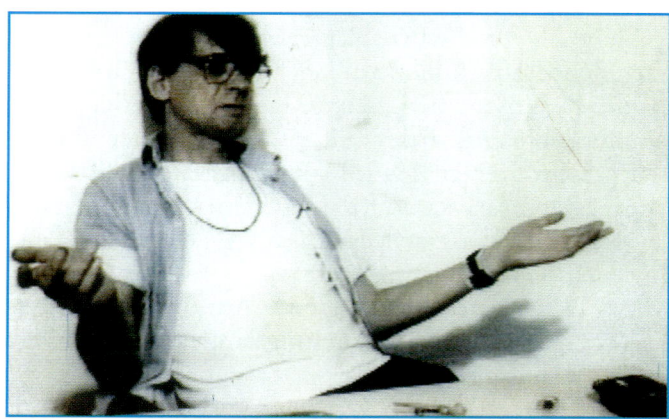

OBEN: Nilsen bei einem Polizeiverhör. Er wurde des sechsfachen Mordes und zweifachen Mordversuchs für schuldig befunden.

Paul Ogorzow

1940, als deutsche Panzer durch Europa rollten, waren ein paar Gewaltverbrechen für die Naziobrigkeit kein Grund zur Aufregung – zumindest sollte man das meinen. Einige scheinbar zusammenhanglose Ereignisse in der deutschen Hauptstadt sorgten aber für mehr Aufregung, als ihre Anzahl eigentlich rechtfertigte.

„S-Bahnmörder" hält Berlin in Atem

Im Sommer waren drei Frauen im Osten Berlins erstochen und zwei weitere angegriffen worden. Nun tauchten weitere Frauenleichen auf. Im Oktober wurde eine 20-Jährige in den Hals gestochen und erwürgt. Einen Monat später wurde eine 30-Jährige bewusstslos aus einem fahrenden Zug geworfen, überlebte aber. Im Dezember wurde eine 26-Jährige erschlagen und aus einem Zug geworfen. Am gleichen Tag wurde nur 500 m entfernt eine 19-Jährige vergewaltigt und ermordet. Kurz vor Weihnachten fand man eine 30-Jährige mit einem Schädelbruch. Das nächste Opfer, eine 46-Jährige mit ähnlichen Verletzungen, tauchte eine Woche später auf. Im Januar 1941 fand man die Leiche einer 28-Jährigen. Die Polizei glaubte, dass alle Opfer in einem Zug oder nahe einer Bahnlinie überfallen worden waren.

Der Angreifer, der den Spitznamen „S-Bahnmörder" bekam, versetzte die Stadt in Angst und Schrecken. Während die Welt die steigende Opferzahl des Zweiten Weltkrieges betrachtete, sorgten sich die Berliner um den Tod Unschuldiger in ihrer Heimatstadt. Viele Informationen gab es darüber aber nicht.

Die Propagandamaschine unter der Joseph Goebbels wollte nur gute Nachrichten hören, sodass über die Morde nur vage berichtet wurde. Und es gab weitere Faktoren, welche die Berliner Kriminalpolizei bei ihrer Jagd nach dem Serienmörder behinderten. Die nächtliche Verdunkelung war ein Traum für Kriminelle und ein Alptraum für die Polizei. Zudem kam es dadurch zu unzähligen Verkehrsunfällen, mit durchschnittlich einem Toten pro Tag bei der Eisenbahn. Anfangs war es schwierig, zwischen Unfall und Mord zu unterscheiden.

Als Ergebnis gab es zwei weitere Opfer. Die Leiche einer 39-Jährigen lag im Februar neben den Gleisen; sie war aus dem fahrenden Zug geworfen worden. Anfang Juli wurde auf einer Müllhalde die Leiche einer 35-Jährigen mit ähnlichen Verletzungen entdeckt.

Abgesehen von den kriegsbedingten Problemen gab sich die Kriminalpolizei aber auch nicht viel Mühe, den Killer zu identifizieren. Alle Hinweise deuteten auf einen Eisenbahnangestellten, aber es brauchte mehrere Tote bis Paul Ogorzow, 28, ein Signalgeber bei der S-Bahn, verhaftet wurde. Ogorzow lebte mit Frau und zwei Kindern ganz in der Nähe von vier Fundorten.

Peinlicherweise stellte die Polizei fest, dass sie den Verdächtigen nach einem Hinweis bereits einmal befragt und wieder laufen gelassen hatte. Ein zweites Mal war er, als er von der Polizei angesprochen wurde, einfach im Dunkeln verschwunden. Der Hinweis war von einem Kollegen des Mörders gekommen, der ihn wegen seines laut proklamierten Frauenhasses und seiner Neigung, im Dienst einfach zu verschwinden, seit Langem verdächtigte.

Ogorzow wurde für acht Morde, sechs Mordversuche und 31 Überfälle angeklagt. Vor Gericht stellte er sich als treuen Familienvater, loyales Mitglied der NSDAP und aktiven Straßenkämpfer der SA dar. Der Richter hielt ihn aber für einen eiskalten Mörder mit abartigen sexuellen Gelüsten.

Er wurde im Gefängnis von Plötzensee mit dem Fallbeil hingerichtet.

Anatolij Onoprijenko

Als die Polizei Anatolij Onoprijenko, auch bekannt als „Terminator", verhaftete, sperrten sie den schlimmsten Serienmörder weg, den die Ukraine jemals erlebt hatte. Onoprijenko, ein 37-jähriger ehemaliger Forstwirtschaftsstudent, Matrose und Psychiatriepatient wurde im April 1996 in der Wohnung seiner Freundin verhaftet, wo die Polizei auch die Schrotflinte fand, die bei 40 seiner 52 Morde verwendet wurde.

Die blutige Spur des „Terminators"

Onoprijenko gestand am Ende alle 52 Morde, die er in seiner sechsjährigen Mordserie, bei der er angeblich von Stimmen gelenkt wurde, begangen hatte. Sein Amoklauf begann im Juni 1989, als er mit seinem Komplizen Serhiy Rogozin neun Menschen ausraubte und tötete. Zuerst erschossen sie ein Pärchen, dann löschten sie eine fünfköpfige Familie aus.

Onoprijenko reiste dann sechs Jahre durch Osteuropa, wo er vermutlich für weitere Morde verantwortlich war. Seine nächsten bekannten Morde begann er Ende 1995, und sie folgten einem festen Muster. Er suchte ein abgelegenes Haus, stürmte bei Sonnenaufgang hinein, trieb die Familie zusammen und erschoss alle, auch Kinder, aus nächster Nähe mit einer Schrotflinte. Mögliche Zeugen wurden ebenfalls entsorgt. Er

OBEN: Anatolij Onoprijenko – der „Terminator" – ist mit 52 Opfern der schlimmste Serienkiller der Ukraine.

hackte den Opfern die Finger ab, um an Eheringe zu gelangen, und zog ihnen die Goldzähne. Dann raubte er das Haus aus und zündete es an.

Im November 1995 begann er nach dem Diebstahl einer Schrotflinte einen Amoklauf, der völlig eskalierte. In einem 20-wöchigen Blutbad tötete und verstümmelte er 43 Menschen in der Gegend um Lwow an der polnischen Grenze. Seine Opfer waren zwischen 70 Jahren und drei Monaten alt. In zwei Dörfern, Bratkovichi und Busk, war die Angst so groß, dass die Armee einrückte und in den Straßen patrouillierte. Zusätzlich richtete die Polizei eine Sicherheitszone ein.

Die mit 2.000 Polizisten und über 3.000 Soldaten durchgeführte Menschenjagd brachte aber nicht den gewünschten Erfolg. Am Ende brachte am 14. April 1996 ein Hinweis auf eine unregistrierte Waffe die Polizei in die Garnisonsstadt Jaworiw. Onoprijenko schlief neben seiner Freundin, der er einst mit einem Ring, den er wenige Stunden zuvor einem Toten abgenommen hatte, einen Antrag gemacht hatte. Onoprijenko gelang es noch, eine Pistole hervorzuholen, aber bevor er abdrücken konnte, klickten schon die Handschellen.

Im Februar 1999 erklärte ein Gericht in der Stadt Schytomyr Onoprijenko für verhandlungsfähig. Der 39-jährige Killer saß regungslos in seinem Käfig, als eine Frau von den hinteren Rängen schrie: „Lasst ihn uns in Stücke reißen! Er soll einen langsamen, schmerzhaften Tod sterben!" Der Richter erklärte: „Er interessiert sich nur für sich selbst und wird von extremer

OBEN: Bei einem Interview sagte Onoprijenko: „Ich hatte nie Mitleid mit meinen Opfern. Sie waren mir einfach vollkommen egal."

Grausamkeit angetrieben." Onoprijenko wurde zum Tod verurteilt, die Strafe wurde später aber in lebenslänglich umgewandelt. Über seinen mörderischen Drang sagte Onoprijenko in einem Interview in der Haft: „Menschen zu töten ist für mich, wie eine Decke zu zerreißen. Frauen, alte Leute, Kinder – sie sind alle gleich. Ich hatte nie Mitleid mit meinen Opfern. Sie waren mir einfach vollkommen egal."

William Palmer

Tief verschuldet und spielsüchtig freute sich Dr. William Palmer, als der Freund, den er zum Pferderennen begleitet hatte, über 2.000 Pfund gewann – 1855 ein kleines Vermögen. Palmer, 31, sah zu, wie der glückliche Gewinner, der 28-jährige Parsons Cooke, zur Feier des Tages seinen Brandy trank und nach Luft schnappte: „Mein Gott, was ist da drin? Meine Kehle brennt!" Lässig kippte Palmer selbst die letzten Tropfen hinunter. Vor einem Zeugen erklärte er: „Unsinn, da ist nichts drin."

Wie der Giftmörder Dr. Gambler spielte und verlor

Cooke verließ unter Schmerzen die Rennstrecke bei Shrewsbury, Shropshire, und fuhr in die Heimat des Doktors, nach Rugeley, Staffordshire, wo er in einem Gasthaus wohnte. Palmer besuchte den Patienten regelmäßig, um ihn zu behandeln. Seltsamerweise schienen diesen die Medizin und die Brühen immer noch

OBEN: Dr. William Palmer bei seiner Verhandlung im Zeugenstand des Central Criminal Court in London, Mai 1856.

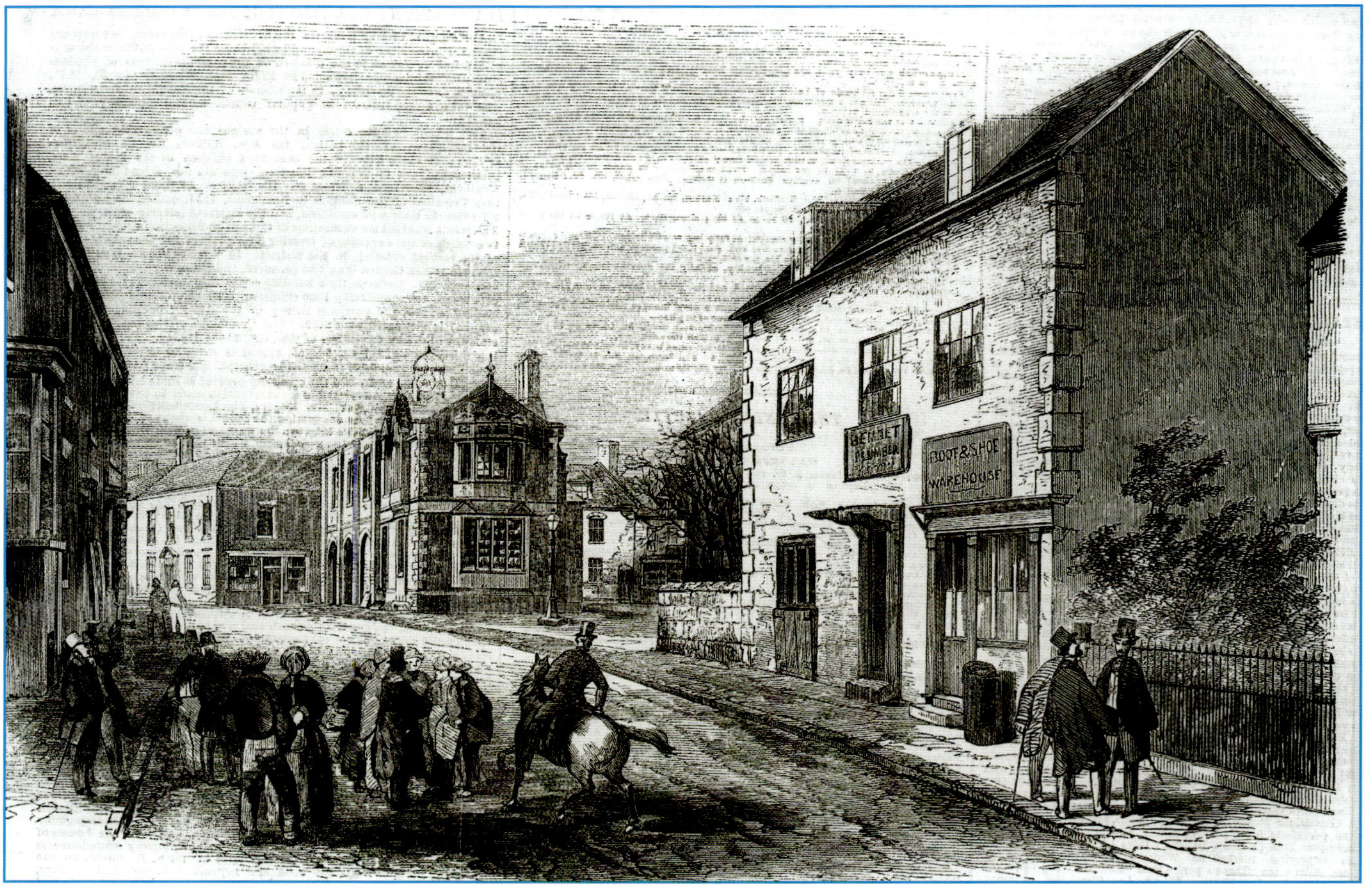

OBEN: Die Hauptstraße in Rugeley, Staffordshire, wo Palmer seinen „Freund" John Parsons Cooke ermordete.

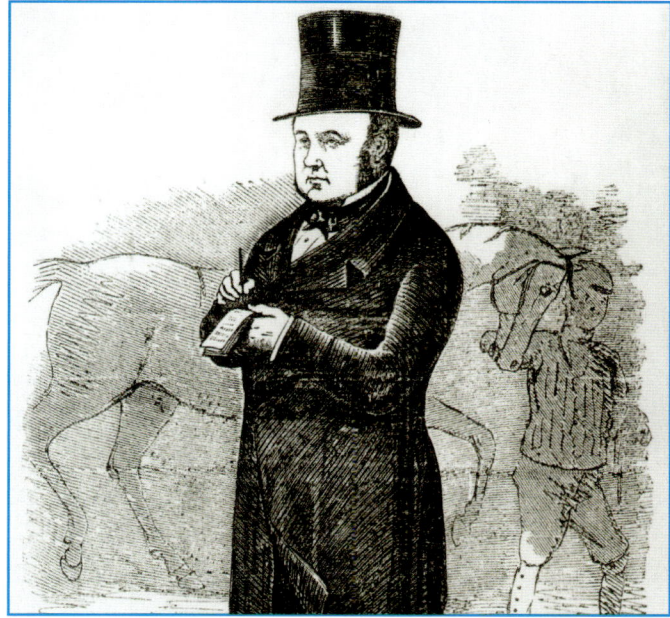

kranker zu machen. Erst als die Buchmacher Cookes Gewinn, den Palmer einstrich, ausgezahlt hatten, erledigte der Doktor ihn. Nach mehrtägigen Krämpfen wurde er ganz steif und erstickte schließlich – es waren die Symptome einer Strychninvergiftung.

Cooke, so stellte sich heraus, war nicht das erste Opfer in Palmers Medizinkarriere. Als er 17 war, hatte er bereits zwei Stellen als Apothekerlehrling verloren – einmal, weil er sich bestechen ließ, ein anderes Mal, weil er einen Abtreibungsservice betrieb. 1946 wurde er doch noch als Arzt in London lizensiert und heiratete Anne Brookes, Erbin einer reichen Witwe.

LINKS: Zeitgenössische Skizze Dr. Palmers beim Pferderennen. Er wurde als „König der Giftmörder" bekannt.

Palmer kümmerte sich wenig um seine Familie oder seine Praxis, sondern verbrachte die meiste Zeit an der Rennstrecke. Als seine Schulden stiegen, kam es in seiner Familie zu einigen Todesfällen. Zuerst starb seine reiche Schwiegermutter, gefolgt von seiner Frau. Palmers Bruder, vier Kinder, ein Onkel und mehrere Gläubiger erlitten das gleiche Schicksal.

Palmer wurde sowohl habgierig als auch ungeduldig. Es war der unverhohlene Mord an seinem Freund Cooke, der 1855 seine Verbrechensserie beendete. Er wurde verhaftet und in Londons Old Bailey vor Gericht gestellt, wo sich anhand medizinischer Beweise herausstellte, dass nur Strychnin Cookes Symptome hervorgerufen haben konnte – und dass der liebe Doktor am Tag vor Cookes Tod ebendies bei einem örtlichen Chemiker erworben hatte.

Die Jury beriet sich 100 Minuten, bevor sie mit einem Schuldspruch zurückkam. Palmer wurde zum Tod durch den Strang im Gefängnis von Stafford verurteilt. Dort sagte der Verurteilte: „Ich habe dazu nur noch dies zu sagen – mein Gewissen ist rein." Bis zum Schluss verweigerte er ein Geständnis und bestand darauf, zu Unrecht wegen Mordes mit Strychnin verurteilt worden zu sein.

Die Anwälte sahen dies als Andeutung, dass er seinen Freund auf andere Weise umgebracht hatte. Tatsächlich waren seine letzten Worte zu einem Priester: „Cooke starb nicht an einer Strychninvergiftung."

Am Morgen des 14. Juni 1856 zogen 25.000 Menschen per Wagen, Zug, zu Pferd oder zu Fuß nach Stafford, um die Hinrichtung des bösen Doktors zu bejubeln.

Carl Panzram

Aus seiner Todeszelle im Gefängnis von Leavenworth in Kansas schrieb Carl Panzram im Jahr 1929: „Ich habe über 21 Menschen getötet. Ich habe über 100 Einbrüche, Überfälle, Diebstähle und Brandstiftungen begangen sowie Sodomie mit mehr als 100 Männern verübt. All das tut mir nicht im Geringsten leid."

„Ich hasse die ganze Menschheit!"

Als Sohn preußischer Einwanderer 1891 in Warren, Minnesota, geboren, geriet Panzram mit acht Jahren zum ersten Mal mit dem Gesetz in Konflikt – wegen Trunkenheit und Unruhestiftung! Drei Jahre später brachte ihn eine Serie von Einbrüchen in eine Besserungsanstalt, die er niederzubrennen versuchte. Als er mit 13 Jahren freikam, wusste er alles, was man als Verbrecher wissen musste: „Wie man stiehlt, lügt, hasst, brennt und tötet."

Mit 16 ging Panzram zur US-Armee, war aber so rebellisch, dass er vor das Kriegsgericht kam und drei Jahre eingesperrt wurde. Anschließend begann er, auf der ganzen Welt zu morden; seine bevorzugten Gebiete waren aber Westafrika, Mexiko, Kalifornien, Montana und Washington DC.

Seine bekanntesten Morde beging er in den 1920ern. Panzram kaufte die Yacht *John O'Leary* (gleichzeitig einer seiner Decknamen) und lockte mit dem Versprechen von endlosem Schnaps zehn Männer an Bord. Sie bekamen Alkohol, bis sie besinnungslos waren, dann wurden sie vergewaltigt und über Bord geworfen. Später heuerte er in Portugiesisch-Westafrika (Angola) zehn Einheimische zur Krokodiljagd an. Er tötete alle und vergewaltigte ihre Leichen, bevor er sie an die Krokodile verfütterte.

Im Jahr 1928 wurde er wegen eines anderen Mordes zu 20 Jahren Haft verurteilt. Er sagte dem Gefängnisaufseher: „Ich töte den ersten Mann, der mir in die

Quere kommt" – und erschlug einen Zivilangestellten. Er wurde zum Tod verurteilt und verschmähte die Versuche, einen Aufschub zu erreichen: „Der einzige Weg, einen Menschen zu reformieren, ist, ihn zu töten." Am 5. September 1930 kam er an der Galgen. Er schalt den Henker: „Beil dich, du Idiot. Ich könnte ein Dutzend Männer töten, während du herumtrö-

delst." Der Killer ohne Reue hinterließ eine Autobiografie, in der er seine Philosophie in drei Sätzen zusammenfasste: „Ich glaube weder an Gott, noch an die Menschen oder an den Teufel.", „Ich hasse die ganze verdammte Menschheit, mich selbst eingeschlossen.", „Ich wünschte, die ganze Welt hätte einen Hals, und ich könnte meine Hände darumlegen."

Elaine Parent

Elaine Antoinette Parent bereiste mit mindestens 20 gestohlenen Identitäten die Welt und entging den Ermittlern so zwölf Jahre lang. Obwohl sie von der Polizei nur wegen des Mordes und der Verstümmelung einer Frau gesucht wurde, befürchtet man, dass sie viele andere wegen ihrer Identitäten getötet hat.

Das „Chamäleon", das anderen Menschen ihr Leben stahl

Die in New York geborene Parent, „das Chamäleon", war eine professionelle Betrügerin – bisexuell, hübsch, klug und tödlich. Und so ging sie vor:

Anfang 1990 gab die einsame Beverly McGowan, 34, eine Zeitungsanzeige auf, in der sie jemanden suchte, um sich die Eigentumswohnung in Miami zu teilen. Eine Frau Ende 40, die sich „Alice" nannte, zog kurz darauf ein. Beverly erzählte ihrem Bruder Steve von ihrer charmanten neuen Mitbewohnerin und sagte, sie hätte das Gefühl, ihr ganzes Leben hätte sich verändert. Damit hatte sie nicht Unrecht.

Die Mitbewohnerin, die sich als Expertin für Numerologie ausgab und Beverly versprach, ihr eine rosige Zukunft vorauszusagen, überredete sie dazu, ihr das Geburtsdatum, den Geburtszeitpunkt, ihre Kreditkarten- und Führerscheinnummern zu geben.

Am 8. Juli rief jemand, der sich als Beverly McGowan ausgab, auf der Arbeit an und meldete sich krank. Einen Tag später erhielt Steve einen Brief seiner

„Schwester", in dem sie sich für einige Zeit verabschiedete. Da das für Beverly höchst untypisch war, versuchte er, sie zu erreichen, meldete sie schließlich als vermisst und ließ ihre Kreditkarten sperren.

Etwa zur gleichen Zeit wurde eine kopflose, verstümmelte Leiche am Ufer eines abgelegenen Kanals in Südflorida gefunden. Ihr Kopf und ihre Hände waren mit einer Kettensäge abgetrennt worden, um die Identifikation zu erschweren. In ihrem Bauch klaffte ein Loch, wo sich eine Tätowierung befunden hatte. Der Täter hatte jedoch die Tätowierung einer Rose an ihrem Knöchel übersehen, anhand derer die Polizei die Leiche als Beverly McGowan identifizieren konnte.

Einige Tage später versuchte Alice, Beverlys gesperrte Kreditkarte zu benutzen, um einen Flug nach London zu buchen und ein Auto zu mieten. Es tauchte allerdings niemand mit dem Namen Alice oder Beverly McGowan am Flughafen von Heathrow auf, und als die Kreditkartentransaktion platzte, wurde aus der Ermittlung eine internationale Menschenjagd. „Alice" war jedoch verschwunden.

Sechs Jahre später, als die Passagierliste des Fluges erneut überprüft wurde, konzentrierten sich die Fahnder auf eine Passagierin, die sich „Sylvia Ann Hodgkinson" nannte. Sie entdeckten, dass Hodgkinson eine verstorbene britische Staatsbürgerin war, und konnten drei weitere Identitäten mit ihr in Verbindung bringen:

Charlotte Rae Cowan, Ann Tremont und Elaine Antoinette Parent. Ermittlungen in Florida ergaben, dass Parent sich 1989 als Ann Tremont mit einer Frau in einer Bar in Orlando angefreundet hatte, unter dem Vorwand der Numerologie an entscheidende Informationen gekommen war und ihr die Identität gestohlen hatte. Ein Modus operandi begann, sich abzuzeichnen, der Parent zur Hauptverdächtigen im Fall McGowan machte.

Die Ermittler untersuchten den Block, auf dem „Beverly" ihren Brief geschrieben hatte. Dabei entdeckten sie darunter Abdrücke einer Korrespondenz in Parents Handschrift – wütende Drohungen an eine ehemalige Freundin, die in London lebte, wohin Parent 1990 geflohen war. Die Freundin berichtete von Parents Stimmungsschwankungen. Eine weitere Freundin erzählte, dass sie manchmal so viel Angst hatte, dass sie sich bei Freunden in Sicherheit brachte.

Im April 2002 wurde Parent, 60, in Panama City, Florida, gefasst. Sie nannte sich „Darlene Thompson". Vor der Verhaftung bat sie die Polizei, sich noch rasch umziehen zu dürfen, ging ins Schlafzimmer und schoss sich ins Herz. Bis heute weiß die Polizei nicht, wie viele Identitäten Parent wirklich hatte.

Leszek Pekalski

Als Leszek Pekalski 70 Morde gestand, wurde er zu Polens bekanntestem Serienmörder. Dass er tatsächlich so viele Menschen umbrachte, ist aber unwahrscheinlich. Wie viele es wirklich waren, werden wir vielleicht nie herausfinden, denn Pekalski widerrief sein Geständnis später. Die Polizei ist sicher, dass er mindestens 17 Frauen missbrauchte und tötete, auch wenn er dafür nicht verurteilt wurde.

„Ich bin ein schwacher Mann", sagt der Killer

Der 1966 in Osieki bei Bytów, Polen, geborene Pekalski wurde von seinem Vater verlassen und von seiner Mutter missbraucht, bis auch sie ihn allein ließ. Er wurde von Nonnen aufgezogen, konnte aber nie eine normale Beziehung aufbauen und entdeckte stattdessen, dass er Frauen beherrschen konnte, wenn er sie überfiel – er schlug, würgte oder stach auf sie ein, um sie zu vergewaltigen.

Den ersten Mord beging Pekalski mit 16, als er sich auf eine 13-Jährige stürzte, die auf einem Schulausflug war. Es war der Beginn einer Schreckensherrschaft, die zwölf Jahre andauern sollte, während der Außenseiter durch sein Heimatland zog.

Ein Ermittler sagte später: „Wir konnten seine Spur nicht finden. Er folgte keinem Muster. Es gab kein typisches Opfer, keine klassische Methode. Er erschlug seine Opfer mit dem Knüppel oder erwürgte sie mit seinem Gürtel."

1990 verpasste die Polizei die Gelegenheit, Pekalski aufzuhalten, als er wegen Vergewaltigung verhaftet und von dem Opfer identifiziert wurde. Er musste sich aber lediglich einer psychiatrischen Untersuchung unterziehen und wurde zu zwei Jahren auf Bewährung verurteilt. So setzte er die Mordserie fort.

Inzwischen als „Vampir von Bytów" bekannt, erschlug er eine 17-Jährige nahe ihres Zuhauses mit einer Metallstange. Der kranke Killer sah von einem Versteck aus zu, wie der Vater des Mädchens die Leiche fand. Pekalski sprach jedoch zu offen über die Tat, und so wurde er 1992 als Verdächtiger verhört. Er legte ein schriftliches Geständnis ab, in dem er 70 Morde zugab. Bevor es zur Verhandlung kam, änderte er seine Meinung aber wieder. Er schrieb an den Richter: „Ich bin ein leichtgläubiger Mann und habe mich von dem, was mir die Polizisten sagten, beeinflussen lassen. Ich bin geistig schwach, und wenn mich jemand bedrängt, breche ich zusammen. Dann gebe ich Dinge zu, die ich nicht getan habe. Ich habe niemanden getötet. Ich habe solche Angst."

Auf der Anklagebank gab der Beschuldigte ein erbärmliches Bild ab. Sehr zum Ärger der Familien der Opfer gab der Richter zu, dass er ihm „ein bisschen leid tat".

Als DNS-Beweise als „verunreinigt" abgewiesen wurden, drohte der Fall zu scheitern, aber die Ermittler bestanden darauf, dass Pekalski Dinge gestanden hatte, die nur der Täter wissen konnte.

Der Prozess zog sich acht Monate hin. Die Familien der Opfer waren außer sich, als er 1994 nur für einen einzigen Mord verurteilt wurde. Für die anderen 16 Morde gab es keine hinreichenden Beweise, hieß es. Pekalski wurde zu 25 Jahren in der Psychiatrie verurteilt, wo ihm bei einer ersten Untersuchung ein abartiger Sexualtrieb bescheinigt wurde.

Marcel Petiot

Als Dr. Marcel Andre Felix Petiot Bürgermeister von Villeneuve-sur-Yonne wurde, schien er ein Ausbund an Ehrbarkeit zu sein. Plötzlich kam es in der französischen Stadt zu merkwürdigen Ereignissen. 1928 starb seine schwangere Haushälterin. Zwei Jahre später wurde eine Patientin ermordet. Ein Freund, der die Schuld auf den Doktor schob, wurde krank und starb. Die Sterbeurkunde wurde von Petiot unterzeichnet.

Betrügerischer Doktor stirbt durch die Guillotine

Wie Petiot Bürgermeister – oder Arzt – wurde, ist ein Rätsel. Er wurde 1897 in Auxerre geboren und schon früh von der Schule verwiesen, als er anderen Kindern obszöne Fotos zeigte.

Ein Karriere als Kleinkrimineller wurde durch den Ausbruch des Ersten Weltkriegs gestoppt, als er in die französische Infanterie eingezogen wurde. 1917 wurde er mit der Empfehlung, in eine Heilanstalt zu gehen, wieder entlassen. Stattdessen nutzte er ein Bildungsprogramm für Kriegsveteranen, ließ sich als Arzt ausbilden und wurde erstaunlicherweise lizensiert.

Petiot begann, in der Stadt Villeneuve-sur-Yonne zu praktizieren, wo er heiratete, einen Sohn bekam und schließlich Bürgermeister wurde. Er bestahl die Einwohner, berechnete seinen Patienten zu viel Geld und betrog seine Ehefrau mit einer jungen Frau, deren zer-

OBEN: Marcel Petiot spricht bei seinem Prozess im Palais de Justice im März 1946 von der Anklagebank aus.

OBEN: Petiot auf der Anklagebank. Im Vordergrund ist sein Anwalt Dr. Fleuriot zu sehen.

stückelte Leiche später in einem Fluss auftauchte. Als seine Haushälterin unter mysteriösen Umständen starb, wurde Petiot verdächtigt. Die Anklage musste jedoch fallen gelassen werden, als die Gerichtsakte verschwand. 1933 zog Petiot mit seiner Familie nach Paris und eröffnete eine Praxis in der Rue Caumartin. Er unterhielt einen schwungvollen Drogenhandel und führte illegale Abtreibungen durch, bis er des Diebstahls an einem verstorbenen Patienten beschuldigt wurde, auf Unzurechnungsfähigkeit plädierte und in eine psychiatrische Klinik eingewiesen wurde.

Kurz vor Beginn des Zweiten Weltkriegs kam er frei. Petiot gab sich als Mitglied des Widerstands aus und tat

RECHTS: Der verrückte Petiot, der des mehrfachen Mordes beschuldigt wurde, behauptete, ein Held des Widerstands zu sein.

so, als wolle er Flüchtlingen, die beim Einmarsch der Nazis in Paris gefangen worden waren, helfen. Stattdessen brachte er sie um und raubte sie aus.

Feuerwehrleute, die im März 1944 gerufen worden waren, weil sich Nachbarn über den dicken, schwarzen, stinkenden Rauch beschwerten, der aus dem Schornstein des Hauses in der Rue Lesueur quoll, fanden im Keller Dutzende seiner Opfer. Die Quelle des Rauchs war ein Kohleofen, in dem menschliche Körperteile verbrannt wurden. In einem Anbau lagen weitere Leichen, die mit Kalk bedeckt waren.

Petiot floh und schloss sich in der Tat unter dem Namen „Henri Valery" der Resistance an. Im Oktober 1944 wurde er verhaftet und startete eine unerhörte Verteidigung, bei der er sich als Held von *La Liberation* ausgab. Bei seinem Prozess im Palais de Justice im März 1946 war ihm die Jury wohlgesonnen, bis sie hörte, wie er eine ganze jüdische Familie gegen Typhus „geimpft" hatte und dann durch ein Guckloch zusah, wie sie qualvoll starb.

Petiot gestand, 19 der 27 Opfer, die in der Rue Lesueur gefunden wurden, ermordet zu haben, stritt aber jedes Wissen über 44 weitere identifizierte Opfer ab. Er wurde zum Tod durch die Guillotine verurteilt und rief seiner Frau Georgette zu: „Du musst mich rächen." Ihr Gnadengesuch wurde jedoch abgelehnt, und der bösartige Doktor endete am Morgen des 25. Mai 1946 unter dem Fallbeil.

Oben: Die Jury beim Petiot-Prozess hört, wie der bösartige Doktor einer gesamten jüdischen Familie tödliche Injektionen gab.

Paul und Herman Petrillo und Morris Bolber

Ein falscher Mediziner, der sich auf Tränke spezialisierte, die das sexuelle Verlangen von Ehemännern einschränkten, war Mitglied einer Bande von Verbrechern und Betrügern, die in den 1930er-Jahren in Philadelphia operierte. Der Besuch einer Hausfrau machte aus „Dr." Morris Bolber einen Mörder. Er half dabei, ihren Ehemann zu vergiften, nachdem er sie überredet hatte, eine Lebensversicherung auf ihn abzuschließen.

Giftbande tötet Dutzende von Ehemännern

Bolber entschied, dass man ein Vermögen damit machen konnte, unglückliche Ehefrauen von ihren Männern zu befreien. Er tat sich mit den Cousins Paul und Herman Petrillo zusammen, die schon seit Langem kriminell waren. Herman war ein perfekter Fälscher, Paul betrog Versicherungen. Als Erstes sicherten sie sich eine Partnerin: Carino Favato, die „Hexe von Philadelphia", die, nachdem sie ihren Ehemann vergiftet hatte, die Namen potenzieller Opfer beschaffte.

Zusammen bildeten sie die „Giftmörderbande von Philadelphia". Angeführt wurden sie von den Petrillos, und am Ende arbeiteten mehr als ein Dutzend Mörder für sie. Obwohl sie anfangs zum traditionellen Gangstertum neigten, qualifizierten sie ihre Aktivitäten bald als Serienmörder.

Die Fassade der Gang war eine Heiratsvermittlung. Sie taten so, als würden sie verwitweten Frauen auf der Suche nach einer neuen Liebe helfen – und schlossen immer hohe Lebensversicherungen auf die neuen Ehemänner ab. Tatsächlich war die Agentur eine raffinierte Tarnung zum Einkassieren der Versicherungssummen, sobald Ehemann Nummer zwei sich zu Ehemann Nummer eins gesellt hatte.

In einem typischen Fall gab sich ein Bandenmitglied als einer der Ehemänner aus, die bald umgebracht werden sollten, und schloss eine hohe Lebensversicherung ab. Seiner Witwe hinterließ er eine stattliche Summe, die sie mit den Partnern teilte. Die Petrillos, Bolber und ihre Gruppe von Komplizen gingen bald von gestellten Unfällen – ein Opfer wurde vom Dach

OBEN: Paul Petrillo, ein Mitglied der „Giftmörderbande von Philadelphia" am 11. Februar 1939 vor Gericht.

OBEN: Morris Bolber (rechts) vor Richter Thomas A. O'Hara beim Prozess am 11. Mai 1939.

einer Baustelle geschubst – zu „natürlicheren" Todesursachen über: Die Opfer wurden mit Leinensäcken voller Sand erschlagen, die keine Spuren hinterließen.

In den meisten Fällen wurden die Männer vergiftet. Die Polizei hatte Gerüchte von einer Serie von Arsenmorden gehört; die Opfer waren zumeist italienische Immigranten, und es sollte über 70 Opfer gegeben haben. Gerüchte waren aber eine Sache, Beweise eine ganz andere.

Im Februar 1939 fiel das mörderische Geschäft der Petrillos in sich zusammen, nachdem Herman einem geschwätzigen Freund von dem Versicherungsbetrug erzählt hatte. Herman, Paul, Mrs. Favato und eine weitere Witwe, Stella Alfonsi, wurden verhaftet. Die Leichen ihrer Ehemänner sowie weitere Opfer wurden exhumiert, und alle wiesen Arsenspuren auf.

Die Bandenmitglieder beschuldigten sich gegenseitig, und bald führte die Spur zu Morris Bolber, der als „der Rabbi" bekannt war, und zu seiner Sekretärin Rose Carina, alias „die Rose des Todes". Sie hatte fünf Ehemänner gehabt, von denen drei verstorben waren.

Bei dem Prozess 1939 wurden 14 Angeklagte des Mordes für schuldig befunden. Von den Hauptverschwörern wurden Bolber und Favato zu lebenslanger Haft und die Petrillos zum Tod auf dem elektrischen Stuhl verurteilt.

Alexander Pitschuschkin

Der „Schachbrettmörder" Alexander Jurjewitsch Pitschuschkin lockte seine Opfer mit der Aussicht auf eine Flasche Bier und reichlich Wodka in Moskaus weitläufigen Bitsevsky-Park. Gelegentlich schlug er auch eine Partie Schach vor. Jedesmal, wenn der Mörder ein Opfer getötet hatte, legte er eine Münze oder einen Flaschenverschluss auf ein Feld des Schachbretts in seiner Wohnung. So hielt er er seine grausigen Morde fest. Zum Zeitpunkt seiner Verhaftung hatte Alexander Pitschuschkin bereits 62 der 64 Felder gefüllt.

Opfer in Abwasserkanal geworfen

Der „Schachbrettmörder", wie Pitschuschkin auch genannt wurde, schlug 1992 mit 18 Jahren das erste Mal zu. Er ermordete den Freund einer Nachbarin, in die er sich verliebt hatte. Später tötete er auch das

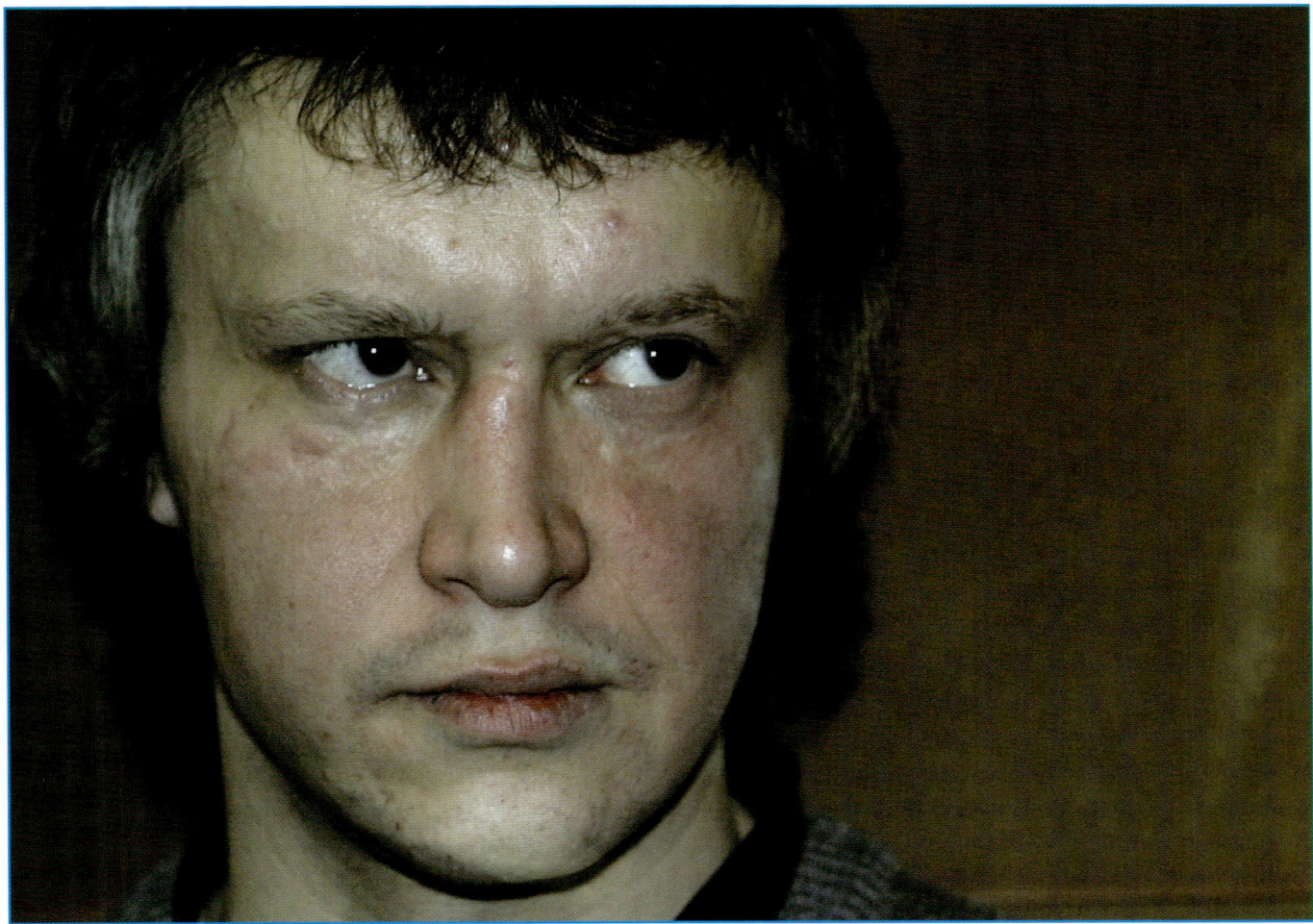

OBEN: In einer Phase im Jahr 2005 beging der „Schachbrettmörder" Alexander Pitschuschkin einen Mord pro Woche.

Mädchen, dessen Leiche im Bitsevsky-Park, in der Nähe des Wohnblocks, in dem Pitschuschkin mit seiner alten Mutter lebte, gefunden wurde.

In der Folge mordete er nur sporadisch, aber 2005 begann er eine ganze Mordserie. In einer Phase entdeckte die Polizei eine Leiche pro Woche – allen war der Schädel eingeschlagen worden, und in der klaffenden Wunde steckte der Hals einer Wodkaflasche.

Die meisten seiner Opfer waren Obdachlose oder Trinker. Diejenigen, die nicht sofort starben, „erlöste" Pitschuschkin, indem er sie in die Abwasserkanäle warf, die unter dem Park verliefen. Andere wurden erwürgt bzw. mit einem Hammer oder Ähnlichem erschlagen. Er griff immer von hinten an, damit er kein Blut auf seine Kleidung bekam, und am Ende rammte er den Opfern eine Wodkaflasche in den Schädel, um sicherzustellen, dass sie nicht überlebten.

Drei seiner Opfer waren Frauen, eines war ein neunjähriger Straßenjunge. Einer der Frauenleichen hatte er winzige Pflöcke in den Schädel getrieben. Sein letztes Opfer, eine Kollegin aus dem Supermarkt, in dem er arbeitete, sorgte für die Festnahme Pitschuschkins. Bevor sie den Killer in den Park begleitete, hatte sie ihrem Sohn eine Nachricht hinterlassen, mit wem sie sich traf. Außerdem wurden sie auch von Überwachungskameras aufgenommen, wie sie kurz vor ihrem Tod im Juni 2006 in den Park gingen.

In der Haft gestand der 32-jährige Pitschuschkin: „Ich sah sie gern leiden. Für mich ist ein Leben ohne Mord wie für andere ein Leben ohne Nahrung. Ich fühle mich wie ein Vater, denn schließlich war ich es, der ihnen den Weg in eine andere Welt eröffnete."

Ein Psychologe, der den Killer vor seinem Prozess 2007 untersuchte, erklärte, dass seine Liebe zum Schach, das er ironischerweise gar nicht spielen konnte, der Schlüssel zum Verständnis seines Charakters sei. Für Pitschuschkin, so hieß es, seien Menschen nichts anderes als Holzpuppen – oder Schachfiguren.

Beim Prozess behauptete die Anklage, Pitschuschkin träumte davon, Andreij Tschikatilo, den „Ripper von Rostow", der bis dato mit 52 Opfern als berüchtigtster Serienmörder Russlands galt und 1994 hingerichtet wurde (siehe S. 43), zu übertreffen. Pitschuschkin wollte 62 Morde gestehen, es gab aber nur in 48 Fällen genug Beweise, um ihn auch zu überführen. Da die

OBEN: Alexander Pitschuschkin wird am 13. August 2007 zum Gericht in Moskau eskortiert.

Todesstrafe inzwischen abgeschafft worden war, wurde er zu lebenslanger Haft verurteilt und verbringt die ersten 15 Jahre in Einzelhaft.

Robert Pickton

Der Schweinebauer und Serienmörder Robert „Willie" Pickton sitzt zurzeit für den Mord an sechs Frauen die längste Strafe ab, die nach kanadischem Recht möglich ist. Die Überreste seiner Opfer verfütterte er an seine Schweine; ein Opfer hängte er an einem Fleischerhaken auf und häutete es. Die Frauen, die zwischen 1997 und 2001 verschwanden, sind nur ein Bruchteil der Gesamtzahl, die Pickton vermutlich geschlachtet hat, aber nur bei diesen sechs blieb genug Beweismaterial übrig.

Geschlachtet und verfüttert

Pickton, der am 24. Oktober 1949 in British Columbia geboren wurde, war weithin für die Partys bekannt, die er für Biker und Prostituierte schmiss. Er lockte die Frauen mit der Aussicht auf Geld und Drogen auf seine Farm in Port Coquitlam.

Die meisten seiner Opfer waren Prostituierte und Junkies aus Vancouvers Eastside, und der Polizei wurde vorgeworfen, sich über 20 Jahre hinweg nur unzureichend um diese Vermisstenfälle gekümmert zu haben. Als sie im Februar 2002 Picktons schmuddelige Schweinefarm im Zuge einer anderen Ermittlung wegen illegaler Schusswaffen durchsuchte, fand sie Ausweise und Besitztümer einiger der Frauen.

Im Schlachthaus gruben sie menschliche Überreste aus – von ganzen Körperteilen bis zu winzigen DNS-Spuren –, bis sie auf 30 Opfer kam. Vier konnten nicht

OBEN: Robert Pickton wurde des sechsfachen Mordes überführt, hat aber wohl zahllose andere Opfer an seine Schweine verfüttert.

OBEN: Der Lebensgefährte Mona Wilsons mit einem Foto seiner Partnerin. Sie wurde von Robert Pickton ermordet.

OBEN: Polizeiwohnwagen, die im April 2002 während der Durchsuchung der Farm vor Ort aufgestellt wurden.

OBEN: Gerichtsmediziner auf der Suche nach Spuren. Im Schlachthaus wurden menschliche Überreste gefunden.

identifiziert werden, aber die anderen 26 waren unter den Vermissten der Eastside.

In der Kühlkammer fanden die Fahnder die Schädel zweier Frauen, die seit Kurzem vermisst wurden. Die Überreste eines Opfers lagen in einem Müllsack, ihre blutige Kleidung wurde in Picktons Wohnwagen gefunden. Beim Schlachthaus fand man Teile des Kiefers und Zähne eines weiteren Opfers. Der Großteil der Beweise war aber von den Schweinen gefressen worden, lange bevor die Polizei Pickton auf die Spur kam.

Bei Picktons Prozess im Januar 2007 sagte Scott Chubb, ein ehemaliger Angestellter, aus, dass Pickton

OBEN: Ein Sprecher der Anwaltschaft steht nach einer Voranhörung vor dem Gerichtsgebäude der Presse Rede und Antwort.

OBEN: Gerichtszeichnung Picktons bei seiner Verhandlung im Januar 2007. Er wurde zu lebenslanger Haft verurteilt.

ihm erzählt hätte, der beste Weg, um die Junkies loszuwerden, sei, ihnen Frostschutzmittel zu spritzen. In Picktons Wohnwagen fand man eine Spritze mit der Flüssigkeit. Ein weiterer Zeuge, Andrew Bellwood, sagte aus, dass Pickton ihm gezeigt hätte, wie er die Frauen tötete. Er holte Handschellen, einen Ledergürtel und einen dünnen Draht mit Schlingen an den Enden hervor und demonstrierte, wie er die Frauen erwürgte, während er mit ihnen schlief.

Die grausigste Geschichte erzählte aber Lynn Ellingsen. Nachdem sie ihren Crackrausch ausgeschlafen hatte, ging sie nach draußen, weil sie Licht in der Scheune gesehen hatte. Als sie die Tür öffnete, sah sie

RECHTS: Staatsanwalt Michael Petrie (Mitte) und sein Team beim Prozessauftakt am 22. Januar 2007.

einen Körper, der an einer Kette hing. Daneben stand der blutbespritzte Pickton, der ihr drohte, sie wäre die Nächste, falls sie etwas erzählen würde.

Weitere Beweise kamen in Form eines Gesprächs Picktons mit einem Polizisten, der sich als Zellengenosse ausgegeben hatte und bei dem er 49 Morde eingestanden hatte. Er erzählte dem Polizisten, er wollte noch eine Frau töten, damit es genau 50 wären, und dass er gefasst wurde, weil er schlampig geworden war.

Im größten Mordprozess der kanadischen Geschichte brauchte die Jury aus sieben Männern und fünf Frauen zehn Tage, um zu einem Urteil zu kommen. Im Dezember 2007 wurde Pickton zu lebenslanger Haft ohne die Möglichkeit der Bewährung verurteilt.

Jesse Pomeroy

Als im 19. Jh. eine Reihe von Kindern entführt und sadistisch gefoltert in den Seitenstraßen Bostons auftauchten, glaubte kaum einer, dass jemand anderes als ein Erwachsener diese brutalen Sexualverbrechen begangen haben konnte. Tatsächlich war der Täter aber der zwölfjährige Jesse Pomeroy, ein schlaksiges Kind mit einer Hasenscharte, einem ganz weißen Auge und extrem niedriger Intelligenz.

Das hässliche Kind, das 27-mal tötete

Jesse, der 1860 geboren wurde und im Süden Bostons aufwuchs, wurde wegen seiner Behinderung und seiner Hässlichkeit von den anderen Kindern gemieden. Seine Rache war furchtbar. Zwischen Dezember 1871 und September 1872 wurde eine Reihe von Kindern entführt, u. a. mit Peitschen und Messern sadistisch gefoltert und bewusstlos zurückgelassen.

Jesse kam in die West Borough Reform School, wurde aber zwei Jahre später wieder seiner Mutter übergeben. Der 14-jährige Sadist suchte sich sofort neue Opfer, sowohl weibliche als auch männliche.

Im März 1874 ermordete er die neunjährige Katie Curran und versteckte ihre Leiche im Keller der Schneiderei seiner Mutter. Fünf Wochen danach wurde die Leiche des vierjährigen Horace Mullen an einem Strand von Boston gefunden. Man hatte ihn verprügelt, 15-mal auf ihn eingestochen und ihm die Kehle durchgeschnitten.

Aus der Menschenjagd wurde eine Kinderjagd, als sich die Beweise gegen Pomeroy verdichteten. Als die

OBEN: Der Kindermörder Jesse Pomeroy als Erwachsener. Er verbrachte über 40 Jahre seiner lebenslangen Strafe in Einzelhaft.

Polizei ihn fragte, ob er den Jungen getötet hätte, antwortete Jesse: „Ich denke schon." Beschämt von der Tat ihres Sohnes zog Jesses Mutter um – und die neuen Eigentümer fanden zwölf Leichen, die im vermüllten Garten vergraben worden waren. Jesse gestand schließlich, 27 Kinder zu Tode gefoltert zu haben.

Bei seinem Prozess im Dezember 1874 wurde Jesse Pomeroy nur des Mordes an Horace Mullen angeklagt. Er wurde für schuldig befunden und zum Tod verurteilt. Aufgrund seines Alters gab es mehrere Gnadengesuche, und die Todesstrafe wurde in lebenslange Gefängnisstrafe umgewandelt – die er allerdings komplett in Einzelhaft verbringen sollte.

Am 7. September 1876 begann Pomeroy mit der Überführung in eine Einzelzelle im Staatsgefängnis von Charlestown seine einsame Existenz. Er war 16 Jahre und zehn Monate alt und sollte die nächsten 40 Jahre in völliger Abgeschiedenheit verbringen, bevor er sich endlich unter seine Mitgefangenen mischen durfte. Jesse hatte die einsamen Jahrzehnte mit Lernen verbracht und schrieb schließlich seine Biografie, die eine Chronik seiner frühen Kindheit und seiner schrecklichen Verbrechen wurde. 1929 wurde er gesundheitlich angeschlagen in die Psychiatrie des Bridgewater Hospitals überstellt, wo er am 29. September 1932 mit 73 Jahren starb.

Dennis Rader

Für seine Nachbarn war er eine Stütze der Gesellschaft, ein Kirchgänger, Anführer einer Pfadfindertruppe und ehrbarer Familienvater. Was sie nicht sahen, war der kranke Serienkiller, dem es gelang, 30 Jahre der Justiz zu entgehen. Sein Name war Dennis Rader, aber er war besser bekannt unter seinem Spitznamen „BTK" – aufgrund seiner Vorgehensweise: bind, torture, kill (fesseln, foltern, töten).

Sein Spitzname „BTK" stand für „bind, torture, kill"

Seine kranke Mordserie forderte zehn Opfer. Er erwürgte vier Mitglieder einer Familie, hängte eine Elfjährige an einem Abflussrohr auf, um sie sterben zu sehen, fotografierte die Körper seiner Opfer und verspottete die Polizei, indem er ihr „Andenken" an seine Opfer zuschickte.

Für die meisten, die ihn kannten, war der zweifache Vater ein ganz normaler Mann. Der Airforce-Veteran war ein aufmerksamer Vater, der mit seinen Kindern angeln und zelten ging. Er leitete die Pfadfindertruppe seines Sohnes Brian. Er war Platzanweiser in seiner Kirche in Wichita, Kansas, wo er für die Stadt arbeitete.

OBEN: Dennis Rader war eine Stütze der Gesellschaft, hinter deren Fassade sich ein Serienkiller mit zehn Opfern verbarg.

OBEN: Pressekonferenz vor dem Sedgwick County Courthouse in Wichita, Kansas, am 1. März 2005.

Insgeheim war er jedoch ein Sadist mit der klassischen Vergangenheit, kleine Tiere zu foltern und zu töten. 1974 kam seine bösartige Natur erstmals richtig zum Vorschein, als er mit 28 in das Haus der Familie Otero einbrach und sie mit vorgehaltener Waffe fesselte und knebelte. Joe Otero, 38, seine Frau Julie, 34, und der neunjährige Joey wurden nacheinander erwürgt. Es war jedoch das Schicksal der elfjährigen Josephine „Josie" Otero, das eine Welle des Entsetzens durch die Stadt in Kansas jagte.

Josies Leichnam wurde im Keller an einem Abflussrohr hängend entdeckt. Ihre Hände waren hinter dem Rücken gefesselt, und sie trug nur Socken und einen Pulli. Den Rest der Kleidung hatte der Täter an der Treppe liegen gelassen, bevor er ihren Leichnam vergewaltigte.

OBEN: Polizeiwagen vor dem Haus Dennis Raders in Park City, Kansas, im Anschluss an seine Verhaftung im Februar 2005.

Das nächste Opfer war Kathryn Bright, 21, die mit ihrem Bruder Kevin nach Hause kam und dort einen maskierten, bewaffneten Eindringling vorfand. Rader fesselte und erstach sie. Kevin überlebte mit einem Kopfschuss. Zunächst versäumte es die Polizei, einen Zusammenhang zu den Otero-Morden herzustellen, aber Rader wollte Aufmerksamkeit. Er schrieb dem *Wichita Eagle* und gab sich als „BTK" aus, prahlte mit den Morden und schwor, es wieder zu tun. Im März 1977 wurde Shirley Vian, 24, gefesselt und erwürgt mit einer Tüte über dem Kopf in ihrem Haus gefunden. Der Mörder hatte ihren Schlüpfer als Trophäe mitgenommen.

OBEN: Der gefesselte Rader, flankiert von Polizisten. Der grausame Mörder wurde zu 175 Jahren Haft verurteilt.

Als Nächstes war Nancy Fox, 25, an der Reihe. Rader brach bei ihr ein, fesselte sie mit Handschellen und zog sie aus, bevor er sich an ihr verging und sie mit einem Gürtel erwürgte. Um sicherzugehen, dass er für den Mord Aufmerksamkeit bekam, rief er die Polizei aus einer Telefonzelle an und meldete die Tat. Später schrieb er als „BTK" der Presse und fragte: „Wie viele muss ich umbringen, bevor man mich beachtet?"

Anschließend tauchte „BTK" fast acht Jahre lang unter, und die Polizei ging davon aus, dass er tot war. Im April 1985 überkam ihn jedoch wieder der Drang zu töten, und er brachte seine 53-jährige Nachbarin Marine Hedge um. Rader brachte ihre Leiche zur Christ Lutheran Church, wo er Gemeindevorsteher war, legte sie auf den Altar, machte ein paar obszöne Fotos und warf sie dann in einen Graben.

Im folgenden September erwürgte er Vicki Wegerle, 28. Sein letztes Opfer war Dolores Davis, 62, die er 1991 entführte und erwürgte. Er legte ihre Leiche unter einer Brücke ab, kehrte wieder zurück, setzte ihr eine Maske auf und machte Fotos. Wie immer verging er sich auch an der Leiche.

Die Polizei stellte keine Verbindung zu früheren „BTK"-Morden her, bis Rader 2004 an die Zeitung schrieb und der Redaktion sowie der Polizei „Andenken" schickte – darunter ein Foto von Vicki Wegerles Leichnam, Nancy Fox' Führerschein und eine Puppe, die den Mord an Josie Otero symbolisierte.

Im Februar 2005 wurde „BTK" endlich gefasst, als eine Floppy-Disk, die er einem Fernsehsender schickte, zu Raders Kirche zurückverfolgt werden konnte. Nachdem ein Gentest mit Proben, die 31 Jahre zuvor auf Josie Oteros Leiche gefunden wurden, übereinstimmte, gestand Rader alle zehn Morde.

In seinem schriftlichen Geständnis sagte er: „Als ich Josephine aufhängte, erregte sie mich sehr. Wie sie um Gnade flehte ... dann zog die Schlinge sich zu; so hilflos; sie starrte mich mit weit aufgerissenen Augen an, die Schlinge wurde immer enger."

Bei seinem Prozess im August 2005 sah der 60-Jährige gelassen aus, als er gestand, weitere Morde geplant zu haben: „Ich habe darüber nachgedacht, aber ich wurde langsamer." Da es zum Zeitpunkt der Urteilsverkündung in Kansas keine Todesstrafe gab, wurde Rader zu 175 Jahren Haft ohne Bewährung verurteilt.

Richard Ramírez

Der gruselige Killer, der als „Night Stalker" bekannt wurde, war ein Satanist, der 1984 und 1985 Los Angeles in Angst versetzte. Richard Ramírez schlich sich nachts in Häuser, ermordete alle erwachsenen Männer und unterzog die Frauen und Kinder sadistischen Vergewaltigungen und Verstümmelungen. Manchmal hinterließ er sein Zeichen als „Jünger des Teufels" – ein umgedrehtes Pentagramm, das auf eine Wand oder einen Spiegel geschmiert wurde. Manchmal malte er auch okkulte Zeichen auf seine Opfer.

Fanpost im Überfluss für den „Night Stalker"

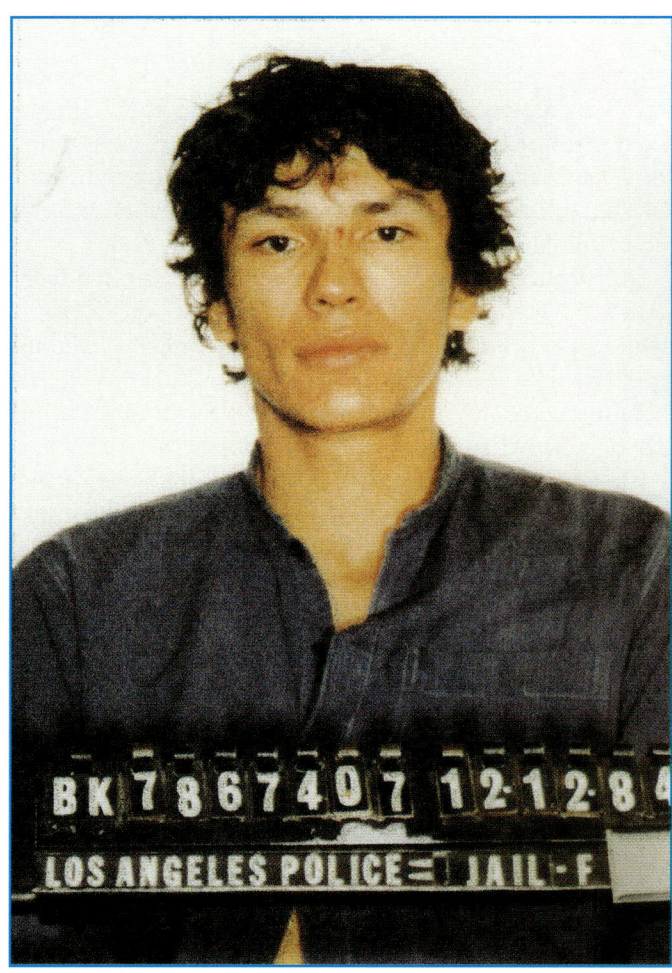

OBEN: Polizeifoto von Richard Ramírez. Der Mexikaner war schon früh vom Tod fasziniert.

Ricardo Muñoz Ramírez wurde in El Paso, Texas, geboren. Der Tod faszinierte ihn schon früh, und er verbrachte viele Nächte auf dem Friedhof. Mit zwölf geriet er unter den Einfluss seines Cousins, eines Vietnamveteranen, der ihm Geschichten vom Foltern und Töten der Zivilbevölkerung erzählte. Laut einer späteren Aussage ermordete der Cousin seine Frau, während Ramírez im gleichen Zimmer war.

OBEN: Ramírez, der seinen „Ruhm" genoss, mit Sonnenbrille auf dem Weg ins Gericht.

OBEN: Nach seiner Verurteilung rief der Killer: „Ich werde gerächt werden. Luzifer lebt in uns allen!"

In seiner Jugend wandte sich Ramírez dem Verbrechen und Drogen zu. In einem Polizeiprofil wurde er als „verwirrter, wütender Einzelgänger, der Halt bei Diebstahl, Drogen, der dunklen Seite der Rockmusik und schließlich Vergewaltigung und Mord suchte."

Nach seinem Umzug nach Los Angeles beging er im Juni 1984 seinen ersten „Night Stalker"-Mord. Im Kokainrausch schlich er sich in die Wohnung einer 79-Jährigen, stach auf sie ein, enthauptete sie fast und vergewaltigte sie dann. Er fand 18 weitere Opfer zwischen Anfang 30 und Ende 70. Ramírez' Methoden waren abwechslungsreich: Er erschoss oder erschlug die Opfer oder schnitt ihnen die Kehle durch. Obwohl die

RECHTS: Ramírez vor Gericht mit einem seiner Markenzeichen, einem umgedrehten Pentagramm, auf seiner linken Handfläche.

Angriffe vor allem seiner sexuellen Befriedigung galten, beraubte er seine Opfer auch.

Im August 1985 fand die Polizei auf einem Fluchtwagen einen Fingerabdruck, den sie dem als Kleinkriminellen bekannten Ramírez, 25, zuordnen konnte. Sein Foto ging durch die Presse und führte sofort zum Erfolg. Ramírez wurde beobachtet, wie er versuchte, eine Frau aus ihrem Wagen zu zerren. Der Ehemann und eine wütende Menschenmenge prügelten ihn windelweich und übergaben ihn blutend der Polizei.

Nach einem der längsten Mordprozesse in der amerikanischen Geschichte wurde Ramírez im September 1989 für 13 Morde, fünf Mordversuche, elf Vergewal-tigungen und 14 Einbrüche schuldig gesprochen. Er wurde zum Tod in der Gaskammer von San Quentin verurteilt, und als er den Gerichtssaal verließ, rief er: „Ihr Maden macht mich krank. Ich werde gerächt werden. Luzifer lebt in uns allen!" Über das Todes-urteil witzelte er: „Na und? Das gehört halt dazu. Wir sehen uns in Disneyland."

Unglaublicherweise erhielt der „Night Stalker" un-zählige Fanbriefe. Eine verliebte Frau, Doreen Lioy, die ihm 75 Briefe schrieb, bekam einen Heiratsantrag von ihm. Da Todesurteile in Kalifornien nur selten auch vollstreckt werden, heiratete das Paar 1996 in San Quentin.

David Parker Ray

David Parker Ray ist ein Serienkiller, der für keinen einzigen Mord verurteilt wurde, obwohl er vielleicht bis zu 60 Frauen umgebracht hat. Sie alle starben nach ihrer Entführung, Gefangenschaft, Vergewaltigung und Folterung einen grausamen Tod. Der Mörder entging der vollen Härte des Gesetzes, weil er 2002 nach nur drei Jahren Gefängnis, in dem er nicht wegen Mordes saß, an Herzversagen starb.

Unschuldige starben im „Teufelsbau"

Ray war ein Einzelgänger mit vier gescheiterten Ehen, der sich in einem Wohnwagen hinter seinem Haus eine Folterkammer einrichtete. Im „Teufelsbau" oder in der „Spielzeugkiste" wurden seine Opfer betäubt und an einen gynäkologischen Stuhl gekettet, umgeben von Folterwerkzeugen und Sexspielzeugen.

Rays Schreckensherrschaft endete im März 1999, als eines seiner Opfer, Cynthia Vigil, fliehen konnte und nackt durch die Straßen von Elephant Butte, New Mexico, rannte, um den Hals einen Metallreif, an dem eine Kette hing. Die 21-Jährige war drei Tage lang auf unvorstellbare Weise vergewaltigt und gefoltert worden. Die Polizei verhaftete Ray, einen 59-jährigen Park-wächter und Mechaniker, und durchsuchte sein Haus und den Wohnwagen. Ein Polizist erzählte: „An den Wänden hingen sadistische Bilder, Ketten und Rie-men, ein Balken, den er „Knöcheldehner" nannte, Sexspielzeuge, die an Bohrmaschinen befestigt waren, Dildos mit Nägeln darin. Alles in dem Wohnwagen deutete Schmerz an."

Die Polizisten fanden auch eine Kassette, auf der Ray seinen Opfern erklärte, was er mit ihnen vorhatte, und dass er keine Bedenken hätte, ihnen die Kehle durch-zuschneiden, weil sie nur „ein Stück Fleisch" waren. Auf der Aufnahme berichtete er auch von 37 früheren Entführungen.

Mithilfe einer Videoaufnahme, die eine der an den Stuhl gefesselten Frauen zeigte, die offensichtlich unter Drogen stand, konnte die Polizei sie anhand einer un-gewöhnlichen Tätowierung am Bein identifizieren. Als die Tätowierung im Fernsehen veröffentlicht wurde, meldete sich Kelly van Cleave, 25, die jedoch verwirrt war, weil sie sich an keine Gefangenschaft erinnern konnte. Erst bei der Befragung durch die Polizei kehrte ihre Erinnerung teilweise zurück. Entsetzt stellte sie fest, dass ihre Alpträume eine wahre Grundlage hatten und dass man sie unter Drogen gesetzt hatte, damit sie sich nicht erinnerte.

Die Polizei vermutete, dass Ray bis zu 60 Frauen getötet haben könnte, aber als eine Durchsuchung der Gegend keine Leichen erbrachte, war eine Mordanklage nicht möglich. Stattdessen wurde er wegen Entführung, Vergewaltigung und Folter angeklagt.

Fast wäre er dem Gesetz ganz entgangen, denn die beiden Hauptzeugen waren nicht wirklich zuverlässig. Kelly van Cleave konnte sich nur teilweise erinnern, und Cynthia Vigil war eine heroinsüchtige Prostituierte. Zudem entschied der Richter bei Rays Verhandlung im Juli 2000, dass die Kassettenaufnahme nicht zulässig sei. Das Verfahren endete mit einer unentschlossenen Jury. Eine Neuverhandlung neun Monate

OBEN: Die elegante Erscheinung Rays vor Gericht konnte nicht über die Grausamkeit seiner Taten hinwegtäuschen.

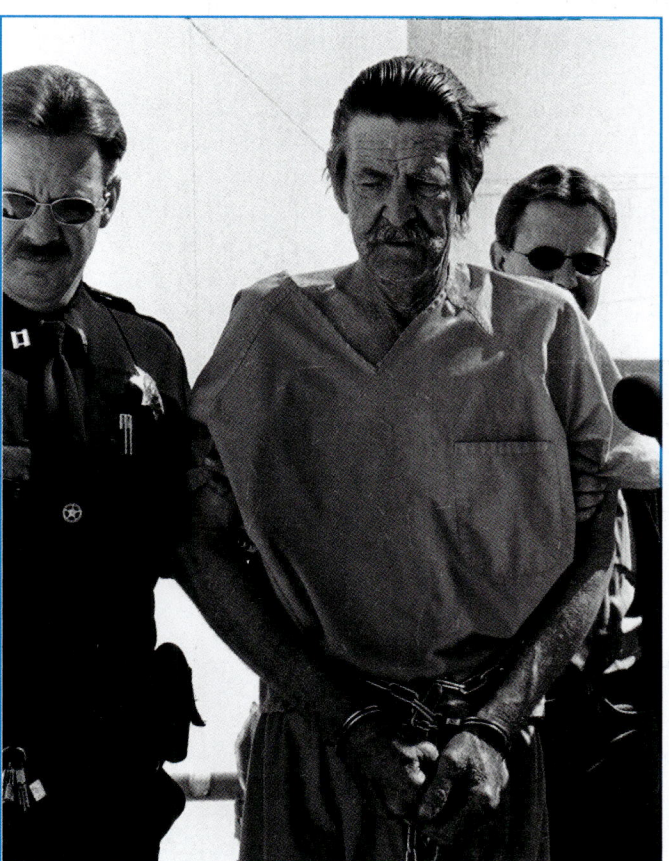

OBEN: David Parker Ray in Ketten nach seiner Verhaftung. Er wurde zu 224 Jahren Haft verurteilt.

später erbrachte ein anderes Urteil. Am 16. April 2001 wurde David Parker Ray zu 224 Jahren Gefängnis verurteilt, abzüglich der zweieinhalb Jahre, die er bereits abgesessen hatte. Am 28. Mai, nur acht Monate später, starb David Parker Ray an Herzversagen.

In früheren Verfahren hatten drei Komplizen Rays, nachdem sie gegen ihn ausgesagt hatten, geringere Strafen erhalten. Dennis Roy Yancy gestand, Marie Parker, deren Leiche nie gefunden wurde, erwürgt zu haben. Dafür erhielt er 20 Jahre Haft. Rays Lebensgefährtin Cynthia Hendy gestand die Beihilfe und bekam 36 Jahre. Rays Tochter Jessy wurde wegen Beihilfe an der Entführung und Folter Kelly van Cleaves zu fünf Jahren auf Bewährung verurteilt – falls ihr Vater im Gegenzug keine Berufung einlegte.

Gary Ridgway

Gary Ridgway bekannte sich im November 2003 des 48-fachen Mordes für schuldig. In einem vor Gericht verlesenen Geständnis sagte er, vor lauter Opfern kaum noch den Überblick behalten zu haben. Zur Erklärung gab er an, Prostituierte zu hassen und für Sex nicht bezahlen zu wollen.

48 fielen dem „Green River Killer" zum Opfer

Der sogenannte Green River Killer (benannt nach einem Fluss südlich von Seattle, wo das erste Opfer gefunden wurde) hatte die Ermittler zwei Jahrzehnte lang in Atem gehalten. Zu Beginn der 1980er-Jahre tauchten die Überreste Dutzender Frauen, vor allem Ausreißerinnen und Prostituierte, in Schluchten, an Flüssen, Flughäfen und Freeways auf. Ridgway stand seit 1984 unter Verdacht, aber es dauerte 16 Jahre, bis die Gentechnik soweit war, ihn mit vier seiner ersten Opfer in Verbindung zu bringen.

Gary Leon Ridgway wurde im Februar 1949 in Utah geboren und mit seinen beiden Brüdern von der gewalttätigen Mutter unterdrückt. Mit 13 war er noch immer Bettnässer. Ridgway hatte einen niedrigen IQ und war ein schlechter Schüler. Mit 16 lockte er einen Sechsjährigen in den Wald und stach auf ihn ein. Das Opfer überlebte und erinnerte sich daran, wie Ridgway lachend davonging und sagte: „Ich wollte immer wissen, wie es ist, zu töten."

OBEN: Gary Ridgway ging häufig zu Prostituierten, aber anstatt sie zu bezahlen, brachte er sie um.

OBEN: Ermittler suchen an einem unbekannten Ort nach den Überresten eines Opfers des „Green River Killers" Gary Ridgway.

Ridgway bekam eine Stelle als Maler. Er heiratete dreimal und wurde Vater eines Kindes. Zum Zeitpunkt seiner Verhaftung war seine dritte Frau noch bei ihm. Die ersten beiden Frauen erzählten der Polizei, dass er Sex im Freien mochte – woraufhin die Polizei entdeckte, dass diese Akte an oder in der Nähe der Fundorte der Opfer stattgefunden hatten.

Im Juli 1982, als die Leiche einer 23-Jährigen am Green River in Washington gefunden wurde, begann die Jagd. Einen Monat später wurde ein paar hundert Meter entfernt die Leiche einer 16-Jährigen entdeckt.

Im Lauf der 1980er- und 1990er-Jahre ermordete der „Green River Killer" 48 oder mehr Frauen um Seattle und Tacoma herum. Die meisten waren Ausreißerinnen oder Prostituierte, die er am Pacific Highway auf-las und erwürgte. Ihre meist nackten Leichen wurden meist zu mehreren abgelegt, manchmal in obszönen Posen. An den Tatorten verteilte Ridgway Zigarettenstummel, Quittungen und Kaugummis von anderen, um die Polizei zu verwirren.

Lange war der Polizei ein Rätsel, warum so viele Frauen dem Killer vertrauten und ihn in eine einsame Waldgegend begleiteten. Wie sich herausstellte, hatte Ridgway in seinem Pickup stets Spielzeug seines Sohnes und zeigte den Frauen Fotos von ihm, um sie in Sicherheit zu wiegen. Manchmal nahm er sie auch mit nach Hause und zeigte ihnen sein Zimmer.

Im FBI-Profil des Killers hieß es, dass er Frauen hasste, aber wahrscheinlich verheiratet war, aus einem kaputten Zuhause stammte und vermutlich seine Mutter

OBEN: Aufgrund der eindeutigen Beweise für die 48 Morde hatte Rigway kaum eine Chance, der Justiz zu entgehen.

OBEN: Die Suche der Forensiker aus Washington State konzentrierte sich auf das Gebiet am Green River.

OBEN: Beim Prozessauftakt dauerte es acht Minuten, bis die Namen aller Opfer Ridgways verlesen waren.

verabscheute. Es hieß außerdem, dass er 20 bis 40 Jahre alt und weiß sei, stark rauchte und gern trank. Zudem hatte er eine Vergangenheit voller Sexualdelikte. Es war eine genaue Beschreibung Gary Ridgways.

Der Killer wurde 2001 aufgrund einer DNS-Probe, die er 1984 bei einer ersten Untersuchung der Morde abgegeben hatte, verhaftet. Inzwischen war die Gentechnik weit genug fortgeschritten, um diese Probe eindeutig Ridgway zuzuordnen – und sie stellte die Verbindung zu vier der ersten Green-River-Opfer dar. Dieser vier Morde wurde Ridgway anfangs beschuldigt. Als der Fall im November 2003 endlich vor Gericht kam, dauerte es aber acht Minuten, um die Namen aller 48 Opfer zu verlesen, die inzwischen aufgetaucht waren.

Ridgway ging auf einen Handel ein, um der Todesstrafe zu entgehen, und bekam stattdessen im Dezember 2003 48-mal lebenslänglich ohne Aussicht auf Bewährung. Zudem erhielt er für jedes Opfer weitere zehn Jahre Haft wegen der Fälschung von Beweisen, was zusätzliche 480 Jahre ausmachte.

2004 veröffentlichten die Ankläger Videobänder mit Ridgways Geständnissen. In einem gab er den Mord an 65 Frauen zu, in einem anderen behauptete er, 71 ermordet zu haben. Er gestand auch, Sex mit den Leichen gehabt zu haben, und dass er begann, sie zu begraben, damit er nicht später noch einmal zu ihnen zurückgehen konnte.

Joel Rifkin

Joel Rifkin war ein Landschaftsgärtner, der zwischen 1989 und 1993 mindestens 17 Prostituierte ermordete und zerstückelte. Die Leichen bewahrte er zum Teil in dem Haus auf, in dem er mit seinen Adoptiveltern lebte.

Der Mann, der Artikel über Killer sammelte

Der 1959 als Sohn zweier Teenager geborene Joel wurde im Alter von drei Wochen von Ben und Jeanne Rifkin adoptiert. Sie wohnten in East Meadow, Long Island. Joel war trotz seines hohen IQ ein schlechter Schüler, was er auf die ständigen Schikanen seiner Mitschüler schob, die den Einzelgänger „Schildkröte" nannten – wegen seiner Schüchternheit und Unbeholfenheit sowie seiner Angewohnheit, ständig mit hängenden Schultern dazustehen.

Als Teenager stellte er sich selbst als strahlenden Ritter vor, wie eines seiner jugendlichen Gedichte zeigt: „Eine Sirene ruft mich / Ein Fremder hinter dem dunklen Nebel / Aus den Schatten flehend / Und obwohl ich ihr gegenüber hilflos bin / Muss ich ihr helfen."

Seine Träume vom Heldentum verpufften jedoch rasch in einem gescheiterten Collegeversuch und einer Reihe von Hilfsjobs. Seine einzige Freundin beschrieb ihn als depressiv. Rifkin suchte Trost bei Prostituierten, die er in Brooklyn und Manhattan auflas.

1987 beging sein Adoptivvater Selbstmord, um seinem Krebsleiden ein Ende zu machen, was Rifkins Depression noch verstärkte. Er begann, sich immer mehr für Gewalt zu interessieren, und sammelte Bücher und Artikel über Serienmörder von Prostituierten wie Gary Ridgway (siehe S. 178) und New Yorks Arthur Shawcross (siehe S. 185).

1989 begann er, ihre brutalen Verbrechen nachzuahmen. Rifkins erste Opfer wurden nie gefunden oder identifiziert. Er brachte 1989 und 1990 jeweils eine Prosituierte um, zerstückelte ihre Leichen und warf die Teile in Flüsse und Kanäle. Im Lauf der nächsten vier Jahre, so wird vermutet, tötete er 15 weitere Frauen, die er teilweise mit nach East Meadow nahm.

Leichen tauchten an verschiedenen Orten auf. Ein ermordetes Mädchen steckte in einem Plastiksack, ein

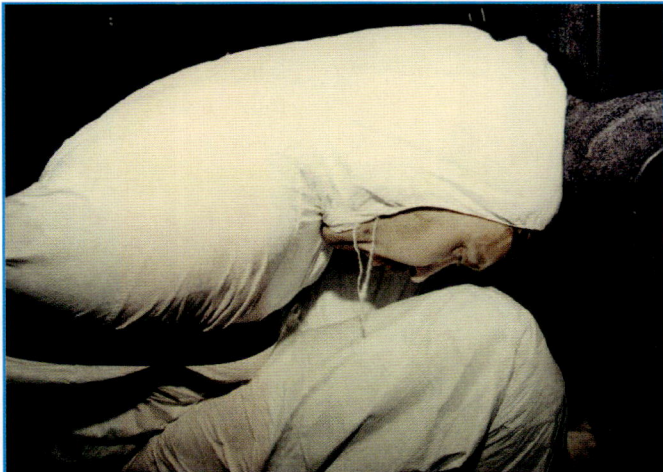

OBEN: Ein gefesselter Joel Rifkin wird am 29. Juni 1993 zum District Court in Farmingdale, New York, überstellt.

OBEN: Rifkin im Dezember 1993 bei einer Voranhörung am Gerichtsgebäude von Nassau County in Mineola, NY.

anderes in einer Kiste im East River. Vier Opfer lagen in Ölfässern. Einige Prostituierte wurden auf dem Land abgelegt und eine sogar in der Nähe des JFK-Flughafens.

Im Juni 1993 wude Rifkin endlich gefasst, als die Polizei seinen Pickup ohne Nummernschilder entdeckte. Nach einer wilden Verfolgungsjagd krachte er in einen Strommast direkt vor dem Gericht, in dem später sein Prozess stattfinden sollte. Hinten im Pickup lag die Leiche seines letzten Opfers. Bei einer Durchsuchung seines Hauses fand die Polizei persönliche Gegenstände seiner Opfer sowie eine blutverschmierte Kettensäge. Rifkin wurde 1994 für neun Morde zu einer lebenslangen Freiheitsstrafe verurteilt.

Danny Rolling

Danny Harold Rolling wurde 1954 in Shreveport, Louisiana, als Sohn eines Polizisten geboren, der sowohl ihn als auch seine Mutter misshandelte. Nachdem er die Schule verlassen hatte, behielt er keinen Job lang und geriet auf die schiefe Bahn. Nach mehreren Überfällen landete er im Gefängnis. Bei einem erneuten Streit mit seinem Vater versuchte Rolling, ihn umzubringen, und floh anschließend in die Universitätsstadt Gainesville, Florida, wo er einige der grauenhaftesten Morde in der amerikanischen Geschichte beging.

Campusmassaker des „Gainesville Rippers"

Im August 1990 erhielt er den Spitznamen „Gainesville Ripper", nachdem er die Studentinnen Christina Powell, 17, und Sonja Larson, 18, getötet hatte. Er klebte ihnen den Mund zu, damit sie nicht schreien konnten. Dann stach er mehrfach auf Sonja ein, bevor er nach unten ging und Christina vergewaltigte, sie erstach und ihren Körper anschließend mit Spülmittel übergoss, um mögliche Spuren zu verwischen.

Christa Hoyt, 18, erlitt ein ähnliches Schicksal. Sie wurde vergewaltigt, von der Kehle bis zum Bauch aufgeschlitzt und mit einer ätzenden Flüssigkeit übergossen, damit sich kein Blut mehr fand.

Das Reinigen der Leichen wurde zum Markenzeichen des Killers, genau wie das Arrangement der Toten, um das Schlachtfest, das er veranstaltet hatte, zu betonen. Christa Hoyt enthauptete er und setzte ihren Kopf in ein Regal, umgeben von sorgfältig angeordneten Spiegeln, die jedem, der draußen vorbeiging, die grausige Szene offenbarten.

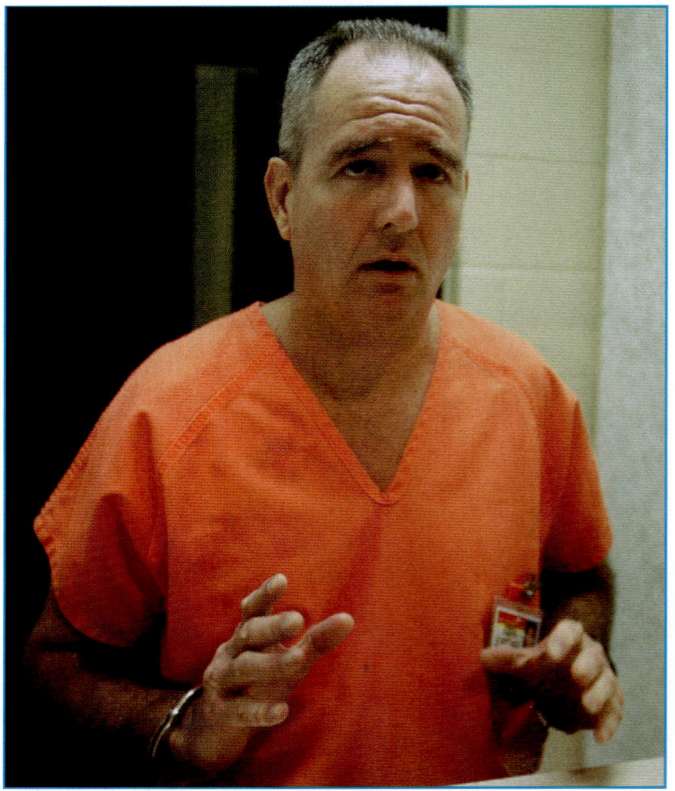

OBEN: Nach 15 Jahren in einem Hochsicherheitsgefängnis wurde Danny Rolling im Oktober 2006 durch die Giftspritze hingerichtet.

OBEN: Der „Gainesville Ripper" wird am 31. Mai 1991 ins Gerichtsgebäude geführt.

Als Nächstes waren Tracey Paules, 23, und ihr Mitbewohner, Manuel Taboada, 23, ein kräftiger Footballspieler, an der Reihe. Beide wurden überrascht und mit 30 Messerstichen getötet. Am gleichen Tag überfiel Rolling eine Bank mit einer 9-mm-Pistole, die kurz darauf auf dem Campingplatz, wo er sich versteckt gehalten hatte, gefunden wurde. Rolling stahl ein Auto und beging einige Diebstählen, bis er bei einem Überfall auf einen Supermarkt geschnappt wurde. Als die Polizei den Kleinkriminellen überprüfte, kam seine gewalttätige Vergangenheit zum Vorschein. So erfuhren die Beamten nicht nur von dem Mordversuch an seinem Vater, sondern sie entdeckten auch Ähnlichkeiten zwischen den Gainesville-Morden und einem dreifachen Mord, der 1989 in Rollings Heimatstadt verübt worden war. Julie Grissom, 24, war ausgezogen,

OBEN: Ein Sprecher der Justizbehörde von Florida benachrichtigt die Presse über Rollings unmittelbar bevorstehende Hinrichtung.

ermordet und ihr Leichnam sorgfältig posiert worden. Auch ihr Vater William, 55, und der achtjährige Neffe Sean, die sich zum Tatzeitpunkt im Haus befunden hatten, starben. Sie waren mit Klebeband gefesselt und sorgfältig gesäubert worden.

Im September 1991 wurde Rolling wegen mehrfachen Mordes vor Gericht gestellt. Er bekannte sich schuldig und wurde zum Tod verurteilt. Im letzten Moment reichte der 52-jährige Serienmörder noch ein Gnadengesuch beim Obersten Gerichtshof ein, das jedoch abgelehnt wurde.

Am 25. Oktober 2006 wurde Rolling durch die Giftspritze hingerichtet. Er hatte weder Reue gezeigt noch versucht, sich bei den Familien der Opfer, von denen mehrere Mitglieder der Hinrichtung beiwohnten, zu entschuldigen.

Efren Saldivar

Durch die Natur der Verbrechen ist es bei Krankenhausmorden immer sehr schwierig, die Schuld genau zuzuweisen. Der führende Gerichtsmediziner Henry Lee sagte nach einem besonders schrecklichen Fall, dass Morde durch das Krankenhauspersonal die am schwersten aufzudeckenden und vor Gericht zu beweisenden Serienmorde sind. „Man muss herausfinden, wer die Opfer waren, lange nachdem sie beerdigt wurden", sagte er. „Dann muss man die Verbindung zum Verdächtigen nachweisen. Das klappt oft nicht."

Pflegelehrling tötete schon mit 19 Jahren

Der Fall, auf den sich der Wissenschaftler bezog, war der von Efren Saldivar. Der „Todesengel" hatte gestanden, in seiner Zeit als Atemtherapeut in einem Krankenhaus in Los Angeles 50 Patienten getötet zu haben. Der in Texas geborene Saldivar bekam den Job im Glendale Adventist Medical Center, nachdem er 1988 einen Kurs im North Hollywood Medical College belegt hatte. Er arbeitete in der Nachtschicht, in der weniger Personal anwesend war, und tötete die Patienten, indem er ihnen ein Medikament spritzte, das zu Atem- oder Herzstillstand führte.

1998 flog seine zehnjährige Mordserie auf, als nach einem Hinweis Phiolen mit einem Muskelrelaxans in Saldivars Spind gefunden wurden. Der 32-jährige Pfleger wurde zur Polizeiwache gebracht, wo er ein Ge-

RECHTS: Der Atemtherapeut Efren Saldivar gestand, zwischen 1988 und 1998 50 Patienten in Los Angeles getötet zu haben.

ständnis ablegte. Er sagte, er hätte sein erstes Opfer zehn Jahre zuvor getötet, als er gerade 19 war und frisch aus der Ausbildung kam. Es war eine alte Frau mit Krebs im Endstadium, die er erstickte.

Seinem nächsten Opfer gab er ein tödliches Medikament in den Tropf. Seine erste Todesspritze gab er 1997. Danach injizierte er immer mehr alten Patienten Gift – seiner Aussage nach aber nur solchen, die nicht wiederbelebt werden wollten. Er benutzte Suxamethonium und Pavulon.

Als Saldivar plötzlich sein Geständnis zurückzog, geriet der Fall in Gefahr. Um eine Verurteilung zu erwirken, mussten 20 seiner aktuellsten Opfer exhumiert werden – in sechs der Leichen fanden sich große Mengen Pavulon. Als man ihm diese Beweise präsentierte, gestand der Pfleger doch wieder alles. Er sagte, er hätte die Patienten getötet, weil es einfach zu viele

von ihnen gäbe und seine Abteilung nicht genug Personal hatte.

Abgesehen von den pathologischen Beweisen gab es auch zwei Zeugen. Eine Kollegin erhielt Immunität für ihre Aussage, Saldivar mit Pavulon versorgt und gewusst zu haben, wofür er es verwendete. Eine zweite Zeugin war 1997 selbst Patientin im Glendale gewesen und hatte für einige Stunden das Bewusstsein verloren, nachdem Saldivar sich um sie gekümmert hatte.

Obwohl seine gestandenen 50 Morde wohl untertrieben waren – Experten gehen eher von 100 Opfern aus –, wurde Saldivar nur für sechs Morde angeklagt. Im März 2002 bekannte er sich schuldig, um dadurch der Todesstrafe zu entgehen. Außerdem entschuldigte er sich bei den Familien der Opfer. Saldivar bekam sechsmal lebenslänglich.

Arthur Shawcross

Der auch als „Genesee River Killer" bekannte Arthur John Shawcross wurde für einige der brutalsten Morde und abscheulichsten kannibalistischen Perversionen, die Amerika in den letzten Jahren erlebt hatte, verurteilt. Dass er immer wieder morden konnte, war vor allem die Folge eines tragischen Fehlers, denn die meisten seiner Opfer holte er sich erst, als er nach dem Mord an zwei Kindern vorzeitig auf Bewährung freikam.

Kannibale isst verwesende Leichen

Shawcross wurde 1945 in Kittery, Maine, geboren. Die Familie zog nach Watertown, New York State, wo er zu einem mürrischen, aggressiven Kind mit niedrigem IQ heranwuchs. Als Teenager schikanierte er andere Kinder und erhielt Bewährungsstrafen für kleinere Vergehen. 1967 wurde er zum Vietnamkrieg eingezogen, wo sich seine sadistischen Neigungen voll entfalteten. Seiner eigenen Aussage nach vergewaltigte und schlachtete er bei einer Mission zwei vietnamesische Mädchen und aß sie teilweise.

Zurück in den USA steckte Shawcross gerade in seiner dritten gewalttätigen Ehe, als im Mai 1972 der Nachbarssohn Jack Blake, 10, verschwand. Erst fünf Monate später wurde die Leiche des Jungen gefunden. Er war vergewaltigt und erstickt worden. Vier Monate danach tauchte die Leiche Karen Hills, 9, auf. Auch sie war vergewaltigt und ermordet worden, und der Täter hatte ihr Schlamm und Blätter in den Hals gestopft. Zeugen brachten Shawcross mit den beiden Morden in Verbindung. Im Oktober 1972 bekannte er sich des Totschlags für schuldig. Da es nicht genug Beweise für den Mord an Jack Blake gab, wurde Shawcross nur für den Tod Karen Hills verurteilt und erhielt 25 Jahre Haft, von denen er nur 15 absaß. Nach seiner Freilassung im März 1987 ließ er sich in Binghampton, NY, nieder, aber die Einwohner erfuhren von seiner

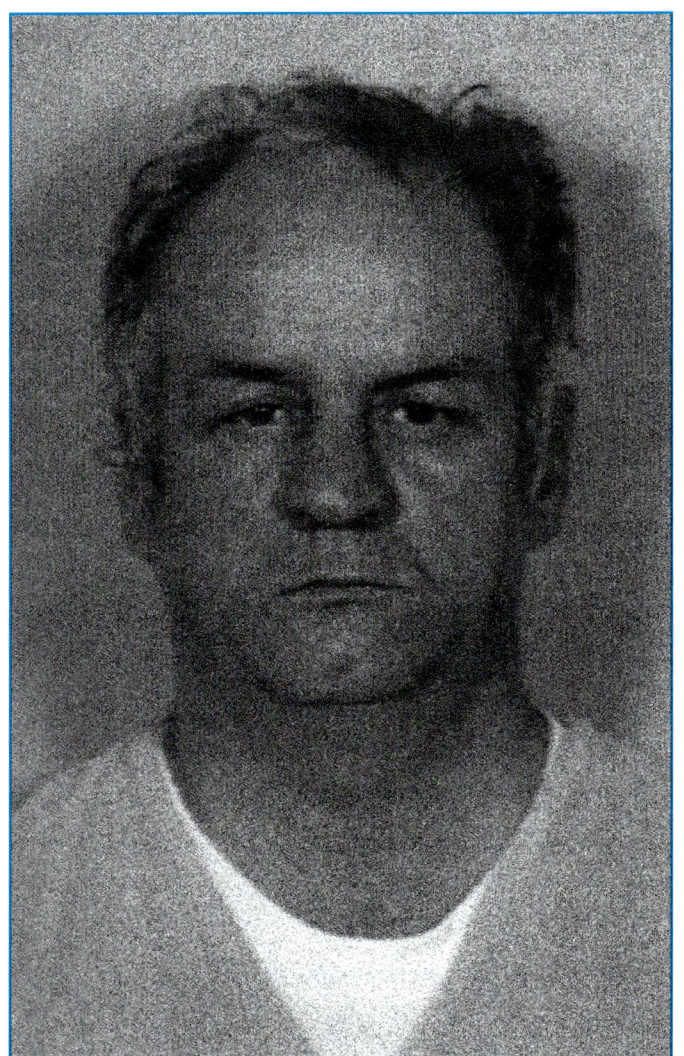

OBEN: Polizeifoto von Arthur Shawcross, aufgenommen im Januar 1990. Im gleichen Jahr wurde er für zehn Morde verurteilt.

aus. Im Frühjahr 1988 begannen verstümmelte Leichen, in den Wäldern und Sümpfen, unter dem Eis und im Genesee River aufzutauchen. Die Frauen waren erwürgt oder erschlagen worden und wiesen – wie das erste Opfer der Serie, Dorothy Blackburn, 27 – furchtbare Bisswunden im Schritt auf.

Als mehrere ähnlich zugerichtete Leichen gefunden wurden, wusste die Polizei, dass sie es mit einem Serienmörder zu tun hatten, und zwar mit einem, der früher bereits zugeschlagen hatte oder eventuell beim Militär gewesen war. Da Shawcross' Akte aber versiegelt worden war, geriet er nicht unter Verdacht. In weniger als zwei Jahren wurden elf Frauen tot aufgefunden oder verschwanden spurlos, bevor die Polizei dem Täter endlich auf die Spur kam.

OBEN: Shawcross, nachdem er sich im Oktober 1972 des Totschlags zweier Kinder für schuldig bekannt hatte.

Vorgeschichte und jagten ihn aus der Stadt. Nachdem ihn auch zwei andere Gemeinden abgewiesen hatten, „schmuggelten" seine verzweifelten Bewährungshelfer den mörderischen Kinderschänder nach Rochester, NY. Die örtlichen Behörden nicht zu benachrichtigen und seine Akte zu versiegeln schien ihnen der einzige Weg zu sein, Shawcross irgendwo unterzubringen, aber diese völlig Inkompetenz sollte später weiteren Opfern das Leben kosten.

Es dauerte nicht lang, bevor Shawcross wieder zu morden begann; dieses Mal suchte er sich Prostituierte

OBEN: Ein Gemälde von Shawcross aus dem Jahr 2001 mit dem Titel „Woraus Träume bestehen". Es war Teil einer Kunstausstellung von Häftlingen, die im New York Legislative Office Building in Albany stattfand.

Im Januar 1990 entdeckte die Luftüberwachung bei Rochester die Leiche der Prostituierten June Cicero, 34. Gerade als der Hubschrauber über die Szene hinwegflog, durchlebte Shawcross die Lust am Töten noch einmal und masturbierte auf der Brücke, unter der die Leiche auf dem Eis lag. Die Polizisten notierten sein Nummernschild und verhafteten ihn später.

Nachdem ein Schmuckstück, das er seiner vierten Frau geschenkt hatte, zu einem der Opfer zurückverfolgt wurde, gestand Shawcross. Er sagte, eine Frau hätte er getötet, weil sie ihn gebissen hatte, die zweite, weil sie seine Brieftasche stehlen wollte, die dritte, weil sie ihn einen Schwächling nannte, und die vierte, weil sie beim Sex zu laut war.

Er gab zu, manchmal Wochen nach dem Mord zu seinen verwesenden Opfer zurückzukehren, Stücke herauszuschneiden und zu essen, und er prahlte damit, ähnlich Ekelhaftes auch mit der Leiche des kleinen Jack Blake gemacht zu haben.

Im Dezember 1990 wurde Shawcross für den Mord an zehn Frauen verurteilt. Seine Anwälte versuchten, eine mildere Strafe zu erwirken, indem sie eine Geisteskrankheit, seine angeblich brutale Kindheit und ein Trauma in Vietnam anführten, stießen aber beim Gericht auf taube Ohren. Shawcross wurde zu zehnmal lebenslänglich verurteilt. Drei Monate später bekannte er sich schuldig, eine weitere Frau erwürgt zu haben, und bekam noch einmal lebenslänglich. Während er seine Haftstrafe in der Sullivan Correctional Facility in New York verbüßte, klagte Shawcross plötzlich über Schmerzen in den Beinen und erlag am 10. November 2008 einem Herzinfarkt.

Lydia Sherman

In ihrem verdrehten, kranken Geist kümmerte sich Lydia Sherman um ihre Familie und tat alles für sie, was sie konnnte. Als man sie endlich fasste, hatte sie drei Ehemänner, sechs eigene und zwei Stiefkinder qualvoll sterben lassen.

„Schwarze Witwe" entsorgt Familie

Die 1824 in Burlington, New Jersey, geborene Lydia heiratete mit 17 den 40-jährigen New Yorker Polizisten Edward Struck, und das Paar bekam in schneller Abfolge sechs Kinder. Alles war in bester Ordnung, bis der Polizist wegen Feigheit entlassen wurde und in eine tiefe Depression verfiel. Lydia ertrug es nicht, ihn so zu sehen, und kaufte „für ein paar Cent Arsen", um ihn zu „erlösen". Er starb 1864 – wie die Ärzte glaubten – an Schwindsucht.

Als Witwe mit sechs Kindern, die sie kaum durchbringen konnte, überlegte sie sich den ihrem kranken Geist nach besten Ausweg und vergiftete die drei jüngsten. Baby William, Edward, 4, und Martha Ann, 6, starben alle am gleichen Tag. Das nächste ihrer Kinder, das einen qualvollen Tod fand, war der 14-jährige George. Als er seinen Job verlor, der $ 2,50 pro Woche zum Familieneinkommen beitrug, wollte sie nicht, dass er zu einer Belastung wurde. Als Ann Eliza, 12, Fieber bekam, versetzte sie die Medizin ebenfalls mit Arsen. Ihr Todeskampf dauerte vier Tage, als Todesursache wurde „Typhus" angegeben. Zwei Monate später bekam ihre älteste Tochter, die ebenfalls Lydia hieß, auch Fieber und starb qualvoll an „Typhus".

Da sie nun nichts mehr in New York hielt, zog Lydia nach Connecticut, wo sie schnell den älteren Witwer Dennis Hurlburt heiratete. Innerhalb eines Jahres hatte sie auch Ehemann Nummer zwei vergiftet und war wieder Witwe – dieses Mal aber eine sehr reiche.

Im September 1870 heiratete sie den Witwer Horatio Sherman, der selbst vier Kinder hatte. Zwei Monate nach der Hochzeit „entsorgte" sie Baby Frankie und im Monat darauf die 16-jährige Ada. Der plötzliche Tod seiner Kinder trieb Sherman in den Alkoholismus. Lydia sah sich seine Trinkerei einige Monate an.

Im Mai 1871 verließ sie die Geduld. Sherman erkrankte an Magenschmerzen und Durchfall und war innerhalb von einer Woche tot. In Anbetracht Lydias tragischer Vergangenheit kam Verdacht auf, und die Leiche wurde obduziert. Dabei wurde festgestellt, dass Shermans Leber randvoll mit Arsen war. Lydias gnadenlose Mordserie war beendet.

1872 wurde die „Schwarze Witwe" vor Gericht gestellt, des Mordes für schuldig befunden und zu lebenslanger Haft verurteilt. 1878 starb sie im Gefängnis.

Harold Shipman

Als der Schuldspruch gegen Dr. Harold Shipman verkündet wurde, jubelten die Angehörigen der Todesopfer. Großbritanniens „Dr. Tod" würde für immer hinter Gittern verschwinden. Am 31. Januar 2000 endete ein erschreckendes Kapitel in der Kriminalgeschichte, denn Shipmans 24-jährige Mordserie machte ihn zum produktivsten Serienmörder des Landes.

Großbritanniens produktivster Mörder

Shipman wurde des Mordes an 15 Patienten für schuldig befunden. Ein Jahr später setzte ein Bericht der Regierung seine Opferzahl auf 236 fest, von denen 218 identifiziert werden konnten. Das machte ihn zum zweitschlimmsten Serienmörder aller Zeiten – nach dem Kolumbianer Pedro López (siehe S. 134).

Shipman verbarg seine Morde hinter der Maske des ehrbaren Arztes. Seine Opfer waren überwiegend ältere Frauen. Er lagerte tödliche Medikamente und Drogen wie Bonbons und tätschelte seinen Opfern die Hand, während er ihnen eine Überdosis Heroin spritzte und ihnen versicherte, dass dies ihre Krankheit heilen oder wenigstens ihre Leiden lindern würde.

Dr. Harold Frederick Shipman machte 1970, mit 24 Jahren, seinen Abschluss an der Leeds School of Medicine. Im Jahr 1976, während er in West Yorkshire

RECHTS: Harold Shipman tötete hinter der Maske des besorgten Allgemeinmediziners in 24 Jahren mindestens 236 seiner Patienten.

OBEN: „Dr. Tod" erhängte sich im Januar 2004 im Gefängnis von Wakefield.

gab es einen verdächtigen Todesfall pro Jahr, bis Shipman die Gemeinschaftspraxis verließ und 1993 seine eigene Praxis eröffnete. Plötzlich begann die Zahl der Todesopfer zu steigen. In jenem Jahr waren es bereits acht, beginnend mit einem 92-Jährigen, der Stunden nach seinem Besuch bei Shipman verstarb.

Es waren jedoch weder Polizisten noch besorgte Patienten, die „Dr. Tod" das Handwerk legten, sondern die Einmischung der örtlichen Bestatterin Deborah Bamroffe, die im März 1998 beschloss, dass es für eine Einzelpraxis zu viele Tote gab. Sie äußerte ihre Bedenken einem der Ärzte gegenüber, die Shipmans Sterbeurkunden zum Zweck der Einäscherung gegen-

OBEN: Elaine Oswald, die 1974 vermutlich das erste Opfer werden sollte, kommt zu ihrer Aussage im Gericht an.

praktizierte, bekannte er sich schuldig, Rezepte gefälscht und Medikamente gestohlen zu haben. Als Nächstes arbeitete er als Kinderarzt im County Durham, wurde aber aufgrund seiner Vorstrafe streng überwacht. Ende 1977 galt er als ausreichend rehabilitiert, um wieder selbstständig praktizieren zu dürfen, und zog nach Hyde im Großraum Manchester, wo er die 1980er- und 1990er-Jahre hindurch als Allgemeinmediziner arbeitete. Shipman war aber alles andere als geläutert.

Shipmans erstes Mordopfer dürfte eine 76-Jährige gewesen sein, die ihn im September 1984 wegen einer Erkältung aufsuchte. Bei einem Folgebesuch bei ihr zu Hause fand er sie „tot im Bett liegend". Im Durchschnitt

zeichneten. Innerhalb von Tagen wusste der Leichenbeschauer John Pollard Bescheid, der seinerseits die Polizei alarmierte. Trotzdem gelang es Shipman, vor seiner Verhaftung drei weitere Patienten zu töten.

Eine von ihnen war die gesunde, aktive 81-jährige Mrs. Grundy, die im Juni 1998 tot in ihrem Haus aufgefunden wurde. Als Todesursache gab Shipman ihr Alter an, aber als ihre Tochter feststellte, dass Mrs. Grundy dem Doktor per Testament ihr gesamtes Vermögen im Wert von 386.000 Pfund hinterlassen hatte, ging sie zur Polizei. Das Testament war auf Shipmans Schreibmaschine getippt worden und trug seine Fingerabdrücke. Mrs. Grundy wurde exhumiert, und man fand eine tödliche Dosis Morphium bei ihr.

Shipman, 52, ein verheirateter vierfacher Vater, wurde im September 1998 verhaftet und im Oktober vor Gericht gestellt. Dort wies er die Anschuldigung der Fälschung des Testaments und des 15-fachen Mordes von sich. „Alle starben ganz unerwartet", sagte der Ankläger, „und alle waren zuvor bei Dr. Shipman gewesen." Er fügte hinzu, dass Shipman offensichtlich von sich glaubte, Herr über Leben und Tod zu sein.

Nachdem die Jury ihn schuldig gesprochen hatte, sagte der Richter zu Shipman: „Dies waren böse, böse Verbrechen. Jedes Ihrer Opfer war Ihr Patient. Sie töteten jedes Ihrer Opfer eiskalt und berechnend in einer Perversion Ihrer medizinischen Fähigkeiten. Aus egoistischen Gründen nutzten Sie Ihre Opfer aus und missbrauchten ihr Vertrauen. Ich habe keine Zweifel, dass jedes Ihrer Opfer lächelte und sich bei Ihnen bedankte, als Sie ihm das tödliche Mittel verabreichten. Keiner von ihnen realisierte, dass Sie keine heilenden Hände hatten."

Shipman wurde in einem Hochsicherheitsgefängnis untergebracht und hatte keinerlei Aussicht auf Bewährung. Am 13. Januar 2004 vollstreckte er im Wakefield Prison, West Yorkshire, sein eigenes Todesurteil und erhängte sich.

Joseph Smith

George Joseph Smith, geboren 1872, wurde als „Braut im Bad"-Mörder bekannt – aufgrund der Art und Weise, wie er sich drei seiner fünf Ehefrauen entledigte. Seine erste Ehefrau, Caroline Thornhill, die er 1898 heiratete, verdiente ihr Geld wie ihr Ehemann mit Taschendiebstählen. Sie stritten sich, Caroline ging zur Polizei und erzählte von seinen Vergehen, woraufhin Smith im Gefängnis landete. Kaum auf freiem Fuß, wollte er sich an Caroline rächen, aber sie entkam, weil sie nach Kanada emigrierte.

Der „Braut im Bad"-Mörder schlägt zu

Smith aus Bethnal Green, London, verwendete für seine nachfolgenden bigamistischen Ehen Pseudonyme. Beatrice Mundy ertrank im Juli 1912. Alice Burnham hinterließ einen großen Klumpen Haare in ihrem Todesbad. Smith hatte seine Frauen gut versichert und konnte von den Auszahlungen komfortabel leben. Der Mord an Smiths letztem Opfer, Margaret Lofty, folgte einem ähnlichen Muster. Die Tochter eines Geistlichen hatte bereits einige Ersparnisse, und so warb er unter dem Pseudonym „John Lloyd" um sie. Mit einer Lebensversicherung von 700 Pfund und einem frisch geschriebenen Testament in der Hand heiratete Smith sie am 17. Dezember 1914. Am Abend des Folgetages hörte ihre Vermieterin platschende Geräusche im Bad und fand auch die neueste Braut versehentlich in der Wanne ertrunken vor.

Der Mord an Margaret war aber im wahrsten Sinne des Wortes ein tödlicher Fehler für Smith. Margaret war nur einen Tag verheiratet gewesen, daher machte ihr Tod Schlagzeilen und deckte Übereinstimmungen

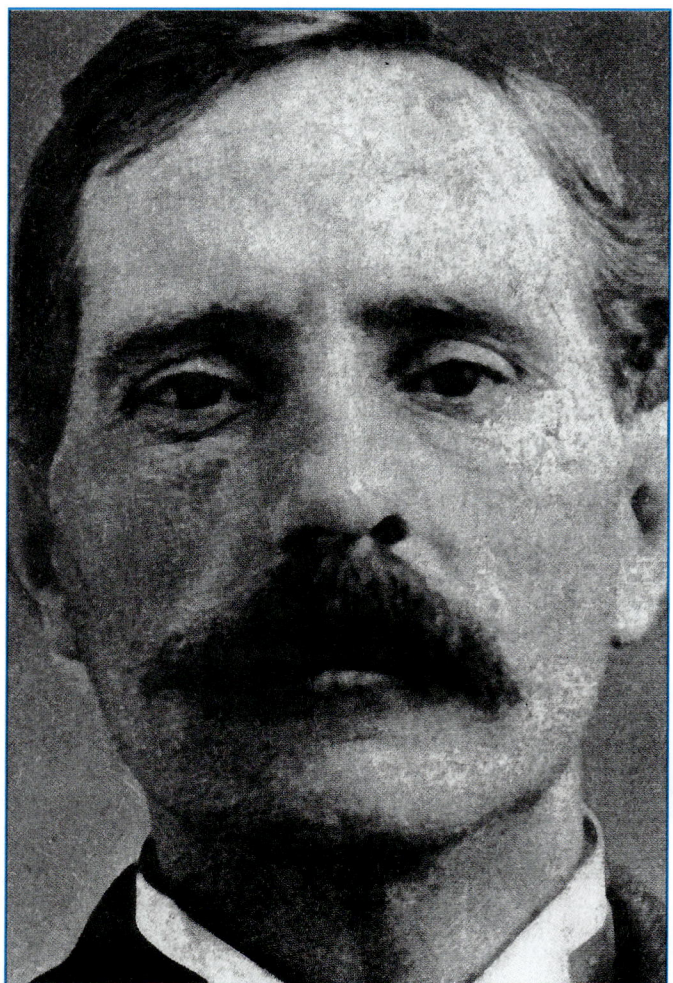

OBEN: Joseph Smith wurde im August 1915 gehängt. Er ertränkte drei seiner fünf Ehefrauen in der Badewanne.

anhand derer eine Freiwillige demonstrieren sollte, wie einfach es für den Killer gewesen war, seine Opfer zu ertränken. Sie machte das so überzeugend, dass sie wiederbelebt werden musste.

Smiths Verhalten vor Gericht war unverschämt. Er griff den Richter, die Geschworenen und seinen eigenen Anwalt an. „Das ist eine Schande für ein christliches Land", schrie er. „Ich bin vielleicht ein bisschen seltsam, aber ich bin kein Mörder!" Die Jury glaubte ihm nicht und sprach ihn schuldig. Zitternd vor Angst wurde er am 13. August 1915 gehängt.

OBEN: Smith mit Beatrice Mundy, dem ersten Opfer, im Juli 1913. Als sie tot aufgefunden wurde, hatte sie die Seife noch in der Hand.

mit früheren Todesfällen auf. „Tragisches Schicksal der Braut einen Tag nach der Hochzeit" lautete eine Schlagzeile. Angehörige der früheren Opfer sahen die Berichte, und als „John Lloyd" beim Anwalt ankam, um die Versicherungssumme zu kassieren, wartete dort bereits die Polizei auf ihn.

Beatrice Mundy, Alice Burnham und Margaret Lofty wurden exhumiert, aber Smith wurde nur für den Mord an seinem ersten Opfer angeklagt. Im Gerichtssaal entfaltete sich das Drama vor dem Hintergrund der Nachrichten, die von den Schlachtfeldern der Westfront kamen. Ein seltsamer Aspekt war das Aufstellen einer Badewanne, die mit Wasser gefüllt wurde und

Richard Speck

Corazon Amurao öffnete an einem Abend im Juli 1966 die Tür des Schwesternwohnheims in Chicago. Draußen stand ein pockennarbiger Mann mit einer Pistole. Er versicherte ihr und zwei anderen Schwestern, dass er ihnen nichts tun würde. Dann durchsuchte er das Wohnheim, fand drei Frauen schlafend im Bett vor und steckte sie alle in ein Zimmer. Drei Frauen, die später nach Hause kamen, wurden zusammengetrieben.

Einzige Überlebende des pockennarbigen Killers

UNTEN: Richard Speck in Handschellen. Im Juli 1966 ermordete er acht Schwesternschülerinnen in ihrem Chicagoer Wohnheim.

Der Angreifer, Richard Speck, 25, fesselte die neun Mädchen und stahl Geld und Schmuck aus ihren Zimmern. Im Alkohol- und Drogenrausch machte er sich dann daran, seine Opfer systematisch zu töten.

Er brachte das erste Mädchen in ein Zimmer und erwürgte sie. Zwei weitere Mädchen brachte er in ein Schlafzimmer, wo er einer ins Herz, den Hals und in ein Auge stach, während die andere 18 Stichwunden erlitt und im Sterben vergewaltigt wurde. Auf die nächsten fünf Opfer stach er allesamt ein, bevor er sie erwürgte. Zwei wurden zusätzlich vergewaltigt. Mitten in seinem 20-minütigen Gemetzel stand Speck plötzlich auf, ging ins Bad und wusch sich die Hände.

In seinem verwirrten Zustand hatte Speck den Überblick verloren. Corazon Amurao gelang es, unter das Bett zu kriechen und starr vor Angst auszuharren. Erst mehrere Stunden später traute sie sich, herauszukommen und um Hilfe zu rufen.

Corazon erzählte der Polizei, der Täter hätte eine Tätowierung mit der Aufschrift „Born to Raise Hell" auf dem Arm. Zudem waren die Knoten, mit denen die Mädchen gefesselt worden waren, Seemannsknoten. Mithilfe der Seamen's Union wurde Speck als meistgesuchter Mann Chicagos identifiziert. Zwei Tage nach den Morden wurde er nach einem missglückten Selbstmordversuch im Krankenhaus verhaftet.

Specks langes Vorstrafenregister zeigte, dass er 1941 in Kirkwood, Illinois, geboren wurde und als Müllmann gearbeitet hatte. Mit 20 hatte er eine 15-Jährige geheiratet, das Paar hatte sich 1966 getrennt. Speck war 37-mal verhaftet worden, wegen allem Möglichen von Trunkenheit bis zum Einbruch. Er konnte kaum lesen, zog durch die Gegend und wurde drogensüchtig. Als er das Massaker im Schwesternwohnheim beging, war er mitten in einer Trinkorgie.

Im April 1967 wurde er in Peoria, Illinois, wegen achtfachen Mordes zum Tod auf dem elektrischen Stuhl verurteilt. Das Urteil wurde später in eine rekordverdächtige Haftstrafe zwischen 400 und 1.200 Jahren umgewandelt.

Speck starb 1991 an einem Herzinfarkt, ohne jemals wegen des Vedachts, dass er noch für den Mord an vier weiteren Frauen verantwortlich sein könnte, mit der Polizei kooperiert zu haben.

Ein Barmädchen, das ihn abgewiesen hatte, wurde im Aril 1966 tot aufgefunden. Drei Monate später veschwanden drei Mädchen aus dem Illinois Beach State Park, wo auch Speck gesehen worden war. Ihre Leichen wurden niemals gefunden.

Lucian Staniak

Lucian Staniak, auch bekannt als „Rote Spinne", tötete Mitte der 1960er-Jahre mindestens 20 polnische Mädchen. Sein Modus operandi war besonders grausam: Er vergewaltigte seine Opfer, bevor er sie umbrachte, verstümmelte und oftmals auch ausweidete. Häufig schlug er an Feiertagen zu, wenn seine Opfer besonders sorglos waren.

Das Gekritzel der „Roten Spinne"

Sein erstes Opfer, eine 17-Jährige, wurde 1964 in Olsztyn am Jahrestag der polnischen Befreiung von der deutschen Besatzung vergewaltigt und ermordet. Auf den Angriff ließ die „Spinne" eine finstere Drohung an die Polizei folgen: „Ich pflückte eine süße Blume in Olsztyn, und ich werde es wieder tun, denn es gibt keinen Feiertag ohne eine Beerdigung."

Es war nur einer von vielen Spottbriefen, die in krakeliger roter Schrift verfasst waren und Polizei oder Presse darauf hinwiesen, wo sie das neueste Opfer finden würden. In einem stand: „Es gibt keine Freude ohne Tränen, kein Leben ohne Tod. Nehmt euch in Acht. Ich werde euch zum Weinen bringen."

Es war die rote Tinte, welche die „Spinne" schließlich zu Fall brachte. 1967 identifizierte die Polizei die verstümmelte Leiche einer 17-Jährigen, die in Krakau in einem Zug gefunden worden war, und erkannte, dass sie die Schwester einer 14-Jährigen war, die zwei Jahre zuvor in Warschau ermordet worden war. Beide hatten einem Künstlerclub angehört, und so machten sich die Ermittler daran, dessen Mitglieder zu suchen.

Einer von ihnen war Lucian Staniak, ein 26-jähriger Übersetzer, dessen Job bei einem Krakauer Verlag ihn in alle Landesteile führte. Als die Polizei den Club aufsuchte, um einige seiner Arbeiten anzusehen, erkannten sie, dass sie die „Spinne" gefunden hatten. Seine Lieblingsfarbe war Blutrot, und eine der Zeichnungen zeigte eine ausgeweidete Frau mit Blumen im Bauch.

Die Polizei hatte ihren Täter gefunden – aber nicht schnell genug. Bevor sie Staniak verhaften konnten, ermordete er noch einen Schüler. Am 1. Februar 1967 wurde er dingfest gemacht. Beim Verhör erzählte er, dass er aus Rache angefangen hatte zu töten, nachdem das Gericht die Frau, die seine Eltern und seine Schwester überfahren und getötet hatte, laufen ließ. Sein erstes Opfer musste wegen der Ähnlichkeit mit dieser Frau sterben. Staniak wurde wegen sechsfachen Mordes angeklagt. Er wurde zum Tod verurteilt, später wurde das Urteil in lebenslange Haft in einer geschlossenen Anstalt umgewandelt.

Peter Stump

Einer der ungewöhnlichsten Prozesse in der Kriminalgeschichte war der Peter Stumps. Zum einen sind da die vielen Namen, unter denen er bekannt war: Peter Stumpp, Stubbe oder Stumpf und Abal, Abil oder Ubil Griswold. Die andere Merkwürdigkeit war, dass er ein Werwolf war – zumindestens behauptete er das, als man ihn 1589 in Deutschland vor Gericht stellte.

Wolfsmensch verkaufte seine Seele dem Teufel

Stump, ein wohlhabender Bauer, wurde beschuldigt, seine Seele dem Teufel verkauft zu haben – im Tausch gegen die Fähigkeit, sich in einen Wolf zu verwandeln. 25 Jahre lang zog er durch die Gegend von Bedburg, einem Dorf bei Köln, und riss unschuldige Passanten in Stücke, um seinen Blutdurst zu stillen. In einem zeitgenössischen Bericht hieß es, dass er, sobald er Menschenfleisch gekostet hatte, „so viel Gefallen daran fand, dass er Tag und Nacht durch die Felder zog und seine Grausamkeiten beging."

Seine bevorzugten Opfer waren junge Mädchen, die er vergewaltigte, bevor er sich in einen Wolf verwandelte und sie in Stücke riss. In fünf Jahren ermordete er 15 Frauen und Kinder, inklusive zwei Mädchen, die schwanger waren. In einigen Fällen riss er ihnen das Herz heraus und „verschlang es heiß und roh."

Stump wurde bei seinen Grausamkeiten von seiner Geliebten Katherine Trompin und seiner Tochter Beele oder Beell, mit der er Inzest beging, unterstützt. Sie gebar ihm einen Sohn, aber Stump war so abartig veranlagt, dass er den Knaben aß und sein Gehirn als „schmackhafte und köstlichste Mahlzeit" bezeichnete.

Bis zu seiner Festnahme wurde die Glieder seiner Opfer fast wöchentlich auf den Feldern um Bedburg herum gefunden. Die Menschen trauten sich nur noch mit bewaffneten Wachen aus ihren Häusern. Stumps

OBEN: Holzschnitte, in denen die Gefangennahme und der Prozess des Wolfsmenschen Peter Stump dargestellt sind.

OBEN: Der Tod Peter Stumps war so grausig wie der seiner vielen Opfer.

Schreckensherrschaft endete, als eine Meute Jagdhunde ihren Herrn bei der Jagd nach einem echten Wolf auf seine Spur führten. Der Legende nach war er in Wolfsgestalt, als er gefangen wurde. Laut eines abergläubischen Zeugen versuchte er noch, sich im Gebüsch zu verstecken, um seine menschliche Gestalt wieder anzunehmen. Man beobachtete ihn jedoch dabei, wie er seine falsche Haut ablegte, und ergriff ihn.

Bei seinem Verhör wurde Stump schrecklich gefoltert. Nach einer Sitzung auf der Streckbank gestand er, schwarze Magie zu praktizieren, seit er zwölf Jahre alt war. Vor Gericht in Köln wurde er schuldig gesprochen, und sein Schicksal war ebenso grausam wie das seiner Opfer. Der Richter ordnete an: „Er soll auf das Rad gelegt werden. Dann wird ihm mit glühenden Zangen das Fleisch von den Knochen gerissen. Anschließend werden seine Arme und Beine gebrochen. Dann ist sein Kopf abzuschlagen und sein Kadaver zu Asche zu verbrennen." Nachdem sie zusehen mussten, wie Stumps kopflose Leiche verbrannt worden war, starben seine Geliebte und seine Tocher auf dem Scheiterhaufen.

RECHTS: Eine Darstellung Stumps als „Bestie von Bedburg", nachdem er seine Seele dem Teufel verkauft hatte.

Peter Sutcliffe

Die Jagd nach dem „Yorkshire Ripper" begann mit der Entdeckung der halbnackten und grausam zugerichteten Leiche der Prostituierten Wilma McCann auf einem Sportplatz in Leeds am 30. Oktober 1975. Die von Fehlern und Missgeschicken gebeutelte Jagd dauerte fünf Jahre, bis Peter William Sutcliffe 13 Morde und sieben Mordversuche später endlich bei einer Routinekontrolle gefasst wurde. Im Wagen hatte er die glücklichste Prostituierte Yorkshires, zusammen mit einem Schraubenzieher und einem Kugelhammer.

Durch Polizeifehler kann „Yorkshire Ripper" weitermorden

Das nächste Opfer nach Wilma McCann war die Prostituierte Emily Jackson, 42, deren Leichnam im Rotlichtbezirk von Leeds entdeckt wurde. Bei ihrer

OBEN: Phantombild des Mannes, den die Polizei von Yorkshire fünf Jahre lang nicht zu fassen bekam.

OBEN: Peter Sutcliffe bei seiner Hochzeit im August 1974. Ein Jahr später begann er, Frauen zu ermorden.

OBEN: Sechs der Opfer des Rippers (von oben links nach rechts): Vera Millward, Jayne MacDonald und Josephine Whittaker.
Unten links nach rechts: Jean Royle, Helga Rytka und Barbara Leach.

Autopsie wurden 50 Stichwunden durch einen Schraubenzieher, die Abdrücke eines Stiefels von Dunlop auf ihrem Oberschenkel sowie zwei Hammerschläge auf den Kopf, die sie töteten, entdeckt. Auch die dritte Prostituierte wurde mit einem Hammer angegriffen.

Nachdem Sutcliffe über der halb bewusstlosen Frau masturbiert hatte, drückte er ihr 5 Pfund in die Hand und warnte sie, nichts zu erzählen. Sie gab der Polizei eine sehr genaue Beschreibung, aber durch eine ganze Reihe von Fehlern wurde diese fast völlig ignoriert.

Auch die nächsten drei Opfer 1977 hatten schreckliche Verletzungen: eingeschlagene Schädel und multiple Stichwunden im Bauch. Opfer Nummer sieben im Juli des Jahres überlebte nach einer Notoperation, gab aber nur eine dürftige Beschreibung ab.

Der Ripper wusste, dass die Polizei in Leeds und Bradford nach ihm suchte, deshalb suchte er sich ein neues Gebiet. Im Oktober ermordete er die Prostituierte Jean Jordan, 21, in Manchester. Ihre Leiche blieb eine Woche lang unentdeckt, aber er hinterließ einen entscheidenden Hinweis: eine neue 5-Pfund-Note, die nur an 6.000 Angestellte ausgegeben worden war, da-

OBEN: Die Bushaltestelle vor dem Einkaufszentrum Arndale, an der Jacqueline Hill zum letzten Mal lebend gesehen wurde.

runter diejenigen der Firma, bei der Sutcliffe als Lkw-Fahrer arbeitete. Er wurde befragt, aber die Polizei versäumte, sich sein Strafregister anzusehen, worin eine Verhaftung von 1969 vermerkt war, als er mit einem Hammer bewaffnet auf Diebestour gegangen war.

Nach seinem nächsten Angriff im Dezember des Jahres, bei dem er sein überlebendes Opfer anschrie: „Du dreckige Nutte!", tötete er innerhalb von zehn Tagen noch zweimal. Im Januar 1978 schlug und stach er auf Yvonne Pearson ein, kehrte vor der Entdeckung der Leiche noch einmal zurück und fügte ihr noch schlimmere Wunden zu. Sein nächstes Opfer, eine 18-Jährige, war die Einzige, mit der er Sex hatte. Den Sommer über folgten weitere drei Morde. Alle Opfer wurden ähnlich schrecklich zugerichtet.

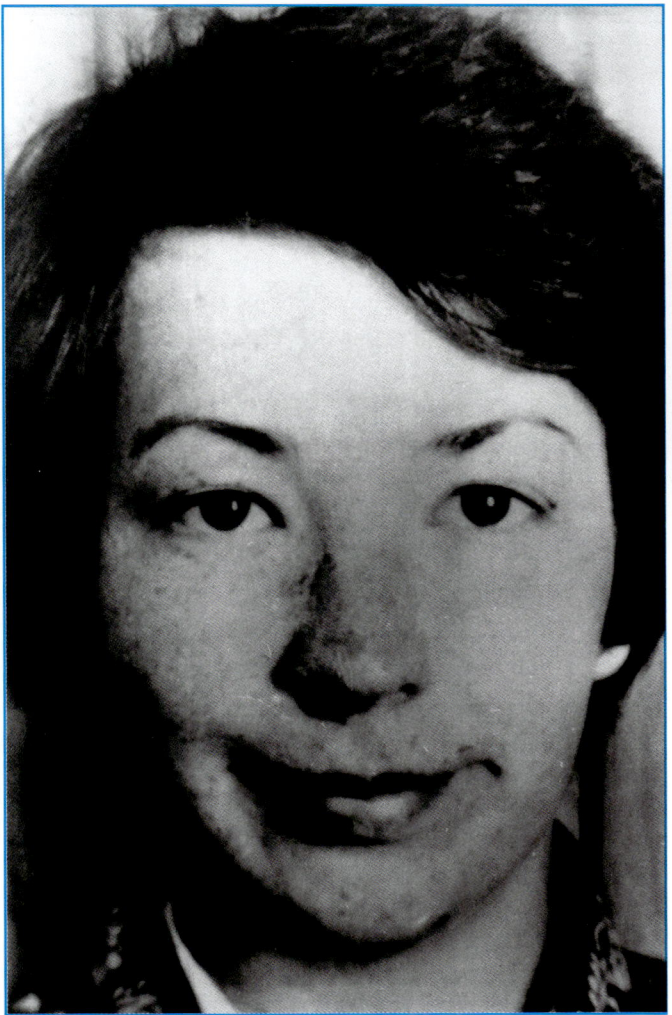

OBEN: Die Studentin Jacqueline Hill, 20, das 13. und letzte Opfer des Rippers, wurde im November 1980 in Leeds ermordet.

OBEN: Die Polizeichefs von Yorkshire. Hätte die Polizei nicht so viele Fehler gemacht, wäre Sutcliffe früher gefasst worden.

Danach tauchte Sutcliffe fast ein Jahr unter. Über 250 Beamte jagten nach ihm, aber ständig ging etwas schief. Nach einer angeblichen Kassettenaufnahme des Rippers konzentrierten sie sich z. B. auf Verdächtige mit Geordie-Akzent.

Bei seinen letzten beiden Opfern änderte Sutcliffe seine Vorgehensweise, um die Polizei zu verwirren. Das zweite Opfer hatte Glück. Ein zufällig vorbeifahrender Streifenwagen störte Sutcliffe. Eine 20-Jährige

LINKS: Die Polizei muss die Menschenmenge zurückhalten, als Sutcliffe im Januar 1981 zu einer Anhörung kommt.

aus Leeds hatte nicht so viel Glück und wurde im November 1980 sein nächstes Mordopfer.

Bis zum Zeitpunkt seiner Verhaftung war Sutcliffe fünfmal von der Polizei verhört worden. Er war im Rotlichtbezirk bekannt. Er hatte zwar eine Vorstrafe wegen eines Hammers, aber er hatte keinen Geordie-Akzent, daher galt er nie als Hauptverdächtiger.

Nach seinem Geständnis wurde Sutcliffe am 22. Mai 1981 im Old Bailey zu lebenslanger Haft, von der er mindestens 30 Jahre absitzen muss, verurteilt. Seitdem sitzt er in der psychiatrischen Klinik von Broadmoor Hospital.

Der Grund seiner Verbrechen? Laut seines Bruders Carl hatte Peter Sutcliffe lediglich das Gefühl, auf den Straßen aufzuräumen.

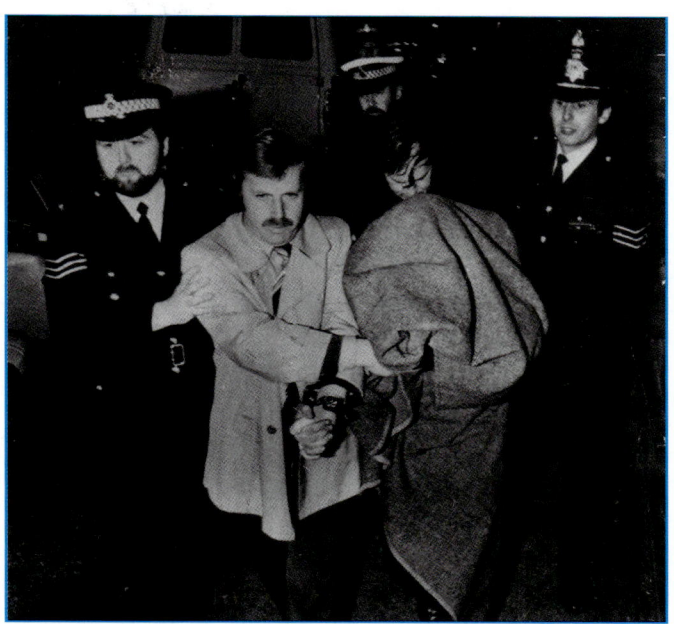

RECHTS: Mehrfachmörder Peter Sutcliffe wird am 6. Januar 1981 in Decken gehüllt in das Gericht von Dewsbury gebracht.

Joseph Swango

Joseph Michael Swango war ein sehr guter Schüler, studierte zuerst Musik und dann Biologie, bevor er an der Southern Illinois University 1983 mit 28 Jahren seinen Abschluss in Medizin machte. Dafür erhielt er ein einjähriges Praktikum in der Chirurgie des Ohio State University Medical Centers. Im Januar 1984 fiel erstmals auf, dass sich der Jungstar verdächtig verhielt. Eine Krankenschwester sah, wie er eine Patientin untersuchte, die kurz darauf blau anlief und zu ersticken schien. Man rettete ihr zwar das Leben, aber eine Woche später war sie doch tot. Swango war der Letzte, der bei ihr gewesen war.

Wie viele brachte der „Doughnut-Vergifter" wirklich um?

Als es zu ähnlichen Vorfällen kam, klingelten bei besorgten Krankenschwestern die Alarmglocken. Sie verglichen ihre Notizen und stellten fest, dass mindestens sechs weitere Patienten, die schon auf dem Weg der Besserung waren, plötzlich verstorben waren.

Sie waren zwischen 19 und 47 Jahre alt. Jedesmal hatte Swango gerade Dienst gehabt. Es gab zwar eine Untersuchung, aber unglaublicherweise wurde keine der Krankenschwestern befragt.

Die hohe Zahl an Todesfällen in Swangos Schichten setzte sich fort, und so wurde er entlassen. Swango kehrte in seine Heimatstadt Quincy, Illinois, zurück, wo er sich dem Adams County Ambulance Corps anschloss. Bei einer Gelegenheit wurde die ganze Mannschaft krank, nachdem sie von Swango mitgebrachten Doughnuts gegessen hatte. Seine Kollegen beschlossen, den Neuankömmling etwas genauer unter die Lupe zu nehmen – und fanden Arsen in seinem Spind. Die sofort alarmierte Polizei durchsuchte seine Wohnung und entdeckte ein Lager mit Phiolen, Flaschen und Spritzen sowie eine Samlung von Büchern über Mord. Es gab zudem eine Auswahl an Messern und Pistolen. Der „Doughnut-Vergifter" genannte Swango wurde verhaftet und wegen siebenfacher schwerer Körperverletzung angeklagt. Im April 1985 verurteilte ihn ein Gericht zu fünf Jahren Haft. Zwei Jahre später wurde er als Vorzeigegefangener vorzeitig entlassen. Glücklicherweise verbrachte Joseph Swango die nächsten

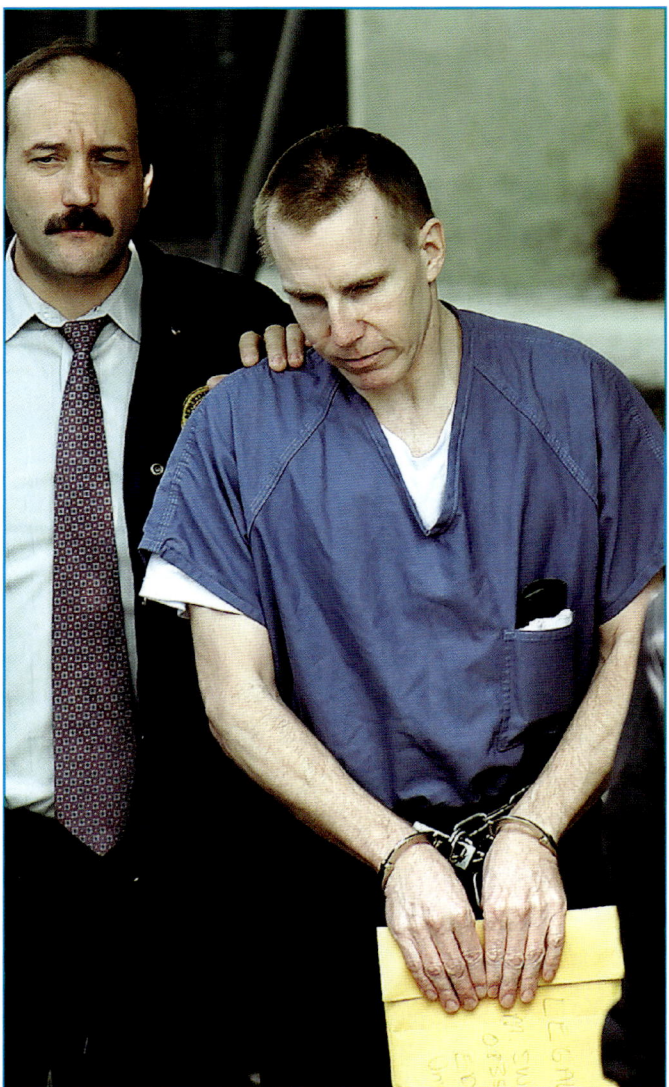

OBEN: Im Juli 2000 holte die Gerechtigkeit Joseph Swango endlich ein, als er vier Morde gestand.

Jahre nicht in der Medizin. Er hatte verschiedene Jobs und eine Freundin, Kirstin Kinney, 26, eine Krankenschwester, die 1992 mit ihm nach South Dakota zog, als er eine Stelle am Veterans Affairs Medical Center in Sioux Falls annahm. Sowohl Kirstin als auch er galten als einsatzbereite Mitarbeiter.

Ihre Beziehung endete, als im Fernsehen ein Bericht über den „Dougnut-Vergifter" lief. Swango wurde entlassen. Kirstin bemerkte, dass die Kopfschmerzen, die sie mittlerweile ständig hatte, verschwanden, wenn sie nicht bei ihrem Freund war. Sie floh nach Hause, schrieb einen Brief an ihre Eltern und erschoss sich.

Swango ging 1993 mit erstklassig gefälschten Referenzen nach New York State und bekam einen Job beim Internal Medicine Department des Veterans Administration Headquarters, Northport, Long Island. Sein erster Patient starb innerhalb von Stunden nach seiner Ankunft. Weitere Patienten in seiner Obhut verstarben – alle an Herzversagen mitten in der Nacht.

Es war weder gute Polizeiarbeit noch die Aufmerksamkeit der Krankenhausbehörden, die Swango letztendlich stoppten. Kirstin Kinneys Eltern konnten ihm nicht für den Selbstmord ihrer Tochter vergeben. Sie alarmierten das Krankenhaus in Long Island, woraufhin Swango entlassen wurde. Zudem warnten die Behörden jede medizinische Fakultät in den USA vor ihm.

Swango verschwand und tauchte in Zimbabwe am Mnene Lutheran Outpost Hospital wieder auf, wo prompt die Patienten zu sterben begannen. Die Polizei ermittelte, Swango floh ins benachbarte Sambia und schließlich zurück in die USA. Im Juni 1997 wurde er bei seiner Landung am Chicagoer Flughafen verhaftet. Er wurde des vierfachen Mordes angeklagt, bekannte sich schuldig und wurde im Juli 2000 zu lebenslanger Haft ohne Bewährung verurteilt.

Obwohl er nur für vier Morde verurteilt wurde, hat Swango vermutlich zwischen 35 und 60 Menschen in den USA und Hunderte in Übersee umgebracht.

In einer Erklärung von Swangos Alma Mater, der Southern Illinois University, hieß es: „Falls Swango tatsächlich für alle mysteriösen Todesfälle unter seiner Obhut seit Beginn seiner Karriere verantwortlich ist, wäre er mit Sicherheit der schlimmste Serienmörder aller Zeiten."

Johann Unterweger

Das erstaunlichste an Johann „Jack" Unterweger war, dass ihm jeder glaubte. Als er für den Mord an einer Jugendlichen verhaftet wurde, schien er ein einfacher Mörder zu sein. Bis zu dem Zeitpunkt, als er sich als rehabilitierter Ex-Verbrecher neu erfand, hatte er aber mindestens elf Morde begangen.

Der Killer, der zum Fernsehstar wurde

Unterweger wurde 1951 in der Steiermark als Sohn einer Prostituierten und eines amerikanischen Soldaten, den er nie kennenlernte, geboren. Er wuchs zwischen Huren, Zuhältern und Kleinkriminellen auf und verbrachte einen Großteil seiner Jugend im Gefängnis. Mit 25 hatte er bereits 15 Verurteilungen in seinem Strafregister, z. B. für Einbruch, Vergewaltigung und Zuhälterei. Als er 1975 wegen Mordes an einer 18-Jährigen zu lebenslanger Haft verurteilt wurde, hätte ihn das für immer von der Straße holen sollen.

In der Haft schrieb er Poesie, einen Roman und eine Autobiografie mit dem Titel *Fegefeuer,* die ein Bestseller wurde. Unerwarteterweise hatte er echtes Talent, wurde berühmt und erhielt eine ganze Reihe Literaturpreise. Eine Petition einflussreicher Österreicher verhalf ihm 1990 zur vorzeitigen Entlassung.

Unterweger war gern gesehener Gast in der Schicki-Micki-Szene und zog durch die Talkshows. Er wurde Journalist und präsentierte sich als vollständig rehabilitiert. Seine gewalttätige Vergangenheit tat er ab: „Ich war kein Jugendlicher mehr. Ich war ein Tier, ein Teufel, ein Kind, das zu früh erwachsen wurde und es genoss, böse zu sein. Aber dieses Leben liegt hinter mir. Lasst uns mit dem neuen Leben beginnen."

Unterweger täuschte eine ganze Nation. Wenige Monate nach seiner Freilassung begann er, wieder zu morden. Im ersten Jahr seiner neuen Freiheit erwürgte er vermutlich sechs Prostituierte. Als weitere Leichen auftauchten, war es nur natürlich, dass die Medien sich an einen Experten wandten, und so wurde Unterweger bizarrerweise zu seiner Meinung über die Morde befragt, für die er selbst verantwortlich war. Der Killer sonnte sich im Rampenlicht.

Die Einzigen, die sich nicht täuschen ließen, waren die Polizeibeamten. Sie beäugten den publicitysuchenden Knastvogel misstrauisch und verglichen die neuen Morde mit Unterwegers Bewegungen. Die Mordserie zog sich durch Österreich und in die benachbarte Tschechoslowakei hinein. Im Frühjahr 1991 tötete Unterweger sechs Frauen. Die Leichen von vier Frauen, die aus Wien verschwunden waren, tauchten im April und Mai auf.

Kurz darauf hörten die Morde in Österreich auf – und begannen in Los Angeles. Unterweger war von einem Wiener Magazin beauftragt worden, einen Artikel über das Verbrechen in Südkalifornien zu schreiben. Während er sich von der Polizei von LA bei der Recherche helfen ließ, beging er nebenbei im Juni und Juli drei Morde an Prostituierten, die er alle mit ihren BHs erwürgte. Anschließend missbrauchte er ihre Leichen mit Stöcken und anderen Gegenständen.

Im Februar 1992 wurde Unterweger in Florida verhaftet, wo er mit seiner 18-jährigen Freundin umherreiste. Nach einem juristischen Tauziehen, ob ihm in den USA oder in Europa der Prozess gemacht werden sollte, wurde er nach Österreich ausgeliefert und 1994 vor Gericht gestellt. Ein Psychologe beschrieb ihn so: „Er ist ein sexuell sadistischer Psychopath mit narzisstischen und theatralischen Neigungen und leidet unter unkontrollierbaren Wutausbrüchen. Er ist ein unrehabilitierbarer Gewaltverbrecher."

Angeklagt für elf Morde, inklusive der drei in den USA, wurde Unterweger schließlich des neunfachen Mordes überführt. Zwei Leichen waren bereits zu verwest, um die Todesursache zu bestimmen. Am 29. Juni 1994 wurde er zu lebenslanger Haft ohne Bewährung verurteilt und hängte sich nur zwölf Stunden später im Gefängnis von Graz auf.

Waltraud Wagner und Kollegen

Ein Arzt gönnte sich im Februar 1989 einen Feierabenddrink in einer Bar in Wien, als er Brocken der Konversation vom Nebentisch aufschnappte. Die Bar lag in der Nähe des Krankenhauses Lainz, und an dem Tisch saß eine Gruppe Kranken- und Lernschwestern. Die Frauen kicherten über den Tod eines älteren Patienten – der mit der „Wasserkur" behandelt wurde, weil er seine Medikamente nicht nehmen wollte und eine der Schwestern, Waltraud Wagner, eine „gewöhnliche Schlampe" genannt hatte.

Die „Wasserkur" der Todesengel

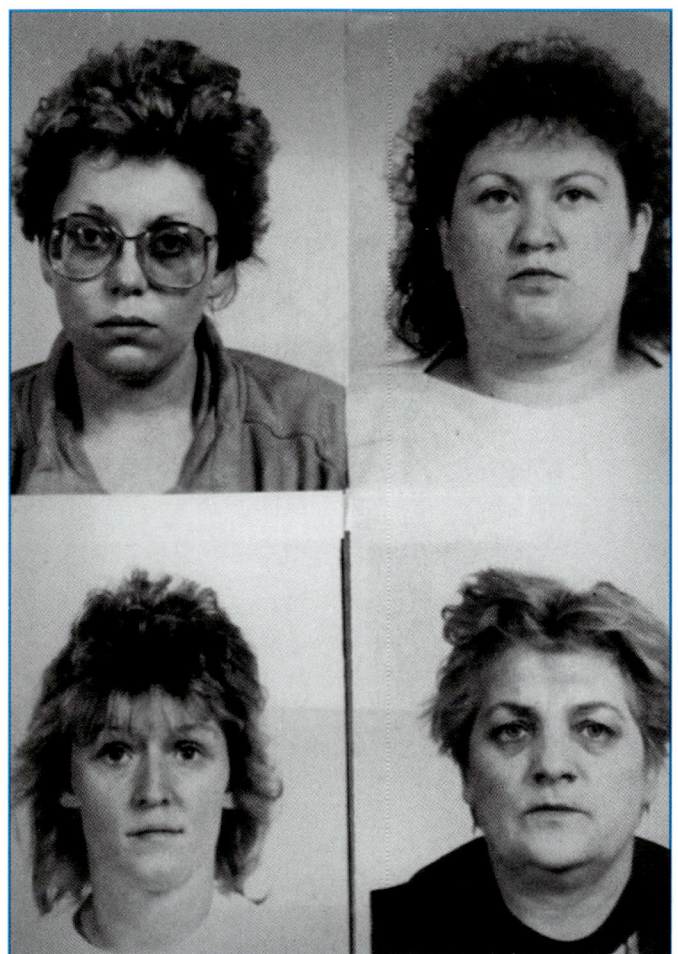

OBEN: Die „Todesengel" im Uhrzeigersinn von oben links: Waltraud Wagner, Maria Gruber, Stefanie Mayer und Irene Leidolf.

Der Arzt, der nebenan saß, hörte nur Teile des Gesprächs, aber was er hörte, schockierte ihn. Er ging sofort zur Polizei, die eine sechswöchige Ermittlung einleitete, welche zur Verhaftung Wagners und drei weiterer Krankenschwestern führte. Zusammen waren sie die ungewöhnlichste Verbrecherbande, die Europa im 20. Jh. gesehen hatte, und wurden in der Folge für die Morde an Dutzenden Patienten verurteilt.

Die Anführerin Wagner hatte 1983 mit 23 ihr erstes Opfer umgebracht. Sie tötete den Patienten mit einer Überdosis Morphium und entdeckte, welch ein Nervenkitzel es war, Herrin über Leben und Tod zu sein. Sie rekrutierte Maria Gruber, 19, Irene Leidolf, 21, und die älteste der Gruppe, Stefanie Mayer, 43.

Die nächsten sechs Jahre hindurch half das bösartige Quartett Gevatter Tod im Krankenhaus Lainz aus, vor allem in der Geriatrie. Offiziell wurden ihnen 42 Opfer zugerechnet, inoffiziell waren es aber wohl eher 200 bis 300 Opfer.

Da Todesspritzen den „Todesengeln" nicht aufregend genug waren, dachten sie sich eine eigene Methode aus. Meist in der Nachtschicht hielt eine dem Opfer die Nase zu, während eine andere ihm Wasser in den Mund goss, bis es ertrank. Da alte Patienten oft Wasser in der Lunge hatten, schien es zunächst eine sichere Methode zu sein.

Nachdem sie 1989 aufgrund ihrer Geschwätzigkeit verhaftet woren waren, brach Wagner als Erste zusammen und gestand 39 Morde.

Sie sagte: „Diejenigen, die mir auf die Nerven gingen, wurden entsorgt, damit wir ein Bett freibekamen. Manchmal wehrten sie sich, aber wir waren stärker. Wir entschieden, welche der Alten lebten oder starben. Ihr Ticket zu Gott war sowieso überfällig." Obwohl sie ihr Geständnis später zu zehn „Gnaden-

OBEN: Die Angeklagte Irene Leidolf sagt bei ihrem Prozess am 4. März 1991 aus. Sie wurde für fünf Morde verurteilt.

morden" abänderte, wurde sie im März 1991 für 15 Morde und 17 Mordversuche zu lebenslanger Haft verurteilt.

Irene Leidolf erhielt für fünf Morde lebenslänglich, Stefanie Mayer 15 Jahre Haft für Totschlag und sieben Mordversuche und Maria Gruber 15 Jahre für zwei Mordversuche.

Der österreichische Kanzler Franz Vranitzky nannte die Mordserie von Lainz „die brutalsten und grausamsten Morde in der Geschichte unserer Nation."

Frederick und Rose West

Im Oktober 1996 ließ die Stadtverwaltung von Gloucester das Haus in der 25 Cromwell Street abreißen und dabei jeden Stein pulverisieren, damit niemand perverse Souvenirs aus Großbritanniens berüchtigtsten „Horrorhaus" mitnehmen konnte. Das Haus war Schauplatz so unvorstellbar abartiger, grausamer Taten, dass es keine andere Option gab. Zwei Jahre zuvor waren die verstümmelten Überreste der neun Opfer Frederick und Rosemary Wests im Keller und unter der Veranda begraben entdeckt worden. Damit endete eine entsetzliche Mordserie, die zwei Jahrzehnte andauerte.

Das Paar aus dem „Horrorhaus" tötete die eigenen Kinder

Frederick und Rosemary lernten sich 1969 kennen, als sie erst 15 war und sich gelegentlich als Prostituierte versuchte. Sie lebte mit ihrer Mutter und zwei jüngeren Brüdern zusammen und war dem brutalen, inzestuösen Vater entkommen, obwohl Rosemary wieder bei ihm einzog, als sie mit West intim geworden war. Offenbar hatte sie mit Wests Zustimmung weiter Sex mit ihrem Vater, selbst nach der Hochzeit.

In dieser Hinsicht war Freds Kindheit sehr ähnlich. Er war der Liebling seiner Mutter, und es heißt, er war erst zwölf, als sie ihn verführte. Sein Vater behandelte seine Kinder wie Sexsklaven, und Frederick wuchs im Glauben auf, das sei völlig normal. Als er 1961 wegen Kindesmissbrauchs – er hatte eine 13-Jährige geschwängert – von der Polizei verhört wurde, fragte er nur: „Macht das nicht jeder?"

Als West Rose kennelernte, hatte er bereits mindestens einmal getötet. Er war damals mit Rena Costello verheiratet, die eine kleine Tochter hatte, Charmaine. Bald bekam das Paar ein eigenes Kind, Anne-Marie, und eine Freundin Renas, Ann McFall, zog ein, um mit den Kindern zu helfen.

Ann verliebte sich in Frederick und machte bereitwillig bei seinen sadistische Sexspielchen mit. Rena

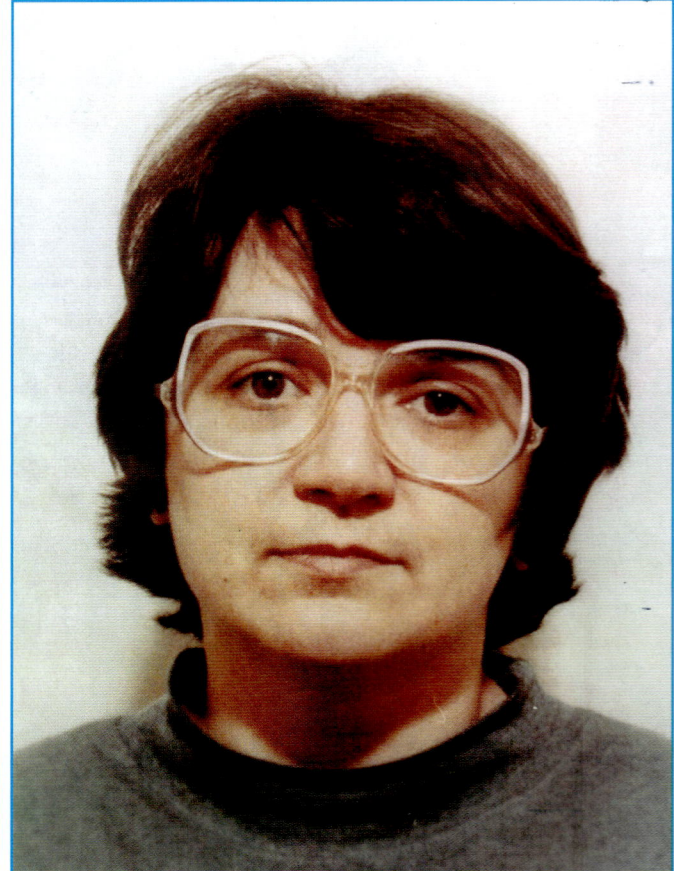

OBEN: Für den bösartigen Fred West waren Inzest und Vergewaltigung völlig normal. Er brachte sich vor seinem Prozess 1995 um.

OBEN: Rosemary West wurde für zehnfachen Mord, inklusive dem an ihren eigenen Kindern, verurteilt.

zog schließlich aus und ließ die Mädchen bei ihrem Vater. Ann, die nun mit Wests Baby hochschwanger war, drängte ihn dazu, sich von Rena scheiden zu lassen, aber stattdessen brachte er lieber Ann um, schnitt ihr die Finger und Zehen ab – was später zu seinem Markenzeichen wurde – und begrub sie mit dem ungeborenen Baby auf einem Feld in Kempley.

1969 zog Rose bei West ein und übernahm die Rolle der Stiefmutter für Charmaine und Anne-Marie. Im Oktober 1970 gebar sie selbst ein Mädchen, Heather, das eventuell ein Kind ihres eigenen Vaters war. Das Leben der kleinen Charmaine war furchtbar.

OBEN: Fred und Rose sahen aus wie ein normales, liebevolles Paar, aber sie waren alles, nur das nicht.

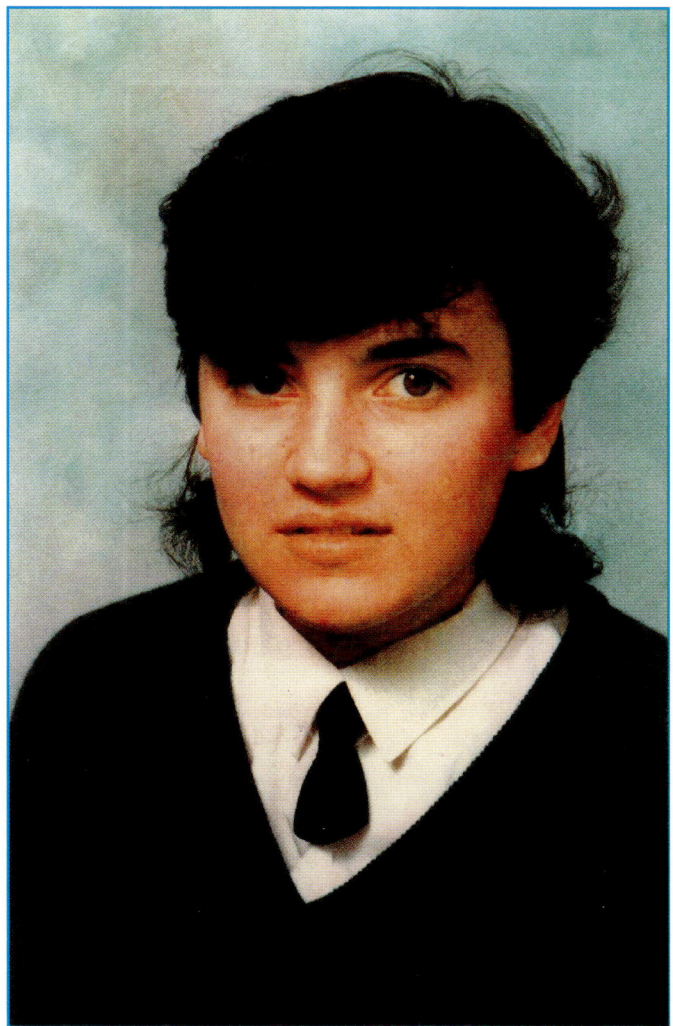

OBEN: Heather West wurde im Juni 1987 von ihren Eltern ermordet und unter der Veranda begraben.

Sie wurde regelmäßig von dem Paar missbraucht und geschlagen. Vermutlich tötete Rose die Kleine während eines besonders brutalen Angriffs, als Fred 1971 eine Freiheitsstrafe wegen Einbruchs absaß. Sie versteckte die Leiche bis zu seiner Rückkehr, dann schnitt er ihr Finger und Zehen ab und begrub sie in 25 Midland Road, Gloucester, ihrem damaligen Zuhause. Als Rena ihre Tochter besuchen wollte, tötete West sie auch und begrub sie auf dem Feld in Kempley.

Fred und Rose heirateten 1972 und bekamen im Juni des Jahres ihre zweite Tochter, Mae. Sie zogen in das größere Haus in 25 Cromwell Street, sodass sie nun auch Untermieter aufnehmen konnten, die beim Zahlen der Rechnungen halfen. Fred baute den Keller als

Folterkammer aus, wo er seine sexuellen Fantasien mit jungen Mädchen ausleben konnte. Rose, die teilweise immer noch als Prostituierte arbeitete, hatte an ihrem Schlafzimmer eine rote Lampe, damit die Kinder nicht hineinkamen, wenn Mami beschäftigt war. Die achtjährige Anne-Marie wurde regelmäßig zum Opfer ihrer widerlichen Spiele. Rose hielt sie fest, während Fred sie brutal vergewaltigte und drohte, ihr noch viel Schlimmeres anzutun, wenn sie nicht den Mund hielt.

Rose war häufig schwanger und brachte nacheinander Tara (1977), Louise (1978), Barry (1980), Rosema-

OBEN: West begrub die Leiche seines ersten Opfers, Ann McFall, in einem Feld in Gloucestershire ohne ihre Finger und Zehen.

OBEN: Fred West baute den Keller des Hauses an der 25 Cromwell Street zu einer Folterkammer um.

ry Junior (1982) und Lucyanna (1983) zur Welt. Tara, Rosemary und Lucyanna waren nicht Freds Kinder. In dieser Zeit, als die Familie wuchs, wuchs auch Wests unstillbare Perversion.

Innerhalb von fünf Jahren führte die Lust des Paares auf brutale Sexspiele zum Mord an acht jungen Frauen, die sie entweder als Untermieterinnen aufnahmen oder als Anhalterinnen bzw. an Bushaltestellen auflasen. Sie alle wurden auf entsetzliche Weise gefoltert und vergewaltigt. Manchmal wickelte West ihnen den Kopf fest mit braunem Klebeband ein und steckte Röhrchen zum Atmen in die Nasenlöcher, während das Paar die

Frauen ihren sexuellen Perversionen mit Peitschen, Ketten und Vergewaltigungen unterzogen. Waren die Frauen tot, wurden sie verstümmelt und unter den Dielen oder der Veranda vergraben.

Ein williges Opfer ihrer Spiele war die 18-jährige Shirley Robinson, die sich flotten Dreiern mit dem Paar hingab. Schließlich verliebte sie sich in Fred und wurde schwanger. Rose war eifersüchtig, obwohl sie selbst zu diesem Zeitpunkt von einem westindischen Freier schwanger war. Sie setzte Fred unter Druck, und im Mai 1978 verschwand Shirley. Ihre Leiche wurde später zusammen mit der ihres ungeborenen Kindes in 25 Cromwell Street entdeckt.

Das nächste Opfer war Alison Chambers, 16, die als Nanny einzog. Sie wurde im August 1979 zum letzten Mal gesehen und später unter dem Rasen gefunden.

Freds sexuelles Interesse an seinen Töchtern ließ nicht nach, und nachdem Anne-Marie auszog, um bei ihrem Freund zu leben, wandte er seine Aufmerksamkeit Heather und Mae zu. Trotz Gewalt und Drohungen gelangt es Heather, ihn abzuwehren und sich einer Freundin anzuvertrauen. Im Juni 1987 verschwand sie. Ihre Eltern taten so, als wäre sie weggelaufen, während sie in Wahrheit unter der Veranda lag.

1992 wurden die Wests wegen Kindesmissbrauchs verhaftet, und ihre fünf Kinder unter 16 Jahren wurden weggebracht. Die Polizei fand Beweise für Kindesmissbrauch, inklusiver vaginaler und analer Vergewaltigung, aber der Fall brach zusammen, als die Hauptzeugen sich weigerten, auszusagen. Detective-Constable Hazel Savage von der Polizei Gloucestershire war jedoch sicher, dass in dem Haus in 25 Cromwell Street etwas Furchtbares vor sich ging, und entlockte den West-Kindern im Februar 1994, trotz Skepsis ihrer Vorgesetzten, genug Informationen für einen Durchsuchungsbefehl. Am folgenden Tag begann die Suche, und die Wests wurden verhaftet.

Fred entging seiner Anklage, weil er sich am 1. Januar 1995 in seiner Zelle erhängte. Rosemary wurde im Oktober 1995 für zehn Morde, inklusive denen an ihren eigenen Kindern schuldig gesprochen. Sie wurde zu lebenslanger Haft verurteilt, mit dem Sondervermerk, niemals freigelassen zu werden.

Die Polizei glaubt, dass es noch viel mehr Opfer gab, da zwischen dem Mord an Alison Chambers (1979) und dem an Heather (1987) acht Jahre Pause waren. Ohne Leichen wird die genaue Zahl aber wohl niemals bekannt werden.

Wayne Williams

Als Wayne Bertram Williams 1981 als Hauptverdächtiger der Kindermorde von Atlanta, welche die Hauptstadt Georgias zwei Jahre lang in Atem gehalten hatten, verhaftet wurde, hörten diese plötzlich auf. Und als er im folgenden Jahr verurteilt wurde, erklärte die Polizei 25 der 30 Fälle für aufgeklärt.

Das Rätsel des Strebers und der 30 Kinder

Am 27. Februar 1982, wurde Wayne Williams zu seiner Zelle geführt – tränenüberströmt und noch immer seine Unschuld beteuernd –, um seine zweimal lebenslange Haftstrafe anzutreten. Damit endete aber die Diskussion darüber nicht, ob er für alle Morde der Serie in Georgia verantwortlich war.

Viele schwarze Einwohner, inklusive einige Familien der Opfer, glaubten, der Staat hätte einen Großteil der Beweise gefälscht, um den Fall endlich abzuschließen. Denn obwohl die meisten Verbrechen eigentlich Kindermorde waren, wurde Williams nur für zwei Morde verurteilt – an zwei Erwachsenen.

Die Mordserie, die als „Kindermorde von Atlanta" bezeichnet wurde, begann im Juli 1979, als die Leichen

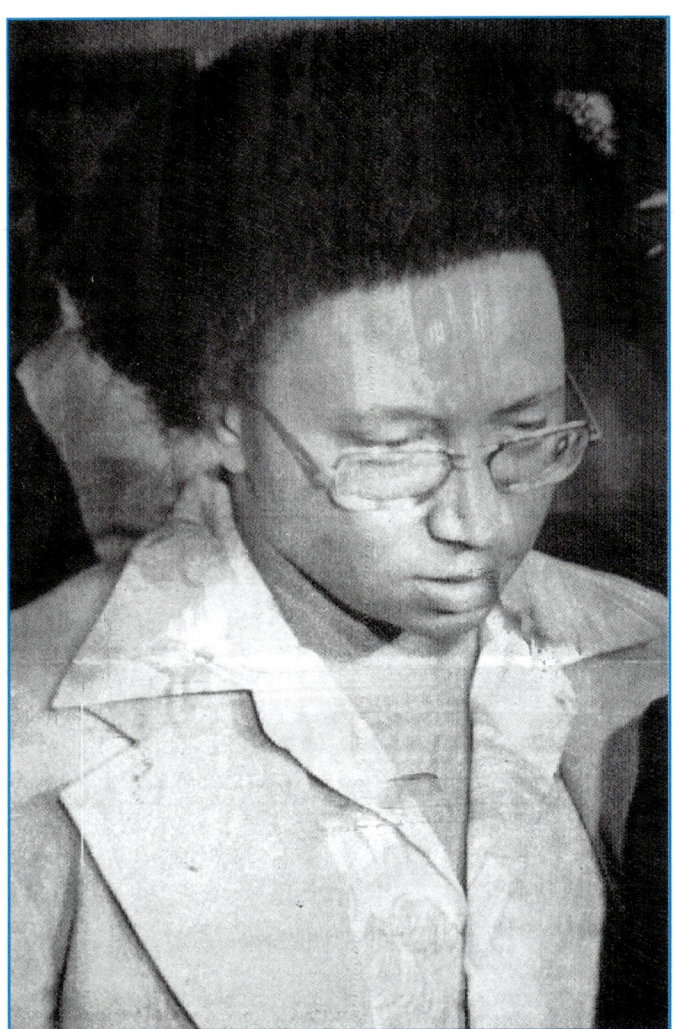

OBEN: Wayne Williams wurde für einen Doppelmord verurteilt, war aber vermutlich für 24 Tote verantwortlich.

auch Monate, nachdem das Morden begonnen hatte, fand die Polizei kein Muster, außer dass die Opfer fast ausschließlich schwarze Jungen waren. Sie wurden erstochen, erschossen oder erwürgt, und die Leichen wurden überall in der Stadt in Bächen, auf unbewohnten Geländen und im Fluss Chattahoochee gefunden.

In der Nacht vom 22. Mai 1981 überwachten Polizeiteams die die Hauptstraßen rund um Atlanta. Ein Polizeischüler hörte auf der Jackson Parkway Bridge, die über den Chattahoochee führt, etwas platschen, und kurz darauf wurde Williams beim Überqueren der Brücke angehalten. Wie viele andere Fahrer wurde er kurz befragt. Die Polizei notierte seinen Namen, und danach durfte er wieder gehen.

Zwei Tage später wurde die Leiche eines 27-jährigen Kleinkriminellen aus dem Fluss gezogen, wiederum zwei Tage später gefolgt von der Leiche eines 21-Jährigen. Beide waren erwürgt worden. Die Ermittler sahen sich noch einmal die Namen von der Brücke an und stießen auf Wayne Bertram Williams.

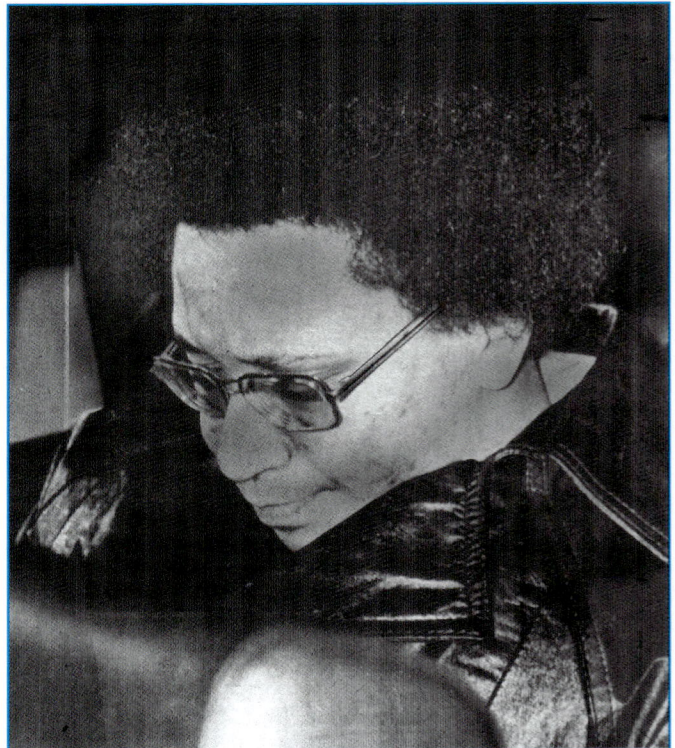

OBEN: Der Anklage gelang es, 19 verschiedene Fasern aus Williams' Haus einer Reihe von Opfern zuzuordnen.

von zwei schwarzen Kindern, Alfred Evans, 13, und Edward Smith, 14, entdeckt wurden. Man hatte sie erwürgt. Im September und November wurden weitere Opfer entdeckt. Das erste weibliche Opfer, eine 13-Jährige, war an einen Baum gebunden. Man hatte ihr den Schlüpfer in den Hals gestopft, sie vergewaltigt und erwürgt.

Innerhalb eines Jahres nach dem ersten Mord wurde ein Opfer pro Woche gefunden. Die Toten waren zwischen sieben und 14 Jahren alt; nur zwei waren Mädchen. Als die Zahl der ungeklärten Morde auf 26 stieg, rief die Öffentlichkeit nach Gerechtigkeit. Aber

OBEN: Williams beteuerte nach seiner Verhaftung im Mai 1981 vehement seine Unschuld.

Ein Überwachungsteam beschattete den plumpen 23-Jährigen, der bei seinen Eltern im Vorort Dixie Hills lebte, aus dem auch viele Opfer kamen. Williams war ein Streber und Einzelgänger, der viele Stunden damit verbrachte, den Polizeifunk abzuhören. Sobald etwas passierte, fuhr er hin, machte Fotos und versuchte, diese an die Zeitungen und Fernsehsender zu verkaufen.

Williams wurde verhaftet, beteuerte aber seine Unschuld vehement. Während des zweimonatigen Verfahrens, das im Januar 1982 begann, gelang es den

Anklägern, 19 Faserarten aus seinem Haus mit einigen Opfern in Verbindung zu bringen. Noch wichtiger war jedoch, dass Hundehaare, die auf der Kleidung des Diebes im Fluss gefunden wurden, zu denjenigen passten, die in Wiliams Auto waren. Zudem gab es auch noch Zeugen, die Williams mit verschiedenen Opfern gesehen haben wollten.

Williams wurde nur für die Morde an den beiden Erwachsenen aus dem Chattahoochee angeklagt. Aufgrund einer Entscheidung des Richters durfte die Anklage aber auch Beweise mit einbeziehen, die Williams mit anderen Opfern in Verbindung brachten, auch wenn er für deren Tod nicht vor Gericht stand. So stellte die Anklage Williams als gefährlichen Homosexuellen hin, der die Schuld an allen Morden trug.

Am 27. Februar wurde Williams zu zweimal lebenslänglich verurteilt. Alle Anträge auf eine Wiederaufnahme des Verfahrens wurden bisher abgelehnt.

Steve Wrechts

Im Winter 2006 fand in Großbritannien die größte Menschenjagd seit dem Yorkshire Ripper (siehe S. 197) statt. Alles begann mit der Entdeckung von fünf Frauenleichen rund um Ipswich in Suffolk. Alle hatten im Rotlichtviertel der Stadt als Prostituierte gearbeitet. Die Polizei gab sofort eine entsprechende Warnung heraus und bat um Hinweise aus der Bevölkerung. Über 500 Polizisten wurden für den Fall herangezogen, und auf der öffentlichen Informationsnummer gingen 10.000 Anrufe ein.

Der Killer, der auf Huren stand

Die Morde fanden im November und Dezember 2006 statt. Die Leichen fünf nackter Frauen zwischen 19 und 29 wurden entdeckt, wiesen aber keine Anzeichen sexueller Gewalt auf. Zwei wurden erstickt, bei den anderen wurde die Todesursache nicht geklärt.

Am 19. Dezember 2006 verhaftete die Polizei Steve Wrechts, der im Rotlichtviertel lebte und oft zu Prostituierten ging. Wrechts, der 1958 in dem kleinen Dorf Erpingham in Norfolk geboren wurde, war nach der Schule zur Handelsmarine gegangen und hatte anschließend als Hafenarbeiter, Stewart auf dem Kreuzfahrtschiff *QE2*, Lkw-Fahrer, als Barkeeper und schließlich als Gabelstaplerfahrer gearbeitet. Er hatte zwei Kinder aus einer neunjährigen Ehe, die 1987 endete, sowie ein weiteres außereheliches. Wrechts war ein chronischer Spieler mit hohen Schulden, der kurz zuvor Insolvenz angemeldet hatte. Zweimal hatte er erfolglos versucht, sich umzubringen, das letzte Mal im Jahr 2000 mit einer Überdosis Tabletten.

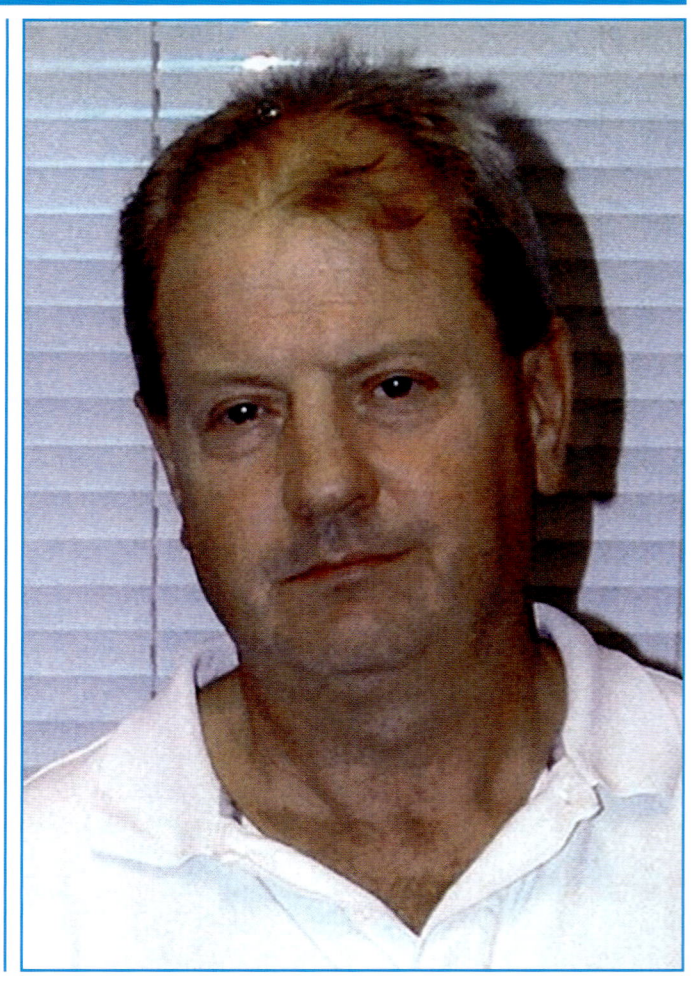

RECHTS: Gabelstaplerfahrer Steve Wrechts frequentierte oft Prostituierte und lebte im Rotlichtviertel von Ipswich.

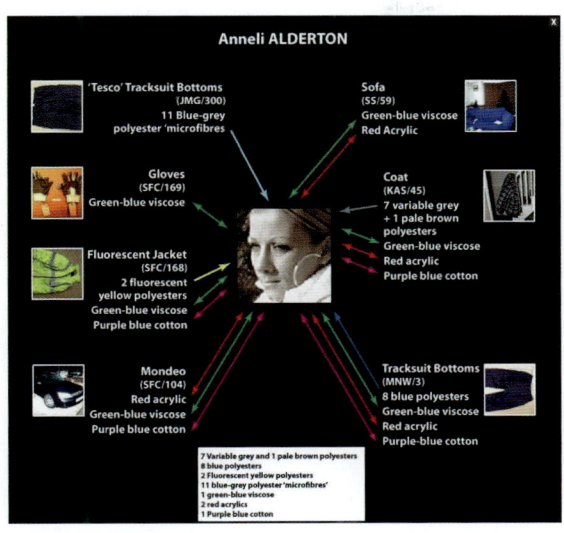

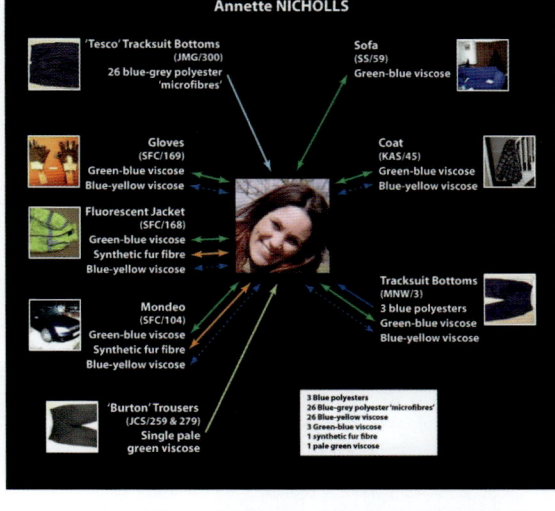

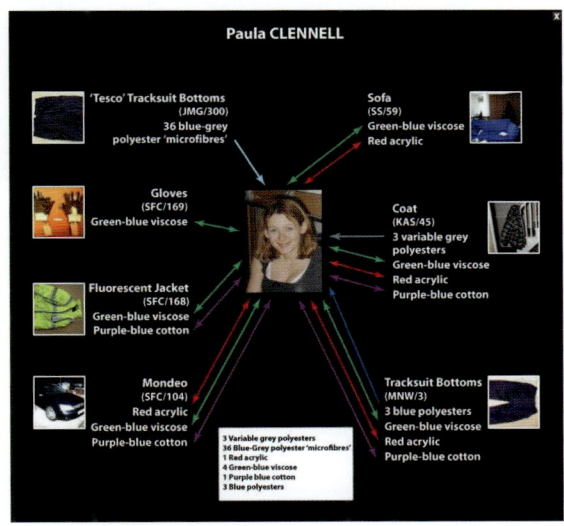

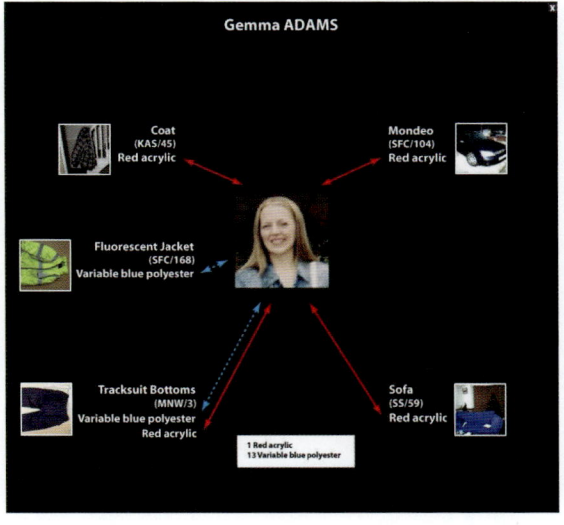

OBEN: Oben links: Anneli Alderton, 24, war schwanger, als sie am 3. Dezember verschwand. Oben rechts: Die Beweise, die Wrechts mit dem Mord an Annette Nichols verbanden – Jogginghosen, Handschuhe, eine Leuchtjacke und Spuren, die in seinem Ford Mondeo entdeckt wurden. Unten links: Paula Clennell verschwand am 10. Dezember kurz nach Mitternacht. Sie arbeitete als Prostituierte, um ihre Drogensucht zu finanzieren. Unten rechts: Die Leiche von Gemma Adams, 25, wurde am 2. Dezember in einem Fluss bei Hintlesham gefunden.

Beim Prozess, der im Dezember 2007 am Ipswich Crown Court begann, gab Wrechts zu, die Frauen für Sex zu bezahlt zu haben, stritt aber jede Beteiligung an den Morden ab. Die Anklage besorgte DNS- und Faserproben, die ihn mit den Opfern in Verbindung brachten. Überraschenderweise wurde außerdem angedeutet, das Wrechts eventuell nicht allein gehandelt hatte, da die Überreste eines Mädchens ein Stück von der Straße entfernt gefunden wurden – ohne Spuren, dass sie von einer Person dorthin geschleift wurde.

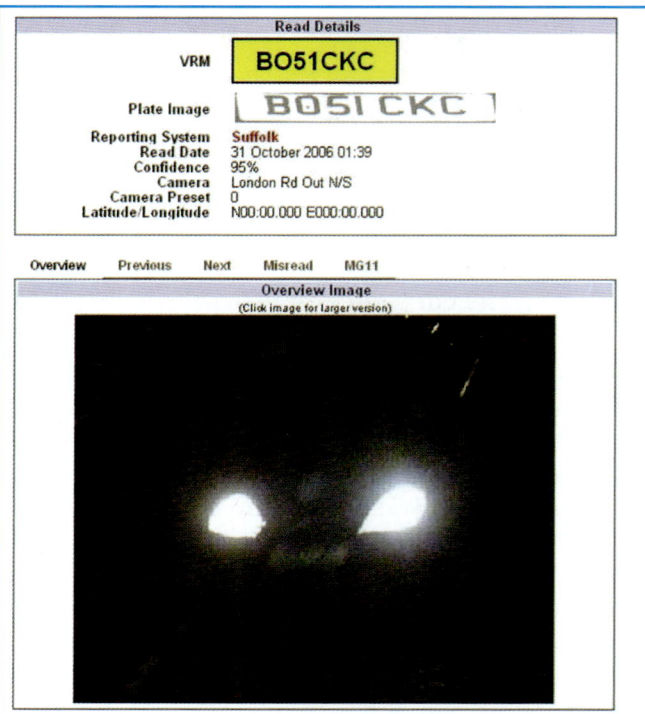

OBEN: Die Geschworenen besuchen Coddock Mill, Suffolk, wo Tania Nichols' Leiche gefunden wurde.

OBEN RECHTS: Gerichtszeichnung von Steve Wrechts vor dem Ipswich Crown Court am 14. Januar 2008.

RECHTS: Wrechts' Nummernschild wurde von einer Überwachungskamera auf einer Straße nahe eines Fundorts aufgezeichnet.

Im Februar 2008 wurde Wrechts für die Morde zu lebenslanger Haft verurteilt, mit dem Hinweis, niemals auf Bewährung freizukommen. Richter Gross sagte: „Durch Drogen und Prostitution gingen die Mädchen ein großes Risiko ein, aber keines von beidem hat sie umgebracht. Sie waren es. Sie haben sie getötet, ausgezogen und liegen gelassen ... Warum, werden wir vielleicht nie erfahren." Dann fügte er hinzu: „Es ist nur richtig, dass Sie den Rest Ihres Lebens hinter Gittern verbringen. Diese Morde fanden mit Vorsatz statt und waren eiskalt geplant."

Da der Richter ihm eine Bewährung verweigerte, wurde Wrechts von dem Moment an, als er Großbritanniens schärfstes Hochsicherheitsgefängnis Belmarsh im Südlondon betrat, wegen Selbstmordgefahr unter Beobachtung gestellt. Die Polizei untersuchte währenddessen die Option, dass der 49-Jährige noch in andere Fälle verwickelt sein könnte, darunter das Verschwinden der Maklerin Suzy Lamplugh im Jahr 1986. Wie sich herausstellte, hatten die beiden nämlich zusammen auf der QE2 gearbeitet.

RECHTS: Detective Superintendent Stewart Gull gibt nach Wrechts' Verurteilung am 21. Februar 2008 eine Presseerklärung ab.

Aileen Wuornos

Am Ende zog Aileen Wuornos die Todeszelle vor und meldete sich freiwillig zu ihrer Hinrichtung. Sie ließ alle Gnadengesuche fallen, entließ ihre Anwälte, die sie für verrückt erklärten, und schrieb eine Eingabe an den Staat, in der sie um eine vorgezogene Hinrichtung bat. In ihren letzten Stunden war sie guter Dinge. Am 9. Oktober 2002 wurde ihr mit 46 Jahren im Florida State Prison der Wunsch erfüllt, als sie um 9.47 Uhr für tot erklärt wurde.

Warum ich menschliches Leben hasse

Wuornos gestand sieben Morde und wurde zur ersten echten weiblichen Serienmörderin der USA – sie entsprach als erste Frau dem FBI-Profil dieser sonst ausschließlich männlichen Gattung. In Anbetracht ihrer Kindheit wäre es auch ein Wunder gewesen, hätte sich ihr Leben auch nur halbwegs normal entwickelt. Aileen wurde 1956 in einem Detroiter Vorort geboren. Ihre Mutter hatte zwei Jahre zuvor mit 14 den Vater geheiratet, den Aileen niemals kennenlernte, weil er wegen Vergewaltigung einer Siebenjährigen im

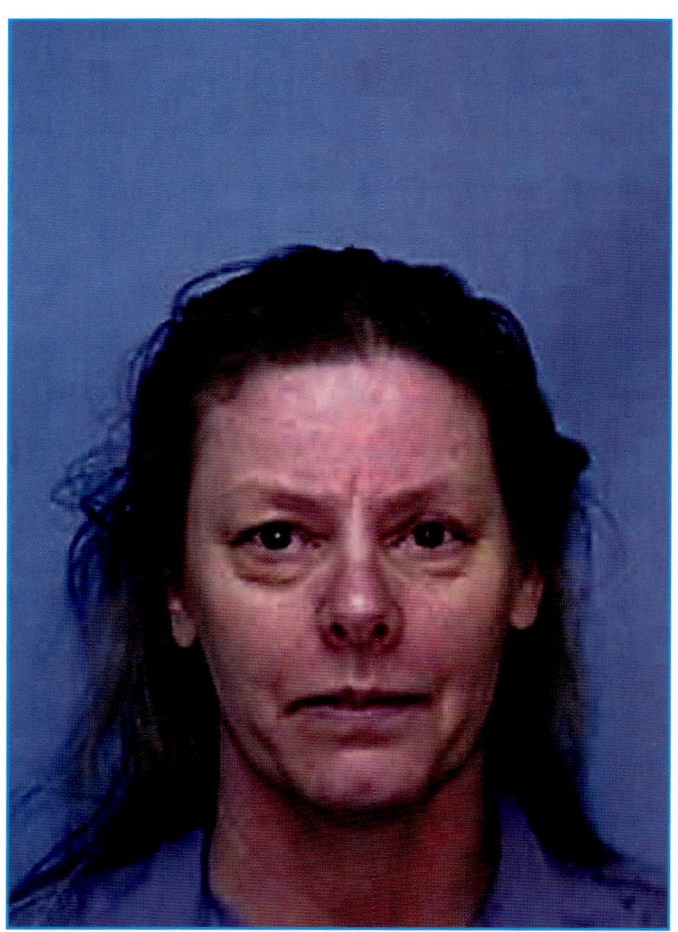

OBEN: Wuornos wurde von ihrem Anwalt als die „am schwersten gestörte Person, die ich jemals vertreten habe" beschrieben.

Landstreicherin, Taschendiebin und Betrügerin. Sie landete schließlich in Florida, wo sie eine langjährige lesbische Beziehung mit Tyria Moore führte. Das Paar lebte von Wuornos' Einkünften aus der Prostitution.

Ihre Mordserie begann Wuornos erst im November 1989, als sie eine Pistole einsteckte und bei Daytona Beach ein Auto anhielt. Den Fahrer, einen Geschäftsmann, raubte sie aus und erschoss ihn dann. Im Mai 1990 erschoss sie einen Bauarbeiter, der seinen Pickup am Straßenrand bei Gainesville gestoppt hatte. Im Juni tauchte bei Tampa eine weitere Leiche auf, nackt und mit neun Einschusslöchern. Im gleichen Monat wurde ein 65-jähriger Missionar bei Jupiter ermordet.

Im August schoss sie am Ocala Forrest zweimal auf einen Lieferanten. Im September wurde ein pensionierter Polizist mit sieben Kugeln im Körper auf einem Grundstück bei Ocala gefunden. Im gleichen Monat erschoss sie einen Lkw-Fahrer bei Cross City.

Wuornos' Opfer waren alles mittelalte weiße Männer, die den Fehler machten, sie mitnehmen zu wollen. Sie ging immer gleich vor. Bei jedem Mord hielt sie Männer an, die allein mit ihrem Wagen auf und nahe der Interstate 75 unterwegs waren.

Im Januar 1991 fasste die Polizei Wuornos in einer Bikerbar. Sie gestand alle sieben Morde und gab an, die Männer hätten versucht, sie zu vergewaltigen, und sie hätte sich nur gewehrt. Die als „Jungfer des Todes" bekannte Wuornos wurde im Januar 1992 in Daytona Beach vor Gericht gestellt, jedoch nur wegen Mordes an ihrem ersten Opfer angeklagt. Wuornos, die verstört war, weil ihre Geliebte als Zeugin für die Anklage aufgetreten war, zeigte keine Reue, als sie schuldig gesprochen und zum Tod verurteilt wurde. Ihr Anwalt nannte sie hinterher „die am schwersten gestörte Person, die ich jemals vertreten habe."

Als weitere Anklagen hinzukamen, sagte Wuornos vor dem Florida Supreme Court aus: „Ich hasse das menschliche Leben, und ich würde wieder töten."

In ihren zehn Jahren in der Todeszelle fand sie zu Gott und sagte, sie würde es begrüßen, die ultimative Strafe für ihre Verbrechen zu empfangen. Trotz der Bedenken zur Hinrichtung einer potenziell geisteskranken Täterin gab Governeur Jeb Bush grünes Licht, nachdem drei Psychiater Wuornos für zurechnungsfähig erklärt hatten.

Gefängnis saß. Als sie vier war, überließ ihre Mutter sie den Großeltern, die sie aufzogen.

Ihre ganze Kindheit über misshandelte sie ihr Großvater, und Jungen aus der Nachbarschaft missbrauchten sie. Mit 14 wurde sie als Resultat einer Vergewaltigung schwanger. Mit 15 starb ihre Großmutter. Ihr Großvater nannte sie „Hure" und warf sie hinaus. Aileen gab ihren Sohn zur Adoption frei und lebte von nun an als Kleinkriminelle und Prostituierte.

1976 wurde Wuornos beim Trampen von einem 50 Jahre älteren Millionär mitgenommen, der sie kurz darauf heiratete. Als ihr Ehemann sich weigerte, ihr Geld für wilde Partynächte in der Stadt zu geben, verprügelte sie ihn, woraufhin er sich scheiden ließ. Mit 20 war Aileen wieder auf der Straße: eine alkoholkranke

OBEN: Der Leichenwagen, der Wuornos' Leiche nach ihrer Hinrichtung durch die Giftspritze am 9. Oktober 2002 abtransportierte.

Graham Young

Sogar als Schüler zeigte Graham Young bereits seine bösartigen Neigungen. Er entwickelte eine Leidenschaft für Gifte und las alles, was er über Verbrecher wie Dr. William Palmer (siehe S. 155) finden konnte. Sein Vater leistete dabei unfreiwillig noch Vorschub, als er Young einen Chemiebaukasten kaufte.

Warnzeichen wurden beim Mörder übersehen

Schon mit 13 hatte Young ein umfassendes Wissen über Toxikologie, mit dessen Hilfe er einen Apotheker in St. Albans, Hertfordshire, davon überzeugte, dass er bereits 17 sei, und gefährliche Mengen der Gifte Antimon, Digitalis, Arsen und Thallium für „Studienzwecke" erwarb. Er begann, stets eine Phiole mit Gift bei sich zu tragen, die er als „meinen kleinen Freund" bezeichnete.

Begierig, sein Wissen in der Praxis zu testen, wählte er sein erstes Opfer, einen Schulkameraden, der ernsthaft krank wurde, nachdem Young dessen Sandwich mit Antimon vergiftet hatte. 1961 wurde seine ältere Schwester mit Belladonna vergiftet, überlebte aber ebenfalls. Im folgenden Jahr fand sein Vater Youngs Stiefmutter, die sich vor Schmerzen krümmte, im Garten, während der Junge fasziniert zusah. Sie starb im

Krankenhaus, und ihr Leichnam wurde verbrannt. Als Nächstes litt Fred Young an Erbrechen und furchtbaren Krämpfen. Im Krankenhaus wurde eine Antimonvergiftung diagnostiziert.

Es war Youngs Chemielehrer, der dem mörderischen Hobby seines Schülers schließlich auf die Spur kam und die Polizei informierte. Sitzungen beim Polizeipsychologen ergaben, dass er auf dem besten Weg zum Serienmörder war, aber da die Leiche seiner Stiefmutter verbrannt worden war, gab es keine Beweise gegen ihn. Mit 15 wurde er als jüngster Insasse seit 1885 für ein Minimum von 15 Jahren in die geschlossene Anstalt von Broadmoor eingewiesen.

OBEN: Graham Youngs Faszination, Schmerz und Tod durch Gift hervorzurufen, begann in seiner Kindheit.

OBEN: John Tilson, eines der überlebenden Opfer des Giftmörders Graham Young, vor dem St. Albans Crown Court im Juni 1972.

Innerhalb von Wochen starb ein Häftling an einer Zyanidvergiftung, das Young aus Lorbeerbüschen extrahiert haben wollte. Niemand nahm den Killer ernst, und der Tod wurde als Selbstmord gewertet. Ein Eintrag in Youngs Akte von 1970 zeigte, dass er gesagt hatte, er wolle für jedes Jahr in Broadmoor eine Person töten. Unglaublicherweise kam er schon nach neun Jahren frei und nahm eine Stelle bei einer Firma an, die fotografische Instrumente produzierte. Innerhalb weniger Wochen begannen die Mitarbeiter, krank zu werden. Von den 70 Betroffenen starben in vier Monaten drei an der mysteriösen Krankheit. Bei einer firmeninternen Untersuchung konnte Young nicht widerstehen, mit seinem Wissen über Chemie zu prahlen, und so wurde Scotland Yard kontaktiert.

Young wurde des zweifachen Mordes, zweifachen Mordversuchs und der Verabreichung von Gift beschuldigt. Der Fall war völlig eindeutig, und ein Eintrag in seinem Tagebuch, in dem er über den Tod eines Kollegen schrieb, besiegelte sein Schicksal: „Ich habe F. eine tödliche Dosis meiner Spezialmischung gegeben und bin auf seinen Fortschritt am Montag gespannt. Ich habe ihm dreimal Gift verabreicht."

Er plädierte auf nicht schuldig und sonnte sich in seinem Augenblick des Ruhms auf der Anklagebank. Allerdings gefiel es ihm nicht, das die Presse ihn „Teetassenmörder" nannte. Am 29. Juni 1972 wurde er zu viermal lebenslänglich verurteilt. Im August 1990 fand ihn eine Wache tot auf dem Boden seiner Zelle im Gefängnis von Parkhurst. Er war mit 42 einem Herzinfarkt erlegen.

Zodiac-Killer

Serienmordfälle, die wahllos und ohne Motiv geschehen, sind am schwersten aufzuklären. 1968 und 1969 ging in San Francisco ein gnadenloser Mörder um, der fünf Menschen tötete und zwei weitere schwer verletzte. Auf die Morde folgten detaillierte Beschreibungen der Schandtaten in Briefen an die Presse, die mit einem Kreuz auf einem Kreis unterzeichnet waren: dem Symbol des Tierkreises, englisch Zodiac.

Morde halten San Francisco in Atem

Die ersten Toten, die sicher dem „Zodiac-Killer" zugeordnet werden konnten, waren ein 16 und 17 Jahre altes Schülerpaar, das im Dezember 1968 in einer ruhigen Seitenstraße in Vallejo bei San Francisco er-

UNTEN: Eine der kodierten Nachrichten des Zodiac-Killers, in der die versteckte Botschaft stand: „Ich töte gern Menschen."

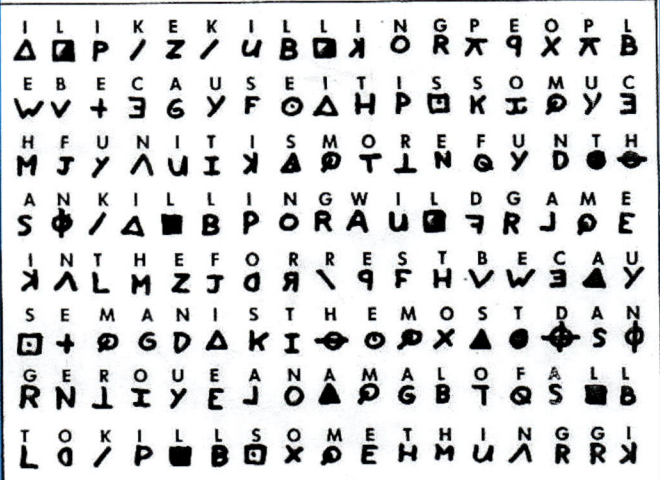

LINKS: Einer der Briefe, die der Zodiac-Killer an Zeitungen in San Francisco schickte, mit seiner typischen Unterschrift.

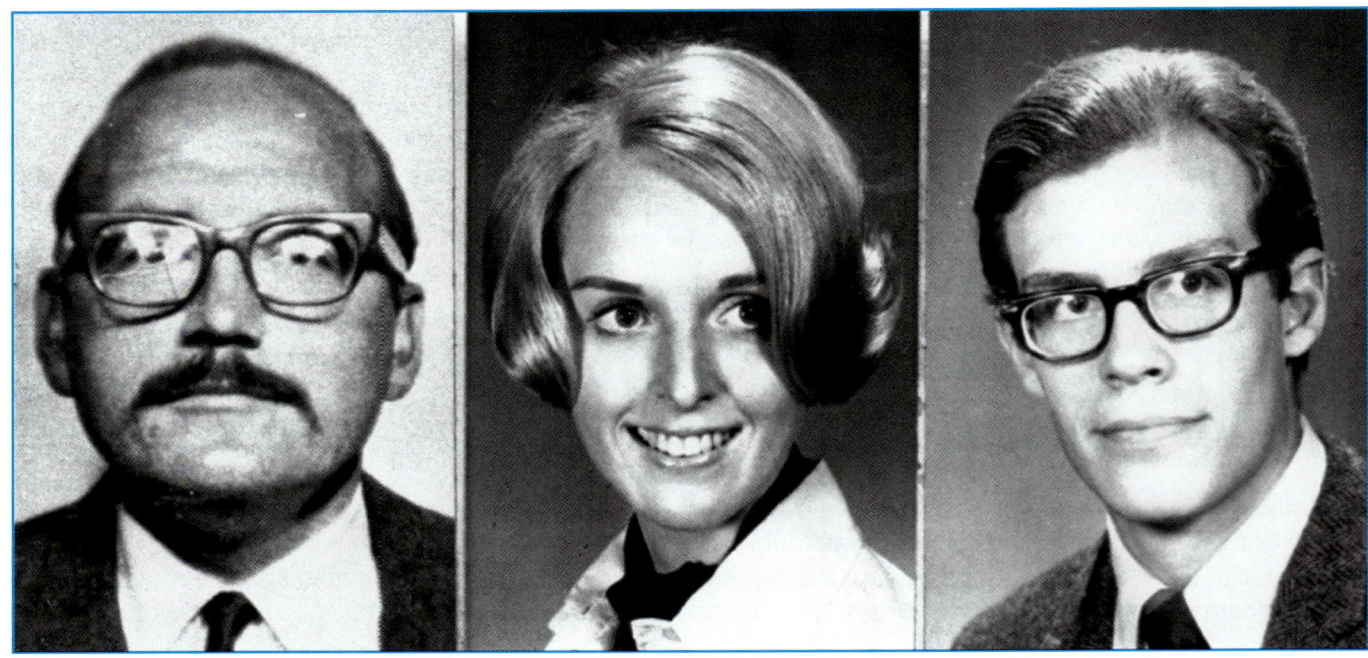

OBEN: Drei Opfer des Zodiac-Killers: Taxifahrer Paul Stine, Cecilia Shepard und Bryan Hartnell, der überlebte.

UNTEN: Zwei Beamte der Mordkommission untersuchen die Kleidung eines Mordopfers im Leichenschauhaus von San Francisco.

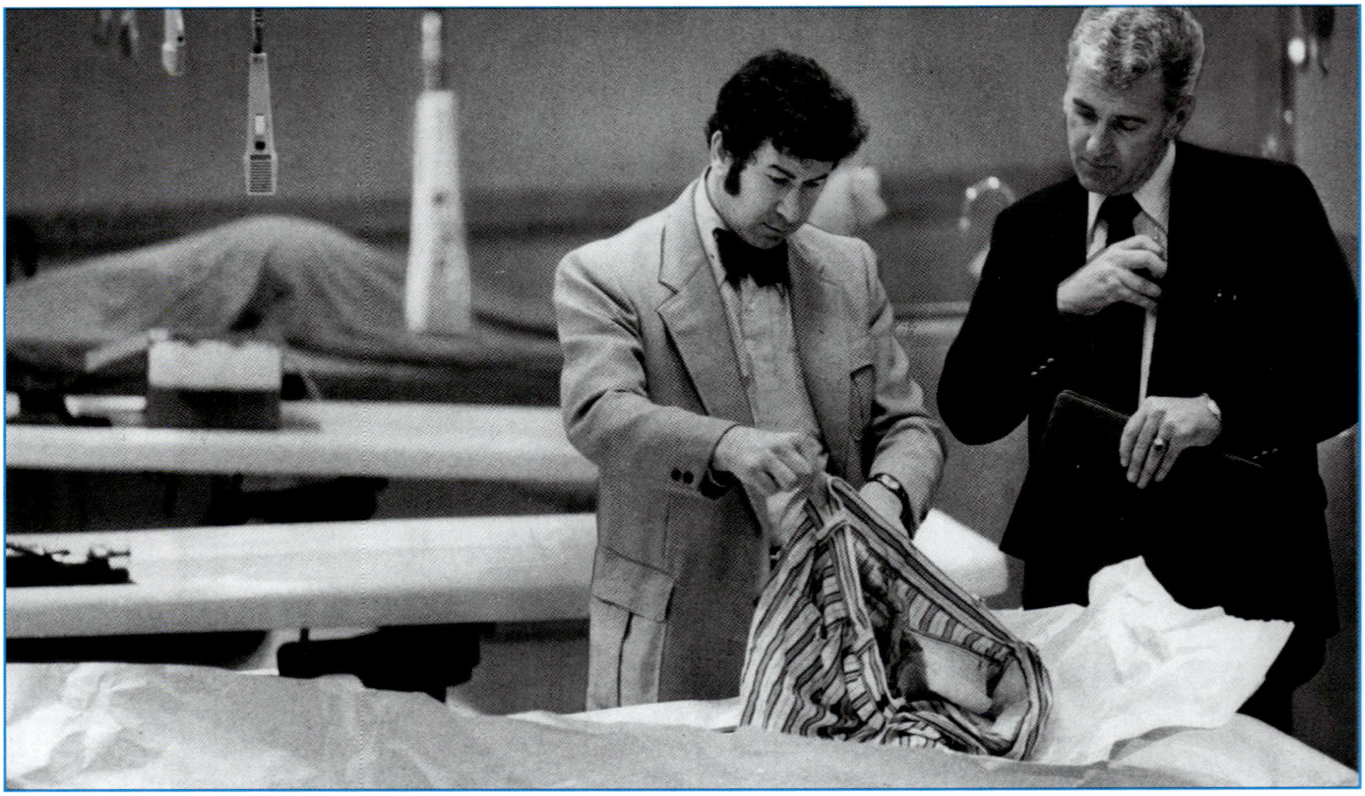

OBEN: Eine Karte, die der Zodiac-Killer an Paul Avery schickte, einen Reporter beim *San Francisco Chronicle*.

enthielten: „Ich töte gern Menschen" und „Wenn ich sterbe, werde ich im Paradies wiedergeboren, und die, die ich getötet habe, werden meine Sklaven."

Bis September 1969 verhielt Zodiac sich ruhig, dann lotste die raue Stimme am anderen Ende der Leitung die Polizei zum Lake Berryessa im Napa Valley, wo eine 22-Jährige und ihr 20-jähriger Freund in einer wahnsinnigen Attacke angegriffen worden waren. Der Täter hatte das Tierkreissymbol mit den Daten der früheren Morde auf die Seite ihres Wagens geschmiert. Auf das Mädchen hatte er mit einem 40 cm langen Bajonett eingestochen; es starb zwei Tage später im Krankenhaus. Der Freund hatte Bajonettwunden im Rücken, überlebte aber. Er sagte, der Täter trug eine schwarze Kapuze mit Schlitzen für Augen, Nase und Mund.

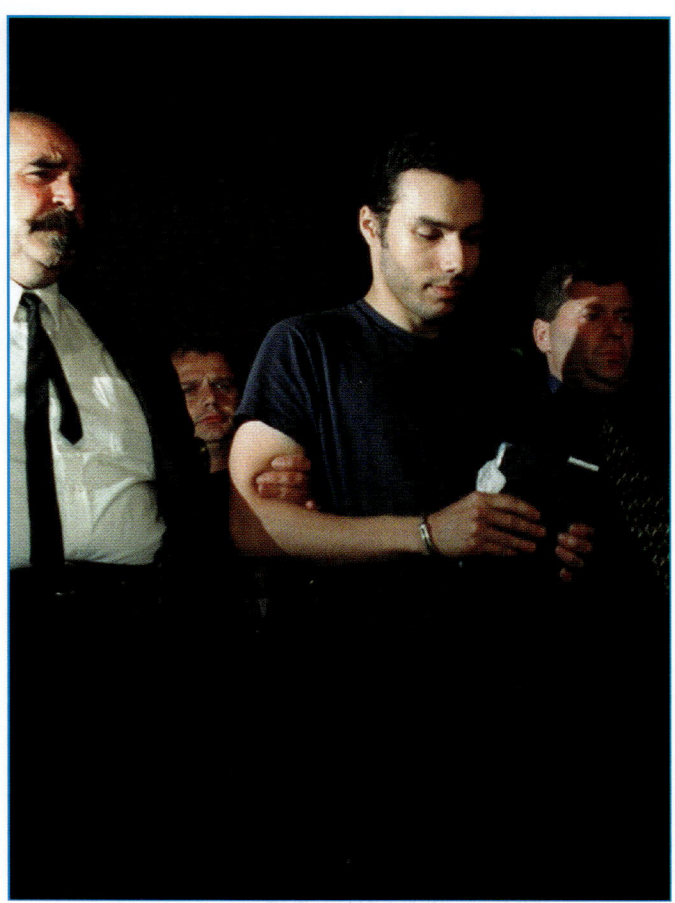

OBEN: Die Polizei verhaftet Heriberto Seda, einen Nachahmungstäter von 1990. Seda wollte aus der Haft heraus zwölf Menschen töten.

schossen wurden. Das Paar hatte offensichtlich versucht, aus dem Auto zu fliehen, als es niedergeschossen wurde, es gab jedoch kein Motiv für die Tat.

Im nächsten Juli folgte ein ähnlicher Doppelmord. Der Schütze war neben ein Auto gefahren und hatte das Feuer eröffnet. Dabei wurden eine 22-Jährige getötet und ihr 19-jähriger Freund schwer verletzt. Die Polizei wurde von einem Mann angerufen, der mit rauer Stimme sagte: „Ich habe die Kids letztes Jahr erschossen." Nach der Attacke erhielten drei Zeitungen kodierte Nachrichten, die, als sie entschlüsselt wurden, eine seltsame Botschaft des Zodiac-Mörders

Nun schlug Zodiac direkt in San Francisco zu und tötete zwei Wochen später einen Studenten, der als Taxifahrer jobbte. Der Schütze wurde von Zeugen als kleiner Mann in den 40ern beschrieben, mit einer dicken Hornbrille und kurzem braunen Haar. Verfolgt von zwei Streifenpolizisten floh er durch einige Seitenstraßen in den bewaldeten Militärbezirk Presidio. Auf den Mord folgten wieder Briefe an die Zeitungen, diesmal mit einem blutigen Fetzen aus dem T-Shirt eines Opfers. Außerdem gab er damit an, nicht fünf, sondern bereits acht Menschen getötet zu haben.

Im März 1970 schlug Zodiac wieder zu. Eine 23-Jährige, die in Richtung Petaluma unterwegs war, wurde von einem anderen Fahrer angehalten. Er sagte, eines ihrer Hinterräder würde eiern, und bot an, sie mitzunehmen. Sobald sie im Auto saß, warnte er sie: „Du weißt, dass du sterben wirst – ich werde dich töten." Als er abbremste, sprang sie aus dem Wagen und hielt einen anderen Fahrer an. Ihre Beschreibung passte perfekt auf den Taximörder.

Wieder schrieb Zodiac an die Zeitungen, bestätigte den Entführungsversuch und behauptete, er hätte bereits 37 Opfer. Der letzte Brief wurde im April 1974 versandt. Seitdem herrscht Funkstille. Die Identität des Zodiac-Killers ist eines der großen Geheimnisse der modernen Kriminalgeschichte.

Hans van Zon

Hans van Zon war ein Verschwender, Lügner und Betrüger. Er hatte jedoch eine Eigenschaft, die seine Fehler aufwog: Er war unglaublich charmant. Wo er auch hinging, wurde er von Frauen und Männern gleichermaßen bewundert, und manche bezahlten ihr Vertrauen in ihn mit dem Tod.

Der Fantast, der nicht verlieren konnte

Johannes Marinus (Hans) van Zon wurde im April 1942 in Utrecht, Niederlande, geboren. Er war intelligent, aber seine Familie hatte kein Geld für eine weiterführende Ausbildung. So wandte er sich mit 16 dem Verbrechen zu – erst als kleiner Trickbetrüger, dann als Einbrecher. Van Zon hatte homosexuelle Neigungen, versuchte aber, diese zu verstecken. 1964 ging er mit Elly Hager-Segor aus, versagte aber beim Versuch, mit ihr zu schlafen, woraufhin sie die Beziehung abbrach. Gekränkt würgte er sie, bevor er ihr mit einem Brotmesser die Kehle durchschnitt. Seine nächste Affäre war mit dem homosexuellen Regisseur Claude Berkeley, den er 1965 in Amsterdam kennenlernte. Auch diese Affäre ging schief, und er wurde auf die gleiche Weise getötet.

Kurz nach dem Mord heiratete van Zon ein Zimmermädchen, Caroline Gigli, 47, die sie beide mit ihrem mageren Gehalt unterstützte. Nachdem er versucht hatte, sie umzubringen, ging sie zur Polizi, die ihn einen Monat ins Gefängnis steckte. Es war aber nicht seine Frau, die sein nächstes Opfer wurde. Van Zon hatte eine Geliebte, Coby van der Voort, 37, und verdiente nebenbei Geld durch den Verkauf von Pornofotos seiner Frau und seiner Geliebten.

Als Coby im April 1967 versuchte, die Affäre zu beenden, gab ihr van Zon Barbiturate unter dem Vorwand, es wären Aphrodisiaka, schlug ihr dann den Schädel mit einem Bleirohr ein und durchschnitt ihr die Kehle mit einem Brotmesser. Er versuchte, die Polizei zu täuschen, indem er den Mord wie einen schiefgegangenen Einbruch aussehen ließ. Dafür stahl er Teile von Cobys Schmuck und schenkte ihn Caroline.

Van Zon lebte inzwischen in einer Fantasiewelt. Er gab sich abwechselnd als Modedesigner, Privatdetektiv, Businesstycoon oder CIA-Spion aus. Einem ehemaligen Häftling, Arnoldus Rietbergen, genannt „Old

Nol", gegenüber gab er mit den Morden an. Dieser überzeugte van Zon davon, profitablere Morde zu begehen. Bekannt sind der Tod eines Mädchens im Mai 1967 und eines Bauern im August. Im Dezember wurden van Zon und Rietbergen gefasst, als ihr letztes Opfer nicht starb. Im Mai 1970 wurde van Zon zu lebenslanger Haft mit einem Minimum von 20 Jahren verurteilt. Sein Komplize erhielt sieben Jahre.

Anna Zwanziger

Die arme Anna Schönleben, die 1760 in Nürnberg geboren wurde, hatte das Glück nicht gerade auf ihrer Seite. Ein Zeitgenosse beschrieb sie als „hässliche, missgebildete Frau, die manche mit einer Kröte verglichen." Es schien ein großes Glück zu sein, dass sie überhaupt einen Ehemann fand, aber die Ehe endete in einem Desaster. Herr Zwanziger, ein erfolgreicher Anwalt, war ein brutaler Tyrann, der ihr Erbe vertrank.

Giftige „Kröte" stirbt durch das Schwert

Anna wurde zur Prostitution gezwungen, um sich und ihre beiden Kinder durchzubringen, obwohl sie Freunden gegenüber beteuerte, sie würde nur mit „Ehrenmännern" schlafen. Nachdem sich ihr Mann zu Tode getrunken hatte, pries sie sich als Haushälterin und Köchin in der bayerischen Anwaltschaft an und suchte sich einen neuen Gatten. Ihr Plan hatte nur einen Fehler: Jeder der Richter oder Anwälte, für die sie arbeitete, war bereits verheiratet oder wenigstens verlobt. Annas Lösung war einfach: Sie entledigte sich ihrer Rivalinnen, indem sie zwei Frauen vergiftete – zusammen mit einem Richter, seinen Gästen, mehreren Bediensteten und einem Baby.

Ihr erster potenzieller Heiratskandidat war Richter Glaser, der zwar in Trennung lebte, aber noch verheiratet war. Anna arrangierte eine Versöhnung zwischen den beiden, und kaum war die Ehefrau wieder zu Hause, gab ihr Anna Arsen in den Tee, bis sie starb. In diesem Zuge vergiftete sie auch noch mehrere Gäste des Richters, die jedoch überlebten.

Ihr nächstes Opfer war Richter Grohmann, den Anna vergiftete, als sie herausfand, dass seine Hochzeitspläne nichts mit ihr zu tun hatten. Er starb qualvoll, nachdem er einen Teller Suppe gegessen hatte. Anna gab auch Arsen in die Getränke von drei Bediensteten, die sie geärgert hatten; sie überlebten aber.

Ihr dritter Arbeitgeber wollte seiner kränklichen Gattin nicht glauben, dass das Essen seltsam schmeckte, seit die neue Haushälterin da war. Erst als er eine weiße Ablagerung in seinem Weinbrand entdeckte, wurde er misstrauisch. Da war es aber schon zu spät. Seine Frau und sein Baby starben unter Krämpfen. Wieder wurden andere Bedienstete vergiftet, überlebten aber. Richter Gebhard ließ das Essen untersuchen, und man fand darin Spuren von Arsen. Anna war inzwischen geflohen, hatte aber vorher noch jeden Salz- und Zuckerstreuer mit Arsen vergiftet.

Im Oktober 1809 wurde Anna Zwanziger verhaftet, nachdem die Polizei die Leichen ihrer Opfer exhumieren ließ und bei allen Spuren von Gift fand. Anna hatte sie selbst auf ihre Spur gebracht, weil sie Briefe an Familie Gebhardt schrieb, in denen sie darum bat, ihre alte Stelle zurückzubekommen. Sie gestand alles und sagte: „Ja, ich habe sie alle umgebracht, und ich hätte noch viel mehr getötet, wenn ich die Chance gehabt hätte." Sie bezeichnete Arsen als ihren besten Freund.

Bevor sie im Juli 1811 mit dem Schwert enthauptet wurde, sagte sie zu einem Aufseher: „Es ist wohl besser für die Gesellschaft, dass ich nun sterbe, da ich sonst nie mit dem Vergiften aufhören könnte."

Bildnachweis

Getty Images, Cover vorn, (Hauptbild) Michael Ochs Archives/Getty Images, Cover hinten, (oben links) Evening Standard/Getty Images, (oben rechts) Kostya Smirnov/AFP/Getty Images, (unten rechts) Greater Manchester Police via Getty Images, (unten rechts) Hulton Archive/Getty Images, Seite 7 Hulton Archive/Getty Images, 11 Hulton Archive/Getty Images, 14 Hulton Archive/Getty Images, 18 Jeff J Mitchell/Getty Images, 28 rechts Evening Standard/Getty Images, (rechts) Keystone/Getty Images, 27 rechts Evening Standard/Getty Images, (rechts) Keystone/Hulton Archive/Getty Images, 28 rechts Keystone/Hulton Archive/Getty Images, (rechts) Keystone/Getty Images, 29 (oben) Evening Standard/Getty Images, (unten) William H Alden/Getty Images, 40 rechts Hulton Archive/Getty Images, (rechts) Hulton Archive/Getty Images, 41 Hulton Archive/Getty Images, 42 Hulton Archive/Getty Images, 43 Doug Pensinger/Getty Images, 46 rechts Hulton Archive/Getty Images, (rechts) Keystone/Hulton Archive/Getty Images, 47 (oben) BIPS/Hulton Archive/Getty Images, (unten) Mitchell/Getty Images, 48 (oben) Keystone/Hulton Archive/Getty Images, (unten) Nixon/Express/Getty Images, 50 Robert Harding World Imagery/Getty Images, 64 Hulton Archive/Getty Images, 65 Harry Benson/Getty Images, 70 Evening Standard/Getty Images, 73 (oben) AFP/Getty Images, (unten) STR/AFP/Getty Images, 74 rechts Olivier Matthys/AFP/Getty Images, (unten) Gerard Cerles/AFP/Getty Images, 75 Jean Pierre Clement/AFP/Getty Images, 78 Thomas S. England//Time Life Pictures/Getty Images, 84 Popperfoto/Getty Images, 85 David MartinAFP/Getty Images, 86 (unten rechts) Bruno Arnold/AFP/Getty Images, (oben rechts) Jean-Christophe Verhaegen/AFP/Getty Images, 87 Bruno Arnold/AFP/Getty Images, 88 (oben) Eugene Garcia/AFP/Getty Images, (unten) Jay Crihfield/AFP/Getty Images, 100 rechts Keystone/Hulton Archive/Getty Images, (rechts) Keystone/Hulton Archive/Getty Images, 101 rechts Express/Express/Getty Images, (rechts) Keystone/Getty Images, 102 J. A. Hampton/Topical Press Agency/Getty Images, 109 rechts Hulton Archive/Getty Images, (rechts) Express Newspapers/Getty Images, 110 (cben rechts) Express Newspapers/Getty Images, (unten rechts) Express Newspapers/Getty Images, 111 (oben rechts) Express Newspapers/Getty Images, (unten rechts) Express Newspapers/Getty Images, 112 Jim Gray/Keystone/Hulton Archive/Getty Images, 113 (oben) Evening Standard/Hulton Archive/Getty Images, 114 (oben rechts) Keystone/Hulton Archive/Getty Images, (oben rechts) Keystone/Hulton Archive/Getty Images, (unten rechts) Keystone/Hulton Archive/Getty Images, (unten rechts) Keystone/Hulton Archive/Getty Images, 115 rechts Keystone/Hulton Archive/Getty Images, (rechts) J. Wilds/Keystone/Hulton Archive/Getty Images, 117 The Bridgeman Art Library/Getty Images, 131 rechts Topical Press Agency/Hulton Archive/Getty Images, (rechts) Topical Press Agency/Getty Images, 132 (oben rechts) Hulton Archive/Getty Images, (unten rechts) Topical Press Agency/Getty Images, (rechts) Hulton Archive/Getty Images, 133 Hulton Archive/Getty Images, Hulton Archive/Getty Image, 138 AFP/Getty Images, 141 (oben rechts) Evening Standard/Getty Images, (unten rechts) Evening Standard/Getty Images, 142 (oben rechts) Hulton Archive/Getty Images, (unten rechts) California Department of Corrections and Rehabilitation via Getty Images, 143 (oben) Michael Ochs Archives/Getty Images, 144 (oben rechts) Express Newspapers/Getty Images, (unten rechts) Hulton Archive/Getty Images, 146 (unten rechts) Patrick Riviere/Getty Images, (oben rechts) Patrick Riviere/Getty Images, pg 147 Patrick Riviere/Getty Images, 150 (unten rechts) Keystone/Hulton Archive/Getty Images, 151 (oben rechts) Keystone/Hulton Archive/Getty Images, 155 Hulton Archive/Getty Images, 156 (oben) Illustrated London News/Hulton Archive/Getty Images, 156 (unten) Hulton Archive/Getty Images, 160 Keystone/Getty Images, 161 (oben) Keystone/Getty Images, (unten rechts) AFP/Getty Images, 162 Keystone/Getty Images, 165 Maxim Marmur/AFP/Getty Images, 166 Kostya Smirnov/AFP/Getty Images, 167 Getty Images, 168 (oben rechts) Jeff Vinnick/AFP/Getty Images, (unten rechts) Don MacKinnon/Getty Images, (cben rechts) Don MacKinnon/Getty Images, (unten rechts) Don MacKinnon/Getty Images, 169 (oben) Felicity Don/AFP/Getty Images, (unten) Jeff Vinnick/Getty Images, 171 Sedgwick County Sheriff's Office via Getty Images, 172 both Larry W. Smith/Getty Images, 173 Larry W. Smith/Getty Images, 178 both King County Prosecutor's Office via Getty Images, 179 Elaine Thompson-Pool/Getty Images, 180 rechts King County Prosecutor's Office via Getty Images, (rechts) Elaine Thompson-Pool/Getty Images, 181 rechts Bob Strong/AFP/Getty Images, 184 Scott Nelson/AFP/Getty Images, 198 Chris Gleave/AFP/Getty Images, 190 rechts Greater Manchester Police via Getty Images, 197 rechts Keystone/Hulton Archive/Getty Images, (rechts) Express Newspapers/Getty Images, 198 Keystone/Getty Images, 199 rechts Keystone/Hulton Archive/Getty Images, (rechts) Jack Hickes/Keystone/Hulton Archive/Getty Images, 200 (oben) Keystone/Getty Images, (unten) Jack Hickes/Keystone/Hulton Archive/Getty Images, 201 Keystone/Getty Images, 216 Florida DOC/Getty Images, 217 Chris Livingston/Getty Images, 218 rechts Keystone/Hulton Archive/Getty Images, (rechts) Keystone/Hulton Archive/Getty Images.

iStock
Cover vorn, iStockphoto.com/zarinmedia, Seite 31 iStockphoto.com/cglow

Press Association Images
Seite 1, 2, 79, 80, 81, 90, 91, 92, 94, 105, 106, 118, 121 (beide), 123, 124, 125 (beide), 127, 135 (beide), 153, 154, 163, 164, 181 (rechts), 182, 183 (beide), 186 (beide), 187, 190 (beide), 202, 204, 205, 212, 213 (alle) Suffolk Police/Press Association Images, 214 (rechts), (oben rechts) Elizabeth Cook/Press Association Images, (unten rechts) ANPR/Press Association Images, 215, 220 (beide), 221 (beide).

Es wurden jegliche Anstrengungen unternommen, um die Rechteinhaber zu ermitteln. Sollte uns dennoch ein Fehler unterlaufen sein, sind wir selbstverständlich gern bereit, diesen in zukünftigen Ausgaben zu korrigieren.

Für Katie, Leonie und Mike
Die sich bei der Recherche für dieses Buch mit mehr Blut und Eingeweiden auseinandergesetzt haben als ein Kriminalbeamter. Vielen Dank dafür!